Ronen Steinke
Terror gegen Juden

RONEN
STEINKE

TERROR GEGEN JUDEN

Wie antisemitische Gewalt erstarkt und der Staat versagt

Eine Anklage

BERLIN VERLAG

Mehr über unsere Autorinnen, Autoren und Bücher:
www.berlinverlag.de

Von Ronen Steinke liegt im Berlin Verlag vor:
Der Muslim und die Jüdin. Die Geschichte einer Rettung in Berlin (2017)

MIX
Papier aus verantwortungsvollen Quellen
FSC® C083411

ISBN 978-3-8270-1425-2
2. Auflage 2020

Satz: psb, Berlin
Gesetzt aus der Minion Pro
Druck und Bindung: CPI books GmbH, Leck
Printed in the EU

Inhalt

Blaming the victims
Wie beim NSU

»Mich. Meinen Sohn. Alle.«
Josef Jakubowicz, Holocaust-Überlebender, auf die Frage, wen das Bayerische Landeskriminalamt verdächtigte, etwas mit dem Mord an dem jüdischen Verleger Shlomo Lewin 1980 zu tun zu haben. Er war nicht der einzige Jude, der grundlos verdächtigt wurde.

Ein Doppelmord in Erlangen

Wir Juden reden nicht gern darüber, so werden wir erzogen, und so geben wir es weiter an unsere Kinder. Über die ständige Bedrohung wird in den jüdischen Gemeinden nicht zu offen mit Außenstehenden gesprochen. Man möchte keine Nachahmer auf den Plan rufen, heißt es, wenn wieder wohlmeinende Journalisten abgewimmelt werden, oder einfach und ehrlich: Man wolle in der Öffentlichkeit nicht immer als Opfer dastehen.

Wir klagen aber auch nicht viel über das, was dieses Problem so sehr vergrößert. Immer wieder habe ich das bei meinen Recherchen gehört: Bitte, wir wollen keine Probleme mit der Polizei und den Gerichten. Wir brauchen doch deren Hilfe.

Ich glaube, das ist ein Fehler.

Der 19. Dezember 1980 ist ein Freitag, es ist halb sieben am Abend, soeben hat der Schabbat begonnen, eine Zeit für Kerzenschein und ein Glas Wein. In einem Bungalow in der

Ebrardstraße 20 nahe der Erlanger Universität sind die Jalousien heruntergelassen, so werden später die Beamten der Spurensicherung notieren. Shlomo Lewin, bis vor Kurzem Vorsitzender der jüdischen Gemeinde, ist zu Hause mit seiner Lebensgefährtin Frida Poeschke. Es klingelt, Lewin öffnet.

Sofort fallen Schüsse. Der Rechtsradikale Uwe Behrendt, 29 Jahre alt, feuert dreimal aus einer Maschinenpistole der Marke Beretta, Kaliber 9 Millimeter, mit Schalldämpfer, und als Lewin schon am Boden liegt, setzt er noch einen Kopfschuss aus nächster Nähe auf, es ist eine regelrechte Hinrichtung. Dann bemerkt der Täter offenbar Frida Poeschke, die er sofort danach im Eingang zum Wohnzimmer ebenfalls mit vier Schüssen tötet. In kürzester Zeit ist er wieder verschwunden.

So läuft es ab, das erste tödliche Attentat auf einen Vertreter der deutschen Juden nach 1945. Aber anstatt in der örtlichen Nazi-Szene zu ermitteln – die Wehrsportgruppe Hoffmann, die gerade erst vom Bundesinnenminister verboten worden ist, hat ihre Zentrale ganz in der Nähe –, verdächtigt die Polizei zunächst das Umfeld des Opfers.

Die bayerischen Behörden spekulieren, der Mossad habe eine Rolle gespielt, Israels Auslandsgeheimdienst. Ein Journalist einer Nachrichtenagentur zitiert noch am Abend »informierte Kreise« mit der Vermutung, der Tote sei ein Agent gewesen.

Die erste Frage, die der zuständige Staatssekretär im Bonner Bundesinnenministerium nach der Tat stellt, zielt dann auf einen »möglichen nachrichtendienstlichen Hintergrund des Ermordeten«, wie interne Protokolle verzeichnen. Die Spezialisten des Bundesnachrichtendienstes sollten dies einmal abklären, bittet er.

Die Ermittler mutmaßen auch, Shlomo Lewin hätte im Jom-Kippur-Krieg im Jahr 1973 unter Israels damaligem Verteidigungsminister Mosche Dajan gedient. Das ist der General mit der Augenklappe, einer der verhasstesten Männer in der arabischen Welt. Die erste Schlagzeile, mit der die Leser der *Erlanger Nachrichten* dann von dem Mord erfahren, lautet nicht: Ex-Vorsitzender der jüdischen Gemeinde unserer Stadt ermordet. Sondern: »Ex-Adjutant Mosche Dajans hingerichtet«. Als wäre es eine Kriegshandlung. Nahöstliche Rache. Fremde unter sich.

Es ist Unsinn, in Wahrheit hat Lewin schon seit 1960 in Süddeutschland gelebt und gearbeitet, als Lehrer und Verleger von Büchern zu deutsch-jüdischer Kultur. Er ist 1911 in Jerusalem geboren worden, in die Großfamilie Rivlin, die sich dort vierzehn Generationen zurückverfolgen lässt. Aber schon seit dem ersten Lebensjahr hat er im Deutschen Reich gelebt. Sein Vater, ein Rabbiner, war damals einem Ruf an eine Synagoge ins preußische Posen gefolgt.

In ihrer Ermittlung mit dem Aktenzeichen 340 Js 40387/81 beschreiben die Polizisten die beiden Mordopfer jetzt so: »Frida Poeschke, Glaubensbekenntnis: evangelisch, Staatsangehörigkeit: deutsch«. Und: »Shlomo Lewin, Glaubensbekenntnis: mosaisch«; seine Staatsangehörigkeit interessiert offenbar nicht. Dabei ist Lewin Deutscher. Sein Vater hat sich 1914 – als das Deutsche und das Russische Reich sich an die Kehle gingen – freiwillig als Feldrabbiner gemeldet, zum Dank haben er und seine Familie die Staatsangehörigkeit erhalten.

Später hat Shlomo Lewin in Köln studiert, erst auf der Flucht vor den Nazis ist er von 1938 an für einige Jahre, um sein Leben zu retten, in die damalige britische Kolonie Palästina gekommen, auf deren Gebiet im Jahr 1948 der Staat Israel gegründet wurde. Seit 1960 ist er wieder in Deutschland.

»Ex-Adjutant Mosche Dajans hingerichtet«: Als die Zeitung mit dieser Schlagzeile aufmacht, hat dies Folgen. Tags darauf geht beim Oberbürgermeister ein Brief ein, Betreff: »gekillerter Israeli, samt Hure«, der anonyme Verfasser schreibt: »Die gehen und kommen, wie sie belieben! 1 Dutzend Reisepässe in der Tasche! Wenn der Oberstinker im Kriegsstab bei Dajan war, hat der doch bei uns gar nichts mehr zu suchen und muß seine Exekution dort bei den Arabern abwarten!«

»Kompromittierendes Material«

Am Tag nach dem Mord wird Arno Hamburger, Lewins Nachfolger im Amt des Gemeindevorsitzenden, gleich drei Mal von anonymen Anrufern bedroht: »Arno Hamburger, du verfluchte Judensau, Shlomo Lewin war der Erste, du bist der Nächste. Du kannst dich darauf vorbereiten«, kündigt einer an. Ein anderer bekräftigt: »Du entgehst uns nicht.«

Hamburger hat den Holocaust dank eines Kindertransports nach Palästina überlebt. Nach dem Krieg hat er seine Eltern in Nürnberg wiedergefunden, der Rest der Familie war ermordet worden. Die Eltern waren zu schwach, um fortzugehen und noch einmal ein neues Leben anzufangen. Als einziges Kind, so hat Hamburger einmal erzählt, habe er dann »das moralische Empfinden gehabt, dass ich meine Eltern nicht allein lassen könnte«.

Viele Mitglieder der Gemeinde sind in Angst, manche meinen, in der Mordnacht auch vor ihrer eigenen Wohnung seltsame Gestalten gesehen zu haben. Man hatte »Befürchtungen«, erinnert sich Rose Wanninger, die spätere Gemeindevorsitzende in Erlangen in den 1990er-Jahren, ihr Mann habe deshalb eine Weile »mit dem Colt unter der Matratze« geschlafen.

Es sind schreckliche Tage, deutschlandweit herrscht »blankes Entsetzen« in den jüdischen Gemeinden, so hat Paul Spiegel später in einem Interview erzählt, der Präsident des Zentralrats der Juden in den frühen 2000er-Jahren. »Aber auch Entsetzen darüber, dass das von der breiten Gesellschaft nicht so wahrgenommen wurde.« Paul Spiegel denkt anfangs, jetzt würde ein Aufschrei durch das Land gehen. Er irrt sich. Stattdessen geschieht etwas anderes.

Arno Hamburger, Lewins Nachfolger, bekommt Besuch von Ermittlern des Bayerischen Landeskriminalamts. Aber nicht, um ihm Schutz zu bieten. Sondern um ihn als Verdächtigen zu befragen.

Hamburger ist ein Mann mit breiten Schultern und Lederjacke, ein gebürtiger Nürnberger, der Fränkisch spricht, sich in Fußballvereinen engagiert und für die SPD im Stadtrat sitzt. Er ist bodenständiger als der kunstsinnige Lewin, der zu Demonstrationen gegen die NPD auf dem Nürnberger Hauptmarkt schon mal eine Dixieland-Band mitbrachte. Die beiden sind keine Freunde gewesen.

Aber ein Mord? Die Ermittler steigen hinab in den Keller von Shlomo Lewin. Sie vermuten, er habe dort »kompromittierendes Material gesammelt oder aufbewahrt«, um andere Juden zu erpressen. Dies könne »wertvolle Hinweise auf den möglichen Täterkreis« ergeben, so sagt es der Leitende Oberstaatsanwalt Dr. Rudolf Brunner auch vor Journalisten.

Lewin hat sein Archiv nicht für Erpressungen, sondern »lediglich« für den Betrieb seines kleinen Verlags genutzt, notiert der Staatsanwalt nach der Durchsuchung enttäuscht. Der Verlag »Ner Tamid«, ewiges Licht, gibt illustrierte Bände zu jüdischer Zeremonialkunst heraus, historische Essays, auch Dokumentationen über »den Nazismus in Westdeutschland«, sehr erfolgreich ist er nicht, Lewin hatte ihn schon so gut wie aufgegeben.

An ihrer Hypothese vom jüdischen Mordkomplott halten die Ermittler dennoch fest. Als Israels Regierung nachfragt, weshalb denn nichts vorangehe bei dieser Ermittlung, antworten die Deutschen: Gemach. Die Staatsanwaltschaft, so heißt es in einem Vermerk an die deutsche Botschaft in Tel Aviv vom 9. Januar, halte »sowohl persönliche als auch politische Motive für möglich (Tendenz: persönliche Motive)«.

Von Neonazis ist da noch immer keine Rede.

Wer sich jetzt an den NSU erinnert fühlt, an den entsetzlichen Umgang der Ermittler mit den Opfern der Neonazi-Bande in den 2000er-Jahren, dem geht es wie mir. Auch dort verdächtigten die Ermittler vor allem die meist türkischstämmigen Opfer und ihr Umfeld. Auch dort stellten sie die Ermordeten als Menschen hin, die von ihren angeblichen dunklen Geheimnissen eingeholt worden seien.

Im Fall von Shlomo Lewin verbreitet die Lokalzeitung, orthodoxe Juden könnten ihn umgebracht haben, weil er mit einer Christin zusammenlebte. »Seine Familie in Israel« habe »bisher ebenfalls wenig zur Aufhellung beigetragen«. Und lange bevor in Nürnberg die Tochter des ersten NSU-Mordopfers Enver Şimşek, Semiya Şimşek, die Fragen ertragen muss, ob ihr ermordeter Vater eine Affäre gehabt habe, bei Drogengeschäften mitgemacht oder womöglich für die Kurdenpartei PKK spioniert habe, verschicken die Ermittler im Mordfall Shlomo Lewin eine ausführliche Liste an alle Landeskriminalämter bundesweit. Thema: Lewins Liebesleben.

»Schillernde Vergangenheit«

Die Nachrichtenagentur ddp vermeldet am 8. Januar 1981: Der Leitende Oberstaatsanwalt Dr. Brunner sei nach genauer Erforschung des Lebens des Ermordeten zu dem Ergebnis gekommen, dass Shlomo Lewin einen »bunten Lebenslauf« gehabt habe. Zwei Scheidungen. Ein unehelicher Sohn. Es gebe »Ungereimtheiten« in Lewins »schillernder« Vergangenheit, schreiben die *Erlanger Nachrichten*.

Angehörige sprechen damals von einer zweiten Hinrichtung, einer totalen Rufzerstörung. Eine »mörderische Hand« habe ihn getötet, sagt bei der Trauerfeier am 25. Dezember 1980 ein Cousin, Arie Frankenthal. »Eines steht aber fest: dass diese Hand nicht ruht, sondern sogar nach dem schrecklichen körperlichen Tod auch seine geistige Ermordung, durch die negative Darstellung seiner Person in der Presse, herbeiführen will und dadurch auch das Blut seiner Kinder vergossen wird.«

Heute wird oft behauptet, dass die Ermittler aus ihrem Versagen beim NSU gelernt haben. Seither würden sie stärker auf rechtsextreme Hintergründe achten. Das hätten die Ermittler, zumal in Nürnberg, natürlich schon aus dem Fall Lewin lernen können.

Es herrschen Temperaturen unter null, als sich die Trauergäste in der Aussegnungshalle in Fürth versammeln, es ist ein jüdischer Friedhof, wie es Hunderte gibt in der Bundesrepublik. Die letzte Schändung liegt in Fürth damals zwei Jahre zurück, im März 1978 sind hier Grabsteine umgestoßen und mit NS-Parolen beschmiert worden, im Jahr 1964 haben Rechtsextreme hier 39 Grabsteine umgeworfen, im Jahr 1960 sind 30 Grabsteine zerschlagen worden.

Einer der Trauergäste, Josef Jakubowicz, bittet die Polizei, den Sarg anschließend ins Polizeipräsidium mitzunehmen. »Ich hab gebeten«, erinnert er sich, »dass man soll die Leiche nicht schänden, also bewachen über Nacht.« Das Begräbnis soll nicht hier, sondern erst einige Tage später in Israel stattfinden. In Israel begraben zu werden, das hat sich Shlomo Lewin zwar nicht selbst gewünscht. Ein Testament hat er nicht hinterlassen. Aber seine Freunde finden, das sei das Beste.

Auch Beamte des Landeskriminalamts sind zu der Trauerfeier gekommen. Sie sehen sich um nach Verdächtigen. Sie bitten den Kantor, den Vorbeter der Gemeinde, zu sich. Sein Name ist Baruch Grabowski. Als ich ihn in Nürnberg besuche und danach frage, lächelt er. Er fand es nicht schlimm, dass die Polizei ihn damals verdächtigte, »sie hat jeden verdächtigt«.

Grabowski ist Argentinier. Er ist 1969 gemeinsam mit seiner Frau, einer Opernsängerin, nach Europa gekommen. Während sie Engagements an großen Häusern in Madrid, Brüssel und Paris hatte, suchte er nach Arbeit in einer Synagoge. Jedes Land dieses Kontinents wäre ihm lieber gewesen als Deutschland, erinnert er sich. Als er nach langer Suche nur ein einziges Angebot bekam, aus Nürnberg, war seine Familie entsetzt. Schlimm genug, dass es Deutschland war. Aber dann auch noch die Stadt der Rassengesetze.

Es war ein Onkel, der schließlich den Ausschlag gab. Er riet: »Weißt du, wir sind Juden, und wir haben die Pflicht zu zeigen, trotz der Geschichte, trotz aller Verfolgungen: Wir sind da.« »Lamrot hakol«, sagt Grabowski auf Hebräisch. Das heißt: Trotz alledem. Es ist eine Art Credo geworden. »Das hat mir Kraft gegeben.«

Die Ermittler bohren nach. Wo war Grabowski in der Tatnacht? Wie gut kannte er Lewin? Sie befragen auch Josef Jakubowicz. Ihn kennen sie schon. Sie haben ihn bereits am Abend des Mordes an den Tatort gerufen. Seine Telefonnummer hatten sie auf einer Hochzeitseinladung in Lewins Wohnung gefunden. Er sollte die Leichen identifizieren. »Ich bin auch mitgefahren in die Pathologie«, erinnert er sich später, »ich habe gebeten, dass man die Sektion schonend machen soll.«

Seine Eltern und Großeltern sind ermordet worden, er selbst hat elf Konzentrationslager überlebt, am schlimmsten sei die Zwangsarbeit bei der Reichsbahn gewesen, »das waren die größten Mörder, was es gibt«. In Nürnberg hat er eine Videothek betrieben. Auch er gilt jetzt als verdächtig. »Sie haben alle befragt«, erinnert er sich. »Mich. Meinen Sohn. Alle.«

Die Polizisten holen den damals 30 Jahre alten Henry Majngarten, den Vorsitzenden des jüdischen Fußballklubs Bar Kochba e. V., sogar mittags an seinem Arbeitsplatz ab, einem Nähbetrieb in Fürth. Es dauert bis Mitternacht, »dann hatte ich alle meine Freunde erreicht, die bezeugen konnten, wo ich an dem Abend war«, erzählt er mir am Telefon. Heute lebt er in Israel.

Wehrsportgruppe Hoffmann

Wären die Ermittler gleich der Spur in die Neonazi-Szene gefolgt, sie hätten den Täter noch fassen können. Er hat es den Ermittlern nicht schwer gemacht, am Tatort hat er eine Sonnenbrille fallen gelassen, die eine Sonderanfertigung war. Ein örtlicher Optiker hatte sie der Freundin des Neonazi-Führers Karl-Heinz Hoffmann geschenkt.

Der Anführer der Wehrsportgruppe Hoffmann beschäftigt Polizei und Justiz schon lange. Als eine italienische Illustrierte, *Oggi*, einmal ein üppig bebildertes Porträt über ihn veröffentlicht, eine filmreife Gestalt mit Kaiser-Wilhelm-Bart und einem Puma als Haustier, der mit einer Schar seiner Getreuen auf Schloss Ermreuth 14 Kilometer von Nürnberg lebt – da stellt sie Shlomo Lewin als seinen örtlichen Gegenspieler dar.

Aber erst nach fünf Wochen tauchen die bayerischen Ermittler auf dem Schloss auf, wo auch der Todesschütze gelebt hat. Acht Monate vergehen, bis am 20. August 1981 das Amtsgericht Erlangen einen Haftbefehl gegen Uwe Behrendt erlässt, Hoffmanns »Unterführer« und rechte Hand, »z. Zt. unbekannten Aufenthalts«. Da ist er schon ins Ausland abgetaucht, in ein palästinensisches Ausbildungslager im Libanon.

Erst 1984 beginnt ein Prozess gegen Hoffmann als mutmaßlichen Auftraggeber des Mords. Da sind die Richter auf das wenige angewiesen, was er ihnen zu erzählen bereit ist, ein Schwadroneur, der kokettiert, sein Ruf als »Judenfresser« sei weit übertrieben. Es ist eine hübsch glatte, eine für Hoffmann weitgehend entlastende Geschichte. Er, Hoffmann, habe von nichts gewusst.

Die Tat sei »bis heute nicht geklärt«, schreiben die *Erlanger Nachrichten* noch zum zehnten Todestag Lewins im Jahr 1990. Es ist ein bemerkenswertes Stück Journalismus, in dem Artikel findet sich kein Wort über Rechtsradikale, kein Wort über

Antisemitismus. Den beiden Opfern geschieht kurz gesagt, was leicht auch den Opfern des NSU hätte widerfahren können, hätte sich der NSU nicht spektakulär selbst enttarnt und zu seinen Taten bekannt. Sie geraten in Vergessenheit.

Deutschland, so erinnert sich der Kantor Grabowski, der heute 85 Jahre alt ist, sei für ihn als Einwanderer aus Argentinien »ein anderer Planet« gewesen. »Diese Kälte.« Shlomo Lewin dagegen habe große Wärme ausgestrahlt, hingebungsvoll, manchmal auch überschäumend. »Er hatte so eine starke Stimme!« Manchmal sang Lewin die jiddischen Chansons von Mordechaj Gebirtig.

Lewin war in religiösen Dingen relaxt, erinnert sich meine Mutter. Unkonventionell, sagt mein Vater. Meine Eltern lebten in Erlangen, als Mitglieder der jüdischen Gemeinde waren sie ein paarmal bei Lewin und Poeschke zu Gast, immer donnerstags war »open house« bei ihnen im Wohnzimmer. Meine Eltern hatten gerade geheiratet. Die Kuchenplatte, die Lewin ihnen schenkte, benutzen sie heute noch.

Als ich geboren wurde, lag der Mord schon mehr als zwei Jahre zurück. Aber ich bin mit diesen Menschen aufgewachsen. Der Kantor hat mich auf meine Bar Mitzwa vorbereitet. Ich bin zur Schule gegangen mit der Enkelin von Josef Jakubowicz, hatte Religionsunterricht mit den Kindern von Henry Majngarten.

Es ist ein winziger jüdischer Mikrokosmos gewesen, in meiner Kindheit gab es gerade einmal 30 000 Juden in Ost- und Westdeutschland. Von 1990 an sind einige aus den Ländern der ehemaligen Sowjetunion hinzugekommen, wo sie wegen ihrer Religion schikaniert, beim Studium und der Berufswahl behindert wurden. Heute zählen die Gemeinden insgesamt etwa 150 000 Mitglieder, immer noch viel weniger als in Frankreich oder England.

1996 habe ich in der Nürnberger Synagoge Bar Mitzwa gemacht, draußen wachte die Polizei. Einer der Freunde meiner

Eltern hatte einen Waffenschein, weil er regelmäßig Drohanrufe erhielt wie Arno Hamburger. Ich habe mir damals, als Kind, nicht einmal viel dabei gedacht. Das ist der Zustand, Juden in Deutschland kennen ihn seit Jahrzehnten nicht anders. Aber man darf sich niemals einreden, das sei normal. Nichts davon ist normal.

Heute werden die allermeisten antisemitischen Gewalttaten in diesem Land nicht einmal angezeigt, so gering ist das Vertrauen in Polizei und Justiz. Das liegt auch an Ermittlungen wie denen im Fall Lewin/Poeschke. Oder jener in München nach dem Brandanschlag auf das jüdische Altenheim mit sieben Getöteten im Februar 1970, als die Ermittler ebenfalls lange einen Verdacht gegen die jüdische Gemeinde selbst streuten.

Der Terror ist nie weg gewesen. Kurz vor dem Münchner Brandanschlag gab es die Bombe im jüdischen Gemeindehaus in Berlin während der Gedenkfeier am 9. November 1969, dann 1982, ebenfalls in Berlin, die Bombe im jüdischen Restaurant »Mifgash«, die ein 14 Monate altes Mädchen tötete, 1988 die Autobombe, die vor dem neu eröffneten jüdischen Gemeindehaus in Frankfurt am Main explodierte, 1992 den Kopfschuss auf offener Straße, der eine 68-jährige jüdische Garderobiere tötete, die für den rechtsextremen Täter an ihrer KZ-Tätowierung erkennbar war, 1994 die lichterloh brennende Synagoge von Lübeck, 1998 Sprengstoffanschläge auf das Grab des Präsidenten des Zentralrats der Juden, 2000 den Rohrbombenanschlag auf jüdische Sprachschüler in Düsseldorf, im selben Jahr auch Brandanschläge auf die Düsseldorfer, Erfurter und Essener Synagogen, 2003 ein Bombenkomplott gegen die Grundsteinlegung der neuen Münchner Synagoge, immer wieder Steinwürfe, Briefbomben, und wieder Molotowcocktails auf die Synagogen in Mainz und Worms im Jahr 2010 und in Wuppertal 2014.

Am 9. Oktober 2019 folgte dann der Anschlag eines schwer bewaffneten Rechtsextremen auf die voll besetzte Synagoge in Halle an der Saale. Antisemiten haben in den vergangenen Jahren immer weiter Hemmungen abgelegt, die Schlagzahl hat sich erhöht. Es braucht hohe Zäune, so traurig das ist. Judentum in Deutschland, das ist heute Religionsausübung im Belagerungszustand. Aber der Staat hat auch zugelassen, dass es so weit kommt. Durch eine Polizei, die diese Gefahr vielerorts nicht abwehrt, sondern seit Jahrzehnten verwaltet. Durch eine Justiz, die immer wieder beschönigt.

Vieles davon trifft auch andere rassistisch Marginalisierte. Judenfeindlichkeit, Muslimfeindlichkeit: Same shit, different asshole. Die Recherche zur Arbeit von Sicherheitsbehörden und Justiz, die ich in diesem Buch unternehme, muss deshalb Teil einer weiter gefassten Kritik sein. Wenn der Rechtsstaat den Schutz mancher Bevölkerungsteile weniger ernst nimmt als den anderer, ist das nicht nur ein Sicherheitsproblem. Es ist ein Gerechtigkeitsproblem.

Die tägliche Angst
Schulkinder, die Polizeischutz brauchen

»Wir wünschen euch, dass ihr friedlich spielen könnt.«

Selbst gemaltes Plakat von Berliner Grundschülern für den Kindergarten der orthodox-jüdischen Chabad-Gemeinde in Berlin-Wilmersdorf, nachdem unbekannte Täter in der Nacht zum 25. Februar 2007 die Fassade mit Hakenkreuzen und Hetzparolen wie »Scheiß Juden« und »Weg hier« beschmiert, eine Rauchbombe in das Gebäude geworfen und Spielzeug mit SS-Runen beschmiert und zerstört hatten

Die Schleuse öffnet sich

Die Kinder hüpfen auf und ab, zupfen an ihren Sitzgurten, es ist der erste Morgen nach den Herbstferien. In einem weißen Minibus sitzen Eliyah, Klasse 3a, Hannah, Eva und Amelie, Klasse 2a, und die viereinhalbjährige Marit, die noch in die Vorschule geht und in ihrem Rucksack nur die Brotbox hat. Der Bus musste bereits einmal außerplanmäßig halten, Toilettenpause, auf dieser Fahrt, die manchmal von Eltern begleitet werden darf. Aber jetzt ist es so weit, Endhaltestelle: Heinz-Galinski-Schule.

An der jüdischen Grundschule in Berlin-Charlottenburg waren die Ferien besonders lang diesmal. Erst fiel das jüdische Neujahrsfest Rosch ha-Schana in die Woche mit dem Tag der Deutschen Einheit, da blieb die Schule zu. Dann kamen zwei

Wochen staatliche Herbstferien. Dann noch mal zwei jüdische Feiertage, Schemini Azeret und Simchat Tora, da werfen Eltern in der Synagoge Bonbons, die Kinder sammeln sie auf. Jetzt endlich soll der Alltag wieder beginnen. Das normale Leben. Wenn jemand das so nennen möchte.

Der Minibus, in dem die Kinder hinter getönten Scheiben sitzen, hält vor einem Gebäude, das von einem Zaun umstellt ist. Metallstangen, Metallspitzen, Videokameras. Ein erstes Tor öffnet sich, der Bus fährt hinein, das Tor schließt sich, dann kommen Sicherheitsleute mit Walkie-Talkies.

Es ist November 2019, vier Wochen zuvor hat ein Rechtsradikaler versucht, in eine Synagoge in Halle einzudringen, er wollte die Betenden mit selbst gebauten Waffen töten. Er kam wie aus dem Nichts, sagen die Sicherheitsbehörden, und weil dies keine sehr beruhigende Erklärung ist, sehen die Kinder durch die Scheiben ihres Busses an diesem diesigen Morgen auch einen Polizisten, der ihre Schule bewacht.

Der Bus fährt weiter, die Schleuse öffnet sich nach innen auf den Hof der Schule. Die Wachleute, junge Männer in Jeans und Kapuzenjacken, geben Handzeichen. Auch die Lehrer kommen gerade zur Arbeit, aber durch einen anderen Eingang, an dem hinter einer dicken Glasscheibe ein junger Israeli sitzt und jedem von ihnen zuwinkt. Ein Metalldetektor fiept.

Normales Leben: So sieht das aus an einer Grundschule, die sich von anderen nur dadurch unterscheidet, dass die Kinder im Herbst Chanukkaleuchter aus Knetmasse basteln statt Adventskerzen. Dass sie an jüdischen Feiertagen freihaben und dafür mehr Nachmittagsunterricht absitzen müssen. Normaler Alltag, das heißt, dass sie das Verhalten bei einem Terrorangriff auf die Schule üben, und zwar schon bevor sie das Abc beherrschen. Es gibt dafür Probealarme, mehrmals im Jahr. Die größte Herausforderung dabei ist: Die Kinder dürfen keinen Mucks von sich geben.

In Frankreich ist in der Stadt Toulouse im Jahr 2012 ein

Attentäter in eine jüdische Schule eingedrungen. Er erschoss vier Menschen, sie waren dreißig, acht, sechs und drei Jahre alt. In Belgien befahl die Polizei allen jüdischen Schulen zu schließen, nachdem ein Attentäter im jüdischen Museum um sich geschossen hatte. Auch in Paris, wo ein Islamist 2015 in einem koscheren Supermarkt vier Menschen erschoss, waren eigentlich jüdische Schulkinder das Ziel gewesen, wie sich später herausgestellt hat. Allein die Sicherheitsvorkehrungen hatten den Mann in letzter Minute abgeschreckt.

Hinter dem hohen Zaun in Berlin-Charlottenburg wuchert ein riesiger verwilderter Garten, und es gibt eine Rutsche, die so hoch ist, dass die Kinder erst ab der dritten Klasse drauf dürfen. In der Mitte des Schulgeländes steht eine verwinkelte kleine Bastelwerkstatt, Tonfiguren trocknen auf der Fensterbank. Wie eine Mutter aus Frankfurt am Main sagt, die früher selbst auf die jüdische Grundschule dort gegangen ist: Es gibt eine Geborgenheit.

Als Annabelle G. ihre Tochter zum ersten Mal in die jüdische Schule in Frankfurt brachte und das Surren der Sicherheitsschleuse hörte, habe das ein vertrautes Gefühl in ihr ausgelöst. Dieses Geräusch. Dieser Raum mit den Videobildschirmen. »Den kannte ich noch.« Die netten jungen Israelis, die aufpassen: »Die Kinder lieben die.«

Die Frage ist, was für ein Land eigentlich da draußen liegt, auf der anderen Seite des Schulzauns. Ein Land, in dem es Wachleute braucht, damit Kinder im Musikunterricht ein paar Schabbat-Evergreens singen können. Die zweifache Mutter Annabelle G. zündet sich vor einem Café eine Zigarette an. Es ist einer der letzten milden Tage in Berlin. Sie ist gerade zu Besuch aus Frankfurt. Sie bittet, ihren Nachnamen nicht zu erwähnen.

Wir kennen uns seit dem Studium. Sich zu verstecken ist eigentlich überhaupt nicht ihre Art. »Sind mir zu abgefuckte Zeiten einfach«, sagt sie. Im Radio lief gerade eine Sendung darüber, dass in rechtsradikalen Kreisen Listen mit den Namen von Juden kursieren, gekennzeichnet mit einem Stern.

»Diese No-go-Area-Scheiße«

Annabelle G. schickt ihre Tochter gern auf die jüdische Schule. Die Lehrerin sei toll, ihre Kinder knüpften Freundschaften zu Kindern, mit deren Eltern Annabelle G. selbst seit ihrer Kindheit befreundet ist. Und die Kinder lernten ihre jüdische Identität als etwas Positives kennen, ohne sich als Außenseiter zu fühlen. Das sei wertvoll. »Aber nach Jom Kippur«, nach dem Anschlag auf die Synagoge in Halle, »hab ich mir gesagt, ich kann sie nicht mehr hinbringen.«

Sie hat mit ihrem Mann darüber gesprochen. Am Ende waren sie sich einig: Man kann der Gefahr nicht entgehen. Man muss mit ihr umgehen. Und man muss auch einsehen, dass es den Kindern nicht verborgen bleiben wird. Natürlich kann man versuchen, ihnen etwas vorzumachen. So wie morgens, wenn der Bus auf dem Schulgelände in Berlin ankommt und die Sicherheitsleute eine lange Stange unter den Bus schieben, an dessen Ende ein Spiegel befestigt ist. Wie in einer militärischen Sperrzone. Das sei doch nur, »damit man sieht, dass das Auto nicht kaputt ist«, hat eine Siebenjährige neulich zu Hause erzählt. So habe ihr das jedenfalls der Busfahrer erklärt.

Die Kinder bekommen natürlich trotzdem eine Menge mit, auch bei all den Worten der Solidarität nach der Attacke in Halle. Sie hören »Anschlag« und »bewaffnet«, sie spüren die Angst. Und dann geschieht es wie in Frankfurt am Main, wo an der jüdischen Grundschule die Lehrerin der ersten Klasse am ersten Schultag nach der Attacke in Halle im Sitzkreis fragt, was in den Ferien so passiert sei. Zwei Kinder erzählen vom Anschlag. »Sehr detailliert«, wie die Lehrerin sagt. Durch die moderne Fassade der Grundschule geht ein dramatischer, riesiger Riss, eine Idee des Architekten.

Die Lehrerin unterbrach die Kinder. Sie versuchte, das Gespräch umzulenken auf das Thema jüdische Religion und andere Religionen und erklärte den Kindern, »dass wir alle das Recht haben, so zu sein, wie wir sind, mit blonden oder braunen Haaren«. Aufwühlende Minuten seien das gewesen, schreibt die Lehrerin in einer E-Mail. Dann sei es weitergegangen mit dem Gespräch über die »schönen Erlebnisse der Kinder in den Herbstferien«. Die meisten Kinder seien ein bisschen verwirrt zurückgeblieben. Sie hätten später aber nicht mehr danach gefragt.

Jüdisches Leben in Deutschland, das ist auch die Frage: Wie erkläre ich's den Kindern? Wie beschütze ich sie vor schlimmen Wahrheiten? Darf man das überhaupt: die Kinder abschirmen? Und: Schafft man das, sie abzuschirmen?

»Ein böser Mann hat versucht, etwas Böses zu machen, aber zum Glück ist er nicht in die Synagoge reingekommen«, hat die Lehrerin in Frankfurt den Erstklässlern gesagt. Von der zweiten Klasse an aufwärts hatten die Lehrer sogar die Anweisung, den Anschlag von sich aus zu thematisieren. Um den Kindern zu zeigen, dass sie bei Angst jederzeit Hilfe erhalten könnten. Die Lehrer haben die Kinder auch aufgefordert, vorsichtig zu sein.

Annabelle G. ärgert sich darüber. »Wozu sagt man Kindern, sie sollen aufpassen?« Ihre Tochter ist erst sechs, »sie soll aufpassen, dass sie rechtzeitig auf die Toilette geht oder dass sie an ihre Hausaufgaben denkt. Mehr nicht. Man kann nicht vor Terroranschlägen aufpassen. Was soll man da aufpassen? ›Meiden Sie große Plätze‹? Das ist diese No-go-Area-Scheiße«, sagt sie, das solle man nicht schon kleinen Kindern vermitteln. »Es ist nicht die Aufgabe von Fünf- und Sechsjährigen, wachsam zu sein. Das ist unsere Aufgabe als Eltern.«

Sie holt ihr Handy heraus. In der WhatsApp-Gruppe der

Eltern in Frankfurt wurde diskutiert. Es gab Protest. Annabelle G. liest vor. Die Elternvertreter schrieben der Lehrerin: Man sei »teilweise geschockt, dass mit den Kindern überhaupt über das Thema gesprochen wurde«. Die Eltern hätten »teilweise versucht, die Ereignisse von den Kindern fernzuhalten«, um sie zu beschützen.

Es sei schon schwierig genug. Die Kinder würden früh genug Angst bekommen in ihrem Leben. Wenn man ihnen jetzt Dinge erzähle, die ihnen Angst machten: Ist es nicht genau das, was die Täter wollen?

Jüdische Lieder im Supermarkt

Auch in der Oranienburger Straße in Berlin stehen in den Wochen nach dem Anschlag in Halle vier Mann vor der Neuen Synagoge Wache. Keine netten älteren Herren mehr wie vorher. Sondern junge Männer mit Maschinenpistolen. Es ist fast erleichternd, wenn man mit den Kindern an ihnen vorbei ist. Die Schleuse öffnet sich, die Schleuse schließt sich mit hydraulischem Zischen. Die Welt bleibt draußen.

Die Neue Synagoge hat eine historische Fassade und eine goldverzierte Kuppel. Ein Postkartenmotiv. Der historische Bau dahinter aber ist ausgebombt und entkernt, drinnen sieht es teils eher aus wie in einer alten Gesamtschule. Enger Fahrstuhl, Glastüren, Linoleumboden.

Zwei Tage nach dem Anschlag in Halle hat die Rabbinerin der Neuen Synagoge, Gesa Ederberg, eine E-Mail an ihre Gemeindemitglieder verschickt. Sie erinnerte daran, wie es nach dem Anschlag auf die Synagoge in Pittsburgh mit elf Toten im Oktober 2018 war. Damals kamen in den USA viele Nichtjuden in den Gottesdienst, unter dem Motto »Show up for Shabbat«.

Ein solcher »Ansturm« der »nichtjüdischen Unterstützer*innen« sei nicht das Richtige, so die Rabbinerin. »Es ist uns wichtiger, dass sie auf den Straßen der Stadt und mehr noch in persönlichen Begegnungen mit antisemitischen (und homophoben und frauenfeindlichen und muslimfeindlichen und ...) Bemerkungen ihre Stimme erheben.«

Der Gottesdienst soll ein Ort der Besinnung bleiben, nicht alles vom Terror überlagert werden. Im Gebetsraum hängen von Kindern gebastelte Bilder. Vor dem Gebetsraum liegen Broschüren aus, eine zeigt einen Davidstern in Regebogenfarben, Titel: »Jüdisch und queer. Niemand soll sich zwischen jüdischer und queerer Identität entscheiden müssen«.

»Wir sagen unseren Kindern: Ihr seid jüdisch«, sagt Miron Kropp, die blonden Haare stecken unter einer Baseballmütze. Seine Tochter geht auch auf die jüdische Grundschule in Charlottenburg, früher war er selbst dort Schüler. »Andererseits: Man muss es nicht jedem zeigen.« Das sei der Zwiespalt, den er im Grunde furchtbar finde. Die Kinder sollten sich nicht eingeschlossen fühlen. Sie sollen nicht mit dem Gefühl aufwachsen, sich verstellen zu müssen. Und trotzdem.

Als seine Tochter kleiner war, ging sie in den jüdischen Kindergarten, »da hat sie in jedem Supermarkt angefangen, jüdische Lieder zu singen, und auch, jedem zu erzählen: Wir feiern kein Weihnachten, wir sind jüdisch.« Die meisten reagierten darauf mit einem Lächeln. Als Vater fürchte man aber, dass sie auch mal auf den Falschen treffe. Miron Kropp selbst ist einmal in der U-Bahn getreten worden, weil er eine Kette mit einem Davidstern trug. Und er findet: Man müsse den Kindern helfen, sich in der Welt zu orientieren, in der sie nun mal leben.

Der Anschlag in Halle hat ihn noch einmal nachdenklicher gemacht, sagt er, aber keinen Moment lang habe er darüber nachgedacht, seine Tochter von der jüdischen Schule zu nehmen. »Ja, das hat jetzt uns getroffen. Aber es hätte auch Muslime treffen können«, sagt er. »Oder Schwarze. Die können es – im Gegensatz zu uns – nicht verbergen. Ich kann den

Davidstern wegtun, wenn es mir zu riskant ist.« Manchmal tue er das.

Das Thema Holocaust steht natürlich nicht auf dem Lehrplan einer Grundschule, auch nicht einer jüdischen. Aber an irgendeinem Gedenktag neulich kam es auf, und dann hat der Musiklehrer – warum ausgerechnet der Musiklehrer? – den Kindern mehr erzählt, als manchen Eltern lieb war. Jetzt erzählen Siebenjährige zu Hause von Nazis. Mit »giftigen Gasen« töteten sie die Juden, so hat neulich Hannah beim Abendessen erzählt, ihre vierjährige Schwester saß daneben. »Die haben gesagt: Wollt ihr duschen nach eurer langen Zugfahrt?« Aber aus den Duschen kam kein Wasser. Diese Geschichte mache sie so traurig, dass sie fast weinen müsse.

»Man schafft es eh nicht, die Kinder in Watte zu packen«, meint Miron Kropp. Wenn es nicht der Musiklehrer ist, dann hörten sie vielleicht zufällig im Autoradio die Nachrichten. »Bei einer Gedenkstunde des Bundestags für die ermordeten Juden Europas …« Kinder aus nichtjüdischen Familien würden bei solchen Sätzen vielleicht weghören. Unbekannte Wörter. Jüdische Kinder aber erkennen sie. Für Eltern heißt das, sie müssen sich entscheiden, wie ehrlich sie sein wollen. Und Miron Kropp findet: Besser, man ist gleich ehrlich. »Kinder sind viel schlauer, als man denkt.«

Anfangs habe die Heinz-Galinski-Schule noch fast normal ausgesehen, erinnert sich Miron Kropp. Die Mauern und Zäune seien erst später immer höher gewachsen, »wir hätten eigentlich gewünscht, dass sie mit den Jahren immer weniger nötig sind«.

Gerade hat die Direktorin der Heinz-Galinski-Schule einen neuen Rundbrief verschickt:

»Liebe Eltern, nach dem erschütternden Terroranschlag an Jom Kippur in Halle werden die polizeilichen Sicherheitsmaßnahmen vor allen jüdischen Einrichtungen vonseiten des Berliner Senats diskutiert und überprüft. Wir als Schulleitung haben uns ebenfalls Gedanken gemacht, wie wir die Sicherheit unserer Schule optimieren können …« Es folgen neue, verschärfte Regeln.

Gated Community

Niemand müsse sich doch separieren von der breiten Gesellschaft, heißt es manchmal vorwurfsvoll, niemand müsse sich doch absondern von der Masse und sich auf eine solche konfessionelle Schule zurückziehen. Alle Kinder könnten doch gemeinsam lernen. Manche meinen, dies sei gerade Teil des Problems, dieses Sich-separieren-Wollen. Anders-sein-Wollen.

Aber Anderssein, das ist nicht etwas, das man abwählen könnte. »Ich bin als jüdisches Mädchen oft genug daran erinnert worden, auch wenn ich auf einer staatlichen Schule mit lauter katholischen und evangelischen Mitschülern war«, sagt Klara D., deren zwei Söhne auf die jüdische Grundschule in München gehen.

Immer wieder guckt sie auf ihr Handy, vormittags arbeitet sie in einer Filmproduktionsfirma, jetzt holt sie ihre Kinder ab. Die Grundschule ist im Bauch eines großen Klotzes versteckt, des jüdischen Gemeindezentrums am Sankt-Jakobs-Platz. Auf dem Platz vor der Schule scheint die Sonne, es ist ein Kommen und Gehen.

In München gibt es eine Besonderheit. Gleich nebenan steht eine katholische Mädchenschule. Ein interessantes Nebeneinander, dort werden die Mädchen von Nonnen unterrichtet, ohne männliche Mitschüler, das ist auch eine Art von Sich-Separieren, meint Klara D., und andere Eltern würden sich für eine Waldorf- oder eine internationale Schule entscheiden.

Wer seine Kinder auf die jüdische Schule gibt, der hat sich das Anderssein im Vergleich wahrscheinlich noch am wenigsten ausgesucht. »Natürlich ist es auch angenehm, dass man sich mit Antisemitismus in der Schule nicht so auseinandersetzen muss«, sagt Klara D. Die jüdischen Schulen haben derzeit viel Zulauf. Es wechseln auch immer wieder Kinder mitten im Schuljahr dorthin, dahinter verbergen sich oft keine schönen Geschichten.

Schlimm an dem Zustand des Bewachtseins bleibt jedoch, dass er zwar kurzfristig ein Problem behebt, aber langfristig ein größeres Problem vertieft. Juden werden als privilegiert imaginiert. Als Leute, denen es zu gut gehe. Die teuren Security-Maßnahmen wirken fast noch wie ein Beleg. Als sei das ein Luxus, nicht eine finanzielle und sonstige Belastung. Der grundsätzliche Missmut gegenüber Juden, er wächst.

Bei der Polizei laufen manchmal sogar Beschwerden von eifersüchtigen Bürgern ein, so erzählen etwa die Beamten, die vor dem Jüdischen Museum Westfalen wachen, einem modernen Glas- und Betonbau in der Stadt Dorsten. »Da heißt es: Da steht die Polizei, und zu uns kommt der Streifenwagen bei einer Notsituation möglicherweise später, weil dieses Fahrzeug eben nicht frei ist und vor dem ›Judenmuseum‹ steht.«

Am Blumenmeer

Auch in Halle bemühen sie sich, zu so etwas wie Normalität zurückzufinden. Es ist eine besondere Akustik in diesem alten Gebäude in der Humboldtstraße, der weiche Gesang des Kantors hallt wider wie in einer Kirche, weil der Boden aus Stein ist und die Decke sehr hoch. Aber es dringen auch Kinderstimmen aus dem Nebenraum herein. Dort spielen sie Verstecken, die elfjährige Naomi hält sich gerade die Augen zu und zählt bis zwanzig.

Die anderen rennen nach draußen auf ein winziges Stück Hof, eingezwängt zwischen der Synagoge und dem jüdischen Friedhof, auf den wenige Tage zuvor ein rechtsradikaler Täter einen Sprengsatz geschleudert hat. Spuren davon sieht man keine mehr.

An diesem Samstagmorgen steht der Kantor zwischen den bunten Glasfenstern der Synagoge, er heißt Roman Yossel »Yossi« Remis. Er hat auch während des Anschlags hier auf der Bühne gestanden, als der Täter versuchte, in das Gebäude einzudringen. Er ist noch jung, aber schon alte Schule. Mit melancholischem Ernst trägt er die Gebete vor. Er trägt Anzug und Krawatte. Um ihn herum sitzen etwa dreißig Männer, die mitbeten und mitsingen. Hinter ihnen sitzen ein paar Frauen, abgetrennt durch einen weißen Vorhang, die Mechiza. Es ist eine sehr konservative Gemeinde.

Kinder sind nicht in der Synagoge gewesen bei dem Anschlag an Jom Kippur. Es ist ein Tag stiller Einkehr, es wird gefastet, die Gebete dauern den ganzen Tag: Jom Kippur ist nichts für Kinder, zum Glück. Die Gemeinde in Halle hat sich auch entschieden, den Kindern danach nichts davon zu erzählen. »Was sollen sie daraus lernen«, sagt Max Privorozki, der Vorsitzende der Gemeinde.

Man habe nur wenige Mitglieder, 550 Männer und Frauen. Das reiche nicht für eine eigene jüdische Schule wie in Frankfurt am Main, München oder Berlin. »Das heißt, wir sehen die Kinder nur einmal pro Woche. Da weiß ich nicht, wie sinnvoll es wäre, ihnen Angst zu machen.«

Im Nebenraum, wo inzwischen Hannah dran ist mit Bis-zwanzig-Zählen, passt eine Mutter auf, Marina B., ihr Haar steckt unter einer bestickten schwarzen Baskenmütze. Sie spielt mit den Kindern und schaut weg, wenn sie Stücke von dem Sandkuchen klauen, den eine ältere Dame gerade auf den Tisch gestellt hat. Für das Buffet nach dem Schabbat-Gottesdienst. Als die Kinder mit ihrer Beute nach draußen rennen, erzählt Marina B., wie sie vorhin vor der Tür stand mit ihrem Mann und ihren drei Kindern. Vor den Blumen und selbst gemalten Schildern, den Herzen und den christlichen Grablichtern für Jana L., die Frau, die auf der Straße vor der Synagoge erschossen wurde.

Die Kinder hätten sich gar nichts dabei gedacht. Auch das aufgesplitterte Holz an der Tür der Synagoge hat sie offenbar nicht stutzig gemacht. Dort, wo der Attentäter immer wieder auf die Tür gefeuert hat. Die Tür ist noch nicht ausgebessert worden, dafür steht jetzt ein Polizeibus vor der Synagoge, außerdem ein Container mit der Aufschrift »Polizei«. Über die Straße ist ein Absperrband der Polizei gespannt, an dem alle vorbeigehen müssen.

Die achtjährige Tochter an ihrer Hand fragte ihre Mutter, ob sie nicht eine der vielen Blumen nehmen könne, die da liegen. Um sie in eine Vase zu stecken. Die sind so schön, die verwelken sonst doch. Ihre Mutter lacht.

Ein anderes Mädchen, sieben Jahre alt, ist später gekommen. Sie hat sich gewundert. Nicht über die Polizei, das kennt sie ja schon von anderen Synagogen. Sondern nur über die vielen Blumen, die vor der Tür liegen. Es hat gedauert, bis der Wachmann gekommen ist, um die Tür zu öffnen. Links von der Tür hängt die schwarze Glaskugel, in der sich die Videokamera befindet, mit der der Attentäter gefilmt wurde. Das Mädchen hat, während sie wartete, zu Boden geschaut. Dort sind kleine Messingquader in das Pflaster eingelassen. Darauf sind Namen eingraviert.

»Die Steine kenne ich«, hat sie gesagt, darüber hätten sie mal in der Schule geredet. Das sei für Juden, die von Nazis getötet wurden.

Selbstverteidigung
Wenn Synagogen auf sich allein gestellt sind

»The windows are not really reachable either. And they could very well be bullet resistant, as the BRD spends huge amounts of tax money on jew safety.«

Aus dem Manifest des rechtsextremen Attentäters auf die Synagoge von Halle am 9. Oktober 2019, der annahm, das Gebäude würde schusssichere Fenster haben, nicht ahnend, dass kein einziger Euro aus Steuergeld für die Sicherung dieser Synagoge bereitgestellt worden war

Die Tür

Faustdick ist sie, aus Eiche, schwere Eisenscharniere biegen sich, als ich die Tür öffne, danach rastet sie wieder ein ins wuchtige Schloss. Am 9. Oktober 2019 ist diese Tür zur berühmtesten der Republik geworden, sie befindet sich in Halle an der Saale, Humboldtstraße 52. Sie verschließt den Eingang zum Vorhof einer Synagoge.

Auf den ersten Blick wirkt sie gewöhnlich, schlichtes braunes Holz, eingefasst in eine gelbe Backsteinmauer. Tatsächlich aber ist sie ein echtes Hindernis. Die Bilder der Einschüsse, die bis heute wie Narben neben, über und unter dem Schloss zu sehen sind, gingen um die Welt. So wie das Video des Täters, Stephan Balliet, 27 Jahre alt, der fluchend und ratlos vor dieser Tür steht. Und an ihr scheitert.

Die Tür hat den zum Mord entschlossenen Rechtsradikalen am Eindringen gehindert. Er wollte ein Massaker anrichten an den 51 Juden, die hinter ihr Jom Kippur feierten, das Versöhnungsfest. Bundespräsident Frank-Walter Steinmeier hat nach dem Attentat vor der Tür gestanden, Reiner Haseloff, der Ministerpräsident von Sachsen-Anhalt, Bundesinnenminister Horst Seehofer und sein Kollege Holger Stahlknecht, der Innenminister des Landes. Ihnen allen war die Dankbarkeit anzusehen, dass dieses Stück Holz gehalten hat.

Bald soll die Tür ausgestellt werden, im Hof der Synagoge, über die Details wird die Gemeinde noch beraten. Ihr Vorsitzender, Max Privorozki, 56 Jahre alt, arbeitet die Besuche von Politikern scheinbar stoisch ab, erst danach will er sich psychologische Hilfe suchen. Er stand hinter der Tür, er hörte die Schüsse. »Darunter werde ich noch lange leiden«, sagt er.

Aus der Geschichte dieser Tür kann man viel lernen, nicht nur über die Gefahr für Jüdinnen und Juden in diesem Land. Sondern auch darüber, dass der deutsche Staat an zu vielen Orten immer noch zu wenig dafür tut, sie vor Gefahr zu schützen. Ja dass er bisweilen sogar sträflich fahrlässig agiert. Halle ist einer dieser Orte.

Um die Tür zu bekommen, mussten sich die Gemeindemitglieder aus Halle ans Ausland wenden, an die Jewish Agency, eine karitative Organisation mit Sitz in Jerusalem. Es war das Jahr 2015. Das Attentat auf den koscheren Supermarkt in Paris, bei dem ein Islamist vier Menschen ermordete, hatte sich gerade ereignet, kurz zuvor hatte ein anderer islamistischer Attentäter in Kopenhagen eine Bar-Mitzwa-Feier angegriffen und den jüdischen Sicherheitsmann erschossen.

Die Jewish Agency schickte, um der Gemeinde in Halle bei simplen Maßnahmen zu ihrem Schutz zu helfen, 13 000 Euro aus Spendenmitteln, genauer: aus dem Nachlass der amerikanischen Hotelbesitzerin Leona M. Helmsley, die 2007 gestorben war und ihr Vermögen für wohltätige Zwecke vermacht hatte.

Zu Lebzeiten konkurrierte sie mit einem aufstrebenden Unternehmer namens Donald Trump. Queen of Mean wurde die Geschäftsfrau genannt, Königin der Gemeinheit. Mitarbeiter schrie sie an. In ihrem Testament aber zeigte sie sich großherzig. Ein paar Millionen hinterließ sie ihrem Hund, ihre Milliarden den Armen.

Nur so konnte die Tür in Halle bezahlt werden. Nur wegen dieser Spende, gestückelt und vermittelt durch die Jewish Agency, kam die Gemeinde in Halle auch an die Videokamera, die am Tag des Anschlags jene Bilder ins Innere der Synagoge übertrug, die den Menschen drinnen zeigten, wie der Mann da draußen vor der Tür wütete. Ein Stück Hightech. Umgeben von alten, dunklen Holzbrettern und einem verschrammten Steinboden.

Der Chef der Jewish Agency ist ein Israeli, Isaac Herzog, ich erreiche ihn am Telefon, er hat noch immer die hohe Stimme, mit der er früher als Oppositionschef in der Knesset Ministerpräsident Benjamin Netanjahu anging. Was er sagt, klingt hart und bitter. Warum musste die Jewish Agency einspringen, um in einem der reichsten Länder Synagogen zu schützen? Herzog zitiert einen Spruch aus dem Talmud, von Rabbiner Hillel, der zur Zeit von Jesus lebte: »An einem Ort, wo es niemanden sonst gibt, musst du es selbst tun.«

Erst ein halbes Jahr vor dem Anschlag, sagt Herzog, habe die Tür in Halle ein »Update« aus Mitteln der Jewish Agency erhalten, eine technische Nachrüstung. Sechs Monate vor dem Anschlag war das. Am Tag nach dem Attentat hat Isaac Herzog einen Brief an Angela Merkel geschrieben: »Ich rufe Sie respektvoll auf, sicherzustellen, dass die Sicherheit in und um Synagogen hohe Priorität erhält.«

In Halle gab es diese Priorität nicht, die jüdische Gemeinde war schlicht vergessen worden, so wie überall in Sachsen-Anhalt. Vom Staat gab es kein Geld für Schutzmaßnahmen. Der Grund: Es gab eine Regelungslücke, die 13 Jahre lang bestand und von den Verantwortlichen nie geschlossen wurde. Am 20. März 2006 hat Sachsen-Anhalt einen Staatsvertrag mit der jüdischen Gemeinde geschlossen. In Artikel 3 heißt es: »Das Land gewährleistet den Schutz der Jüdischen Gemeinschaft in Sachsen-Anhalt.« Im Protokoll zur Vereinbarung steht: »Näheres bleibt besonderen Vereinbarungen vorbehalten.«

Aber ebendiese Vereinbarungen, die wie in anderen Bundesländern üblich Zuschüsse für schusssichere Fenster, Sicherheitsschleusen und verstärkte Türen – ja, Türen – ermöglicht hätten, alles, was in diesem Land leider notwendig ist, um Juden vor Angriffen zu schützen, gab es in Sachsen-Anhalt nicht. In der Landesregierung hält man das inzwischen für einen Fehler. Außerhalb der Landesregierung gibt es Menschen, denen dazu noch ganz andere Bemerkungen einfallen.

Leere Hüllen, wo einst Synagogen waren

Der Innenminister ist zu einem Telefonat bereit, es ist noch früh am Morgen. Holger Stahlknecht ist im Auto unterwegs, er ist ein erfahrener Politiker, Chef der CDU seines Landes. Für die Frage nach diesem Versagen findet er keine Erklärung. Zitieren lassen möchte er sich nur nach Rücksprache mit der Pressestelle. Es bleibt nur ein Satz: »Die Möglichkeit einer gesonderten Vereinbarung, die der Staatsvertrag bietet, hatte vorher keiner der Vertragspartner gesehen.«

Unwissenheit kann es nicht gewesen sein. Erst im Mai 2019 meldete sich die jüdische Gemeinde Dessau bei Stahlknechts Ministerium. In der Dessauer Synagoge war zum zweiten Mal eingebrochen worden, nun ging es darum, Türen und Fenster mit Gittern und Schutzfolien für 17 000 Euro zu verstärken. Keine sehr hohe Summe. Die Maßnahmen hatte ein Fachmann des Landeskriminalamts empfohlen, der zuständige Dezernent aus der Abteilung Polizeilicher Staatsschutz, der die Synagoge zuletzt am 3. April 2019 besucht hatte.

Stahlknechts Ministerium lehnte es ab zu zahlen. Dieser Bitte könne »nicht entsprochen werden, da der Staatsvertrag zwischen dem Land Sachsen-Anhalt und der Jüdischen Gemeinschaft in Sachsen-Anhalt eine solche Kostenübernahme nicht vorsieht«.

Am Telefon in Jerusalem sagt Isaac Herzog: »Es ist nicht meine Aufgabe, Ihre Regierung zu kritisieren.« Es sei doch nur »ein Tropfen im Meer«, was seine Organisation in Deutschland für die Sicherheit von Synagogen leiste. Etwa 670 000 Euro habe die Jewish Agency seit 2015 als Spenden nach Deutschland geschickt, Geld aus einem speziellen »Security Assistance Fund for Jewish Communities«. Geld, das man auf etwa dreißig ärmere jüdische Gemeinden in Deutschland verteilt habe. Gemeinden, die sich nicht anders zu helfen wussten. Sehr höflich sagt er das.

Liebe Deutsche – so kann man ihn auch verstehen –, es braucht nicht viel Geld. Es sind nicht viele jüdische Einrichtungen übrig geblieben in eurem Land. Nur 105 jüdische Gemeinden gibt es heute in der ganzen Bundesrepublik, nur 140 Synagogen, allein in der Stadt London sind es mehr.

Die deutschen Innenminister nennen zwar intern die Zahl von angeblich 3000 jüdischen Einrichtungen, die man beschützen müsse. Das klingt kostspielig. Aber das ist übertrieben, die allermeisten sind nur historische Relikte. Verlassene alte Synagogen. Leere Hüllen, entweiht, nach dem Holocaust als Viehställe oder Rumpelkammern genutzt, dann irgendwann in den 1980er- oder 1990er-Jahren wiederentdeckt, pflichtschuldig restauriert und teils zu kleinen Museen gestaltet. So etwas gibt es heute in vielen Kleinstädten, auch in einigen Dörfern. Ohne Juden.

»So erstaunlich es auch klingt«, dass hier und da überhaupt

wieder neue Synagogen gegründet und mit Leben erfüllt würden in Deutschland, wie Isaac Herzog sagt: Nur diese wenigen brauchen dringend Schutz.

In der Stadt Halle haben 13 000 Euro gereicht, um den Unterschied zu machen zwischen Leben und Tod für bis zu 51 Menschen. Mindestens elf Projektile sind in der Tür stecken geblieben. Obwohl der Täter immer wieder auf eine einzelne Stelle oberhalb des Türschlosses gefeuert hat, das sehe ich, als ich sie mit einem Quietschen öffne, haben sich die Kugeln nur bis zur Hälfte der Tür durchgebohrt.

»Es müssen erst furchtbare Dinge geschehen«

Wer in den Tagen nach dem Anschlag durch Deutschland fährt und Synagogen besucht, die großen wie die kleinen, sieht, was sich zumindest für den Moment geändert hat. Überall stehen Streifenwagen und Polizei, manchmal patrouillieren sie mit umgehängter Maschinenpistole. Auf eine Tür, die hält, will sich kein Innenminister verlassen. Aber in den Gemeinden ist keine Ruhe eingekehrt, zu groß ist die Sorge, dass das wieder nur ein bekanntes Ritual ist. Dass der Staat Präsenz zeigt, solange alle hinschauen. Um dann wieder in die alte Untätigkeit zurückzufallen, wenn alle wegschauen. »Zum Ritual danach gehört das Versprechen, dass man sich um die Sicherheit kümmern müsse«, sagt Michel Friedman, der frühere Vizepräsident des Zentralrats der Juden. »Wenn ich nett bin, sage ich, dass das ernst gemeint ist.«

Seit Halle wird das auch in Sachsen-Anhalt ernst genommen. Es gibt Geld, auch wenn es noch immer keine förmliche Vereinbarung gibt. Offenbar geht das also doch. Vor den Synagogen ist Dauerschutz angeordnet, 24 Stunden, sieben Tage die Woche. »Ich will nicht erleben müssen, dass eine von ihnen wie 1938 brennt«, sagt der Innenminister Stahlknecht. Noch wenige Monate zuvor hatte die Gemeinde in Magdeburg beklagt, dass sie nicht gehört werde: »Wir setzen uns seit Jahren dafür ein, dass die Polizei an Feiertagen Beamte vor der Synagoge postiert, und haben viele Male die Termine für Gottesdienste und Feiertage an die Polizei weitergegeben«, sagte Wadim Laiter, der Vorsitzende. »Doch wir bekommen immer nur Absagen.« Das Innenministerium verweist darauf, dass man immer wieder und insbesondere auf Anforderung Synagogen geschützt habe.

Der Innenminister hat jetzt einen Zehn-Punkte-Plan auf den Weg gebracht, der mehr Schutz für Synagogen vorsieht, mehr Verfassungsschutz, mehr Polizei, mehr Opferbetreuung. Es soll besser werden. Und zwar schnell. »Man weiß nicht, ob man lachen oder weinen soll«, sagt Reinhold Robbe. Der SPD-Mann war Wehrbeauftragter und Vorsitzender der Deutsch-Israelischen Gesellschaft. »Es ist immer gleich, es müssen erst furchtbare Dinge geschehen, bis sich etwas ändert.«

Dem Schutz von jüdischen Einrichtungen in Deutschland kam seit 1945 immer eine besondere Bedeutung zu. Der spätere israelische Botschafter in Deutschland, Avi Primor, schrieb in einem Buch einmal diesen ersten Satz: »Schon in meiner Kindheit war mir klar, dass ich mit Deutschland nie etwas zu tun haben, mit Deutschen weder verkehren noch sie überhaupt jemals kennenlernen würde.«

Nach Holocaust und Kriegsende schien eine Rückkehr von Jüdinnen und Juden in das Land der Täter erst undenkbar zu sein, der erste baden-württembergische Landesrabbiner kam ohne seine Frau nach Deutschland. Sie weigerte sich. Ohne das Gefühl, sich hier sicher zu fühlen, hätte es eine Rückkehr jüdischen Lebens nie gegeben.

Eine Welle antisemitischer Schmierereien an Friedhofsmauern und Synagogen beendete 1959 fast die Rückwanderung aus Israel. 1966 verabschiedete der Jüdische Weltkongress eine

Resolution, man sei »tief beunruhigt über das Auftreten eines extremen Nationalismus in Deutschland«. Die Worte könnten von heute stammen. Im selben Jahr öffnete in Frankfurt am Main die erste jüdische Schule. Gleichzeitig fand in der Stadt der zweite Auschwitz-Prozess statt.

Aus jüdischen Gemeinden mussten Festungen werden, zur Gefahr von rechts ist die von Islamisten dazugekommen. In einem vertraulichen Lagebild des Bundeskriminalamtes, datiert auf den 14. Oktober 2019, werden beide Bedrohungen genannt, für Islamisten stünden jüdische Einrichtungen »weltweit an oberster Stelle, gefolgt von denen der Vereinigten Staaten«. Auch von Rechtsextremen seien Straftaten »bis hin zu Brandanschlägen und körperliche Übergriffe zu erwarten«.

Nach dem Anschlag in Halle sagte Horst Seehofer im Bundestag, man müsse »alles Menschenmögliche tun«, um jüdische Einrichtungen besser zu schützen. Dann erzählte er von einem Mann, der ihm vor der Synagoge in Halle diesen Satz zurief: »Ihr könnt uns nicht beschützen.« Tatsächlich kann der deutsche Staat dies sehr wohl, es gibt Orte, an denen er dies machtvoll demonstriert. München ist so einer, dort gibt es eine dauernde Polizeipräsenz, ausreichend Geld für Schutzmaßnahmen. Aber wahr ist auch, dass dies an vielen Orten ganz anders ist, dass Gemeinden um jeden Cent ringen müssen, dass sie für ihren Schutz selbst bezahlen. Wenn sie es sich denn leisten können.

Es ist ein Zustand, der nicht einmal ein Geheimnis ist. Nach Halle sprach der Bayer Stephan Mayer, Seehofers Parlamentarischer Staatssekretär, im Innenausschuss des Bundestages darüber, »dass einige jüdische Gemeinden in Deutschland über 50 Prozent der ihnen zur Verfügung stehenden Mittel für Sicherheit ausgeben müssen«, er persönlich halte das »schon für reichlich beschämend«.

Manche der kleineren Synagogen sind in Nebenräumen von Altenheimen untergebracht, andere in Hinterhöfen. An einen

Rabbiner ist vielerorts nicht zu denken. Wie die christlichen Kirchen finanzieren sie sich zum Teil über Bekenntnissteuern, die ihre Mitglieder zahlen, aber anders als die Kirchen besitzen sie keine jahrhundertealten Gebäude und Ländereien. Hinzu kommen Zuschüsse aufgrund von Staatsverträgen, ein paar Hundert Euro pro Mitglied und Jahr.

Die Kosten für Sicherheit fressen einen großen Teil dieser Einnahmen. Selbst in Berlin, erklärt der Vorsitzende Gideon Joffe, zahle man 20 Prozent der Sicherheitsmaßnahmen selbst. Das ist Geld, das für Jugendarbeit fehlt. Für Sozialarbeit, für Seniorenbetreuung. Der Bedarf an solcher Unterstützung ist groß, der Anteil von Sozialhilfeempfängern in der jüdischen Gemeinschaft ist hoch. Viele ältere Menschen aus der ehemaligen Sowjetunion sind unter ihnen, deren vor der Auswanderung erworbene Rentenansprüche – anders als bei deutschen Aussiedlern, die ebenfalls in den 1990er-Jahren kamen – hier nichts zählen. Von dem Stereotyp, Juden seien reich, können sie ihre Rechnungen nicht bezahlen.

Dabei geht es für die Gemeindeleitung nicht nur um bruch- und schusssicheres Glas oder Sicherheitsschleusen. Am teuersten sind die Wachleute. Anstelle von Sicherheitsdiensten sind es daher oft junge Israelis, gerade aus dem Armeedienst entlassen, oft aus Spezialeinheiten, kampferprobt. In Frankfurt am Main werden sie in Sozialwohnungen der jüdischen Gemeinde im Ostend einquartiert, die dann nicht anders belegt werden können.

Bedrohte Juden als Bittsteller beim Staat

Es ist nicht so, dass jüdische Deutsche besonders gern auf die Hilfsbereitschaft ausländischer Spender, auf verstorbene New Yorker Milliardärinnen oder die Jewish Agency zurückgreifen. Aber für manche, die sich ehrenamtlich engagieren, vor allem in den kleineren Gemeinden, ist es eine harte Prüfung, sich mit der deutschen Bürokratie auseinanderzusetzen. Viele sind Einwanderer, sie sind schon älter, ihr Russisch ist besser als ihr Deutsch.

Der Staat diagnostiziert zwar die Gefahr. Auf Wunsch schickt er einen Experten des Landeskriminalamts vorbei, der schreibt ein Gutachten, benennt Sicherheitslücken, empfiehlt vielleicht spezielle Fenster oder Kameras. Aber das ist die Tücke: Der Staat sieht sich nicht automatisch in der Pflicht, die erkannte Gefahr auch zu beheben. Darum müssen die Gemeinden in einem zweiten Schritt erst bitten, oft auch bangen.

Stephan Kramer, der langjährige Generalsekretär des Zentralrats der Juden, hat jahrelang mit Innenministerien um den Schutz der jüdischen Gemeinden gerungen. Er bemühte sich bei solchen Verhandlungen stets, einen Fachmann aus den Reihen der Polizei auf seiner Seite zu haben, erzählt er. Einen pensionierten Experten für Gebäudesicherheit. So sei er ernster genommen worden, »weil man dieselbe Fachsprache sprechen konnte«.

Einmal zu Beginn der 2000er-Jahre brachte Kramer zu einer solchen Runde einen Stapel Drohbriefe mit, aus dem Postfach des Zentralrats. Er fragte, was er damit tun solle. Ein höherer Berliner Beamter antwortete: »Sorgen Sie dafür, dass der Friedman weniger im Fernsehen auftritt, dann kriegen Sie weniger solche Briefe.«

Michel Friedman, damals Vizechef des Zentralrats, war als Fernsehjournalist eine Reizfigur, bewundert wie gefürchtet für seine scharfen Fragen und klaren Meinungen. Dass »ein Herr Friedman mit seiner intoleranten und gehässigen Art« selbst Schuld trage am Antisemitismus, diesen infamen Vorwurf hatte um dieselbe Zeit herum auch der FDP-Politiker Jürgen Möllemann geäußert.

Immerhin, so erinnert sich Stephan Kramer, habe der Sicherheitsbeamte sofort einen Rüffel seines Chefs bekommen.

Manchmal sind Behörden in solchen Verhandlungsrunden auch schlicht genervt. Schließlich empfehle man nicht nur Juden, sondern allen Bürgern, sich mit Spezialtüren oder -fenstern gegen Einbrecher zu schützen. Wo, sagte mir einmal ein hochrangiger Kripo-Mann, komme bei jüdischen Gemeinden die »Erwartungshaltung« her, dass der Staat einem das schenkt? Es sind auch solche Sätze, die jüdische Ehrenamtliche zurückschrecken lassen. Als sei ihre Bedrohung Teil des normalen Lebensrisikos. Persönliches Pech.

So wie es in christlichen Gemeinden üblich ist, sich freiwillig zu melden, um Plätzchen zu backen für den Adventsbasar, so werden dann in den kleineren jüdischen Gemeinden Freiwillige für eine Schicht in der Sicherheitsgruppe gesucht. Ihre Aufgabe: Sie müssen Besucher am Eingang empfangen. Sie müssen den Code eintippen, um die Tür zu öffnen. Oder im Ernstfall: nicht eintippen. Egal, was geschieht.

In einer kleineren süddeutschen Gemeinde werden Mitglieder in einer speziellen Nahkampftechnik geschult, Krav Maga. Die hat ihren Ursprung in der Slowakei der 1930er-Jahre, wo der jüdische Ringer Imrich Lichtenfeld angesichts zunehmender antisemitischer Pogrome Selbstverteidigungsgruppen gründete.

»Unregelmäßige Bestreifung«

Abseits der großen Städte wird es für jüdische Gemeinden noch schwieriger, manche haben nur hundert Mitglieder, die von weit her zum Gottesdienst kommen. In den 1990er-Jahren wurden jüdische Kontingentflüchtlinge nach einer regionalen Quote verteilt, dem Königsteiner Schlüssel, auch auf Orte, an denen es wenig Entwicklungsperspektiven für jüdisches Leben gab. In Ostdeutschland waren die jüdischen Gemeinden in der DDR fast vollständig erdrückt worden, das Gemeindeleben war vielerorts zum Erliegen gekommen, die Neuankömmlinge fingen bei null an. Besonders hier ist der Schutz heute oft dürftig, die Verletzlichkeit groß.

»Bei uns könnte jeder hereinspazieren in den Gottesdienst«, erzählt mir eine Frau in einer ostdeutschen Synagoge. Man könne sich »nur« schusshemmendes Glas leisten, »obwohl die Polizei uns schusssicheres empfiehlt«, sagt mir aber auch der Vorsitzende einer kleinen Gemeinde in Süddeutschland. Seit drei Jahren plant die jüdische Gemeinde in einer Universitätsstadt die Absicherung ihrer Fenster und einen Zaun. Weil das Gebäude aber nur gemietet ist, geht nichts voran.

Was hat das »Wunder« von Halle ausgemacht, das den Juden dort das Leben rettete?

»Dass es ein Idiot war.« Sagt einer in der Synagoge in Halle. Der Attentäter hatte sich nicht die Mühe gemacht, die Anlage vorher auszukundschaften. Eingeständnisse wie diese hört man jetzt oft. Es sind Geschichten von maroden Zäunen, Alarmanlagen, deren Wartung überfällig ist, von Videokameras, die nur für die Nachwelt aufzeichnen. Weil niemand da ist, der vor dem Bildschirm sitzt, um eine Gefahr rechtzeitig abzuwenden. Es fehlt am Geld.

Als ich in einer kleinen Gemeinde dem Wachmann das Kompliment mache, dass die Security bei ihm doch sehr gut organisiert sei, schüttelt er den Kopf. »Security?« Ein entgeisterter Blick. »Ein Mann mit einem Schlüssel.« Mehr gebe es hier nicht. Unbewaffnet. Untrainiert. Ein Freiwilliger. Überall ist aber auch die Sorge groß, dass Antisemiten erfahren könnten, wo Schwachstellen liegen. All dies muss hier deshalb im Ungefähren bleiben, niemand soll und darf erfahren, wo die Sicherheitsmaßnahmen ungenügend sind.

Umso unverständlicher ist, was in Halle geschah. Dort war selbst am höchsten jüdischen Feiertag Jom Kippur von der Polizei nur Schutzstufe 6 angeordnet, »unregelmäßige Bestreifung«, ab und zu ist eine Streife vorbeigefahren, und selbst als der Rechtsradikale bereits auf die Tür feuerte, schickte die Polizei laut dem offiziellen Protokoll des Innenministeriums nur einen Streifenwagen, dessen zwei Beamte – das zeigen Aufnahmen der Überwachungskamera vor der Synagoge – ohne Schutzhelm oder Weste ankamen, auch ohne gezückte Waffen, und zwanzig Minuten lang keinen Notarzt.

»Ich schrie ins Telefon«, erinnert sich Max Privorozki, der Vorsitzende, panisch habe er versucht, den Beamten die Situation zu erklären. Im Hintergrund waren durch das Telefon Schüsse zu hören, so heißt es im Protokoll der Polizei. Was dann passierte, erzählt er kopfschüttelnd. »Und dann fragen sie mich, wie ich heiße und wo die Synagoge ist.«

Warum die Polizei nicht gleich mehr Einsatzkräfte schickte, das hat eine Vertreterin des Innenministeriums, die Referatsleiterin Christiane Bergmann, wenige Tage später im Magdeburger Landtag zu erklären versucht: Drei weitere Streifenwagen in der Umgebung seien »auf der Anfahrt zu einem besonders schweren Diebstahl aus einem Keller mit mehreren Tätern« gewesen, »bei denen die Möglichkeit bestand, diese zu stellen«. Das hielt man in den ersten Minuten für wichtiger.

Im Nachhinein hat der zuständige Innenminister Holger Stahlknecht es nicht fertiggebracht, dieses Versagen einen Fehler zu nennen, er versuchte, die Schuld stattdessen beim Bundeskriminalamt im fernen Wiesbaden abzuladen, schließlich stamme die Gefährdungseinschätzung doch von dort. Es klang, als gäbe es geheime Erkenntnisse, nach denen die Juden in Halle weniger zu befürchten gehabt hätten als in Berlin oder München.

Entwicklungshilfe aus Israel

Theoretisch ist der deutsche Staat zuständig für Gefahrenabwehr. Praktisch wenden sich jüdische Gemeinden immer wieder hilfesuchend sogar an die israelische Botschaft. Hinter dicken Mauern im Berliner Stadtteil Grunewald betreibt sie ein aufwendiges Programm zur Unterstützung von Synagogen – diskret, um niemanden politisch zu blamieren. Einige Gemeinden wenden sich nur ungern dorthin, »das setzt uns jüdische Gemeinden dem Vorwurf aus: Ihr seid die fünfte Kolonne Israels«, sagt ein Gemeindemann.

Begonnen hat das im Jahr 1993. Nach einer Serie von Anschlägen auf jüdische Gemeinden in verschiedenen Ländern schickte Israels damaliger Ministerpräsident Yitzhak Rabin Sicherheitsleute los. Synagogen weltweit, auch in Deutschland, erhielten ein günstiges Angebot, sie konnten diese Experten einstellen. Offiziell kamen sie privat. Ihren Dienst bei der Polizei in Israel mussten sie quittieren. Gleichzeitig versprach ihr alter Dienstherr, sie wieder zurückzunehmen.

Es war eine Art Entwicklungshilfe. In einigen jüdischen Gemeinden haben diese Gäste, die für kleines Geld großen Einsatz zeigten, die Sicherheit professionalisiert. Oft haben sie Wurzeln geschlagen, sich verliebt und geheiratet.

Trotzdem bleibt ihr Einsatz heikel. »Wenn wir sagen, wir verstehen uns als Teil der deutschen Gesellschaft, dann ist so etwas problematisch«, mahnt Stephan Kramer. Ohnehin müssten Juden sich immer wieder dagegen wehren, für die Politik des Staates Israel verantwortlich gemacht zu werden, sagt Felix Klein, der Antisemitismusbeauftragte der Bundesregierung. Dieses Problem werde »natürlich vertieft, wenn in unseren deutschen jüdischen Gemeinden tatsächlich Sicherheitsleute aus Israel stehen«. Es sei die Aufgabe des deutschen Staates, dies unnötig zu machen.

Ein Besuch in einer Synagoge in einem Neubaugebiet. Unten am Haus finde ich kein Türschild. Ich bin zum Morgengebet am Schabbat gekommen, an der gläsernen Eingangstür wacht ein Freiwilliger, ein junger Vater. Er sei stolz, sagt er, dass man in dieser Synagoge ohne importierte Sicherheitsleute auskomme. Manche von ihnen seien auch Hitzköpfe. »Mit Deeskalation ist da nicht viel.«

»Daran sind ja nicht die Juden schuld«

Michel Friedman plädiert für einen einfachen Standard, Polizeischutz, immer wenn gebetet wird, überall, von Anfang bis Ende. »Für die paar Stunden muss das möglich sein in einer Zeit, in der Höcke 23 Prozent bekommt.« Diesen Aufwand müsse man nun einmal betreiben, wenn man jüdisches Leben in Deutschland haben wolle. »Daran sind ja nicht die Juden schuld.« Das dürfe auch nicht davon abhängen, ob es eine kleine oder eine große Gemeinde sei, ob zehn oder hundert Leben zu schützen seien. Und schon gar nicht vom Bundesland, »wir leben alle in der Bundesrepublik Deutschland«. Friedman klingt auf eine sonderbare Art kämpferisch, empört und müde zugleich. »Wir sind jetzt wieder auf dem Stand der Diskussion von vor zwanzig Jahren«, sagt er.

In Halle fehlt bis auf Weiteres die Klinke, mit der man die Holztür von außen öffnen könnte. Beim dritten Schuss des Täters war sie abgesprungen. Ob wieder eine Klinke anmontiert wird, sei noch offen, sagt Max Privorozki, der Gemeindevorsitzende. Bald ist die Tür ohnehin ein Museumsstück.

Einen Monat nach dem Anschlag hat noch einmal sein Handy geklingelt. Einer der Nachlassverwalter der Hotelmagnatin aus New York war am Apparat, der frühere Anwalt der Queen of Mean. Sandor Frankel, geboren 1943. »Sie sollen wissen«, sagte er, »dass wir nicht nur kalte Dollars sind, sondern Menschen, die mit ihren Gefühlen bei Ihnen sind.« Der Gemeindevorsitzende hat sich bedankt.

Der New Yorker Sandor Frankel verfolgt die Nachrichten aus Halle genau. Gern würde er die Stadt Halle einmal besuchen, sagt er mir am Telefon. Er ist ein höflicher Mann, der immer lange Pausen macht, bevor er spricht.

Sie seien alle sehr glücklich in der Familienstiftung in New York. Sie hätten so vielen Menschen das Leben gerettet. Drüben in Deutschland. An einem Ort, den bei ihnen in Amerika kaum einer kenne.

Einzelfälle, überall Einzelfälle!
Terror von rechts

»Nach allem, was wir bislang wissen, war es die irrationale Tat eines Einzelnen.«

Der Innenminister Sachsen-Anhalts, Holger Stahlknecht, fünf Tage nachdem am 9. Oktober 2019 ein Rechtsextremer in der Stadt Halle versucht hatte, mit Schusswaffen in die voll besetzte Synagoge einzudringen

»Ein Werk wirrer Einzelgänger.«

Bundespräsident Roman Herzog, nachdem die Grabplatte von Heinz Galinski, dem ehemaligen Präsidenten des Zentralrats der Juden, am 19. Dezember 1998 von Unbekannten mit einer Rohrbombe gesprengt worden war, in einem Telegramm an dessen Witwe

Die Vermeidung des T-Worts

Wenn staatliche Stellen eine Gewalttat zum Terrorismus deklarieren, dann hat das eine Wirkung, als würden sie heftig an einer Schiffsglocke ziehen; das Läuten ist ohrenbetäubend. Für die Polizei heißt das Signal: Alle Mann an Deck! Für die Staatsanwälte bedeutet es, sie sollen ihre Waffenschränke aufsperren und alle strafprozessualen Mittel herausholen, die der Gesetzgeber im Rechtsstaat für gerade noch erträglich erklärt hat.

Gegen den linken Terrorismus der RAF, dem insgesamt 34 Menschen zum Opfer fielen, hat der Staat ein jahrelanges

Dauerläuten gesetzt, schrill und markdurchdringend. Notstandsgesetze, Isolationshaft, Kontaktsperre gehörten zu einem Bündel von Maßnahmen, von denen manche das in einem Rechtsstaat Erträgliche auch überschritten haben.

Heute kennen wir praktisch jeden Kassiber, den Gudrun Ensslin an Andreas Baader geschrieben hat. Gegen Rechtsterroristen ist nur ein Bruchteil dieses Aufwands betrieben worden.

Zehn junge Leute, die meisten von ihnen jüdische Einwanderer aus Russland, waren am 27. Juli 2000 auf dem Heimweg von ihrer Sprachschule, scherzend und plaudernd, als die Bombe explodierte: Bis heute ist nicht geklärt, wer in diesem Moment den Fernzünder auf dem S-Bahnhof Wehrhahn in Düsseldorf auslöste und mehrere von ihnen schwer verletzte, sodass eine Frau, im fünften Monat schwanger, ihr ungeborenes Kind verlor. Sie ging später zurück nach Russland.

Nahe lag der Verdacht gegen den Rechtsextremen Ralf S., dessen Militaria-Laden direkt gegenüber der Sprachschule bei der S-Bahn lag. Aber Polizei und Staatsanwaltschaft erklärten, Ralf S. sei nicht in eine rechtsextreme Szene eingebettet, die es in Düsseldorf zudem nicht gäbe. So hielten sie die Terrorermittler der Karlsruher Bundesanwaltschaft von vornherein auf Abstand, die Ermittlungen auf kleiner Flamme. Der Rechtsstaat mied den großen Alarm – und blieb erfolglos.

Jahre später deutete S., prahlerisch, selbst an, er sei es gewesen. Da waren die meisten Spuren schon erkaltet, viele Erinnerungen verblasst, der geringe Einsatz der Ermittler im ersten Anlauf hat sich nicht mehr wettmachen lassen. Als Ralf S. sich erst 2018 vor dem Landgericht Düsseldorf zu verantworten hatte, mussten ihn die Richter schon Wochen vor seinem Freispruch aus der Untersuchungshaft freilassen; die verfügbaren Zeugenaussagen reichten nicht mehr aus.

Inzwischen war herausgekommen: Ein V-Mann des nordrhein-westfälischen Verfassungsschutzes, ein Mann mit einer auffälligen Blood-&-Honour-Tätowierung auf der Schläfe, hatte im Sommer 2000 für den Verdächtigen Ralf S. als Wachmann gearbeitet. Über Kontakte in die rechtsextreme Szene hätte es einiges zu erhellen gegeben, hätte man dies gewollt. Jüngere Neonazis hatten die jüdischen Sprachschüler zuvor bedroht; und auch die Bombe war für Ralf S. zumindest ein großes Thema gewesen, in Gesprächen lobte er sie als gelungene »Vertreibungsaktion«.

Der Rechtsterrorismus ist unterbeleuchtet, auch weil nur in den seltensten Fällen wirklich Alarm geschlagen worden ist. Klein ist diese Schattenwelt nie gewesen. Der harte Kern der rechtsterroristischen Szene in der Bundesrepublik von 1970 bis 1990 bestand aus »25 Gruppen, die zwischen zwei und 20 Mitglieder hatten«, überschlägt die in Düsseldorf forschende Historikerin Barbara Manthe. Je nach Zählweise gab es etwa 100 bis hin zu mehr als 200 Todesopfer rechter Gewalt – allein seit 1990. Aber eine offizielle Deutungsweise hat dafür gesorgt, dass die vielen einzelnen Punkte nicht zu einer Linie verbunden wurden. Einzelfälle, überall Einzelfälle.

Keine andere rechtsextreme Gruppe in der bundesdeutschen Geschichte hat so schwere Anschläge hervorgebracht wie die Wehrsportgruppe Hoffmann mit ihren zeitweise 400 Anhängern. Als terroristische Vereinigung nach dem 1976 geschaffenen Strafrechtsparagrafen 129a ist sie trotzdem nie eingestuft worden, ihre Mitglieder hat man allenfalls als Einzeltäter verfolgt.

Die bayerische Regierung machte sich schon darüber lustig, dass der Bundesinnenminister Gerhart Baum von der FDP die Gruppe im Januar 1980 überhaupt mit einem Vereinsverbot belegt hatte. Man solle deren Pfadfinderspiele im Wald mal nicht zu ernst nehmen, ätzte Franz Josef Strauß, der im Bundestagswahlkampf 1980 vor allem für eine härtere Linie gegen Linke eintrat. Ein Vereinsverbot ist dabei nur ein kleiner, erster Schritt. Es bedeutet noch nicht, dass jemand bestraft wird.

Die bayerische Justiz gestand dem Wehrsportgruppe-Anführer, Karl-Heinz Hoffmann, dann sogar zweimal binnen eines Jahres zu, dass er, der von seinen Rekruten absoluten Gehorsam verlangte, ausgerechnet von deren Großverbrechen völlig überrascht gewesen sei. So hielt man es für glaubhaft, dass er von Planungen zum Mord an Shlomo Lewin und Frida Poeschke, begangen am 19. Dezember 1980 von Hoffmanns Nummer zwei auf Schloss Ermreuth, seinem getreuen »Unterführer« Uwe Behrendt, nichts gewusst habe.

Neun Monate nach der Tat fischten Kripobeamte in Wasserstiefeln ein paar Meter oberhalb und unterhalb einer Brücke in der Nähe des Wehrsportgruppe-Hauptquartiers nach der Tatwaffe – erfolglos. Es dauerte einen weiteren Monat, bis sie mit einer Metallsonde anrückten. »Hätte sich der Mordverdacht gegen die linke RAF gerichtet«, so schrieb 1984 ein *Spiegel*-Journalist, »dann wäre das Bundeskriminalamt zur Stelle gewesen, in solchem Fall mit größtem Aufwand.«

Und so war es auch beim Anschlag auf das Münchner Oktoberfest am 26. September 1980, wo ein 21-jähriger Waffenfanatiker und Hitler-Verehrer eine Bombe zündete, zwölf Menschen tötete und mehr als 200 verletzte – nur wenige Tage nachdem bei einem sehr ähnlichen Attentat in Italien am Hauptbahnhof von Bologna eine Bombe von Neofaschisten 85 Menschen in den Tod gerissen hatte.

Der Oktoberfest-Attentäter, der bei der Explosion getötete Gundolf Köhler, war ein Anhänger der Wehrsportgruppe Hoffmann. Das Bayerische Landeskriminalamt legte sich aber schon im Mai 1981 in einem »Schlussvermerk« fest, er sei ein »Alleintäter« gewesen, Anhaltspunkte für eine Unterstützung durch Dritte sehe man nicht. Sein Motiv liege im Dunkeln, eine »nicht bestandene Prüfung zum Vordiplom« könne »den endgültigen Anstoß« zur Tat gegeben haben.

Als in Frankfurt am Main am 11. Mai 1981 der hessische FDP-Wirtschaftsminister von Unbekannten erschossen wurde, der in der NS-Zeit als »Halbjude« verfolgte Heinz-Herbert

Karry, wies die Nürnberger Staatsanwaltschaft sogleich die Vermutung zurück, es könne eine Parallele zu ihrem eigenen ungeklärten Mordfall Lewin/Poeschke geben. Terrorismus? Das sei ein großes Wort, es dürfe hier nicht außer Acht gelassen werden, so schrieben die Nürnberger Juristen abwehrend an die Bundesanwaltschaft, dass »auch persönliche Gründe mitspielen könnten«.

Ganz gleich, dass alle ihre Recherchen dazu inzwischen ins Nichts geführt hatten. Egal auch, dass die Kriminalisten des Bayerischen Landeskriminalamts schon im März, drei Monate nach dem Anschlag, intern vermerkt hatten, dass die Theorie eines Mordes aus unpolitischen Gründen, aus »erbrechtlichen Motiven« oder als persönlicher Racheakt, »ausscheiden dürfte«: Man wollte von dieser Theorie einfach nicht lassen.

Ein Problem mit Rechtsterroristen gebe es in Bayern nicht, und wenn die Dinge weiterhin nicht recht zu erklären seien, dann ließen die Ermittler jene raunenden Andeutungen ihre Wirkung entfalten, die sie über Monate hinweg immer wieder auch in der Lokalpresse platziert hatten: Da gebe es eben dunkle Machenschaften unter Juden. Wenn man dafür bislang nirgends Belege finden könne, dann liege auch dies wohl an deren Zwielichtigkeit.

Terrorismus, dieses Wort ist in Deutschland vor allem dann verwendet worden, wenn sich die Gewalt gegen den Staat richtete. Damit der Staat richtig Alarm schlug, mussten sich die Attacken, wenn schon nicht gegen ihn selbst, so zumindest gegen das politische System im weiteren Sinne richten, wie die RAF-Attentate gegen den Vorstandssprecher der Deutschen Bank oder den Treuhand-Chef.

Wenn dagegen Leute loszogen und dieselben Methoden gegen Ausländer, Juden oder andere marginalisierte Minderheiten anwendeten, wenn es kurz gesagt nicht gegen die Mächtigen ging, sondern gegen die Ohnmächtigen, dann wurde dies viel seltener als terroristisch definiert.

Nach dem 11. September 2001 drehte sich die gesamte westliche Sicherheitspolitik um den Begriff des Terrorismus. Zu diesem Zeitpunkt hatte der NSU, die im Untergrund lebende Neonazi-Gruppe, bereits zwei Sprengstoffanschläge, fünf Raubüberfälle und vier Morde begangen. Aber die Terrorgruppe war nicht nur unentdeckt geblieben, nach ihr wurde noch nicht einmal gesucht, die Ermittler hatten nicht erkannt, dass sich die vielen einzelnen Morde zu einer rassistischen Terrorserie zusammenfügten.

Als sich am 4. November 2011 der NSU selbst enttarnte und Bekenner-CDs an verschiedene Redaktionen schickte, da hätte es ein Wendepunkt sein können, ein hartes Erwachen. Aber auch seither wird vielerorts weiter verharmlost. Als 2015 ans Licht kam, wie im sächsischen Freital sieben Männer und eine Frau Flüchtlinge und Linke mit Spreng- und Brandsätzen attackierten, redeten örtliche Staatsanwälte das zunächst klein. Eine Sachbeschädigung womöglich, eine Körperverletzung vielleicht. Sie klagten den Fall an – bei der Jugendkammer des Amtsgerichts, auf niedrigster Ebene. Erst als die Bundesanwaltschaft intervenierte, gab es doch noch eine Anklage wegen Terrorismus.

Und Karl-Heinz Hoffmann? Inzwischen 83 Jahre alt, trägt er den Bart heute nicht mehr im Kaiser-Wilhelm-Stil, sondern etwas dezenter, wie man auf YouTube-Videos sehen kann. Dort verbreitet er, der nie wegen eines Tötungsdelikts verurteilt worden ist, wer in Wahrheit hinter den Anschlägen stecke, mit denen er in Verbindung gebracht wurde. Mal spricht er vage von »Israeliten«, mal handfest vom israelischen Geheimdienst Mossad.

Im Netzwerk der Rassisten

Schlägt ein Islamist irgendwo in einem westlichen Land zu, dann betrachtet die westliche Welt das in der Regel rasch als Teil eines großen Ganzen. Die Tatorte mögen sich unterscheiden, die Tatmotive nicht. Der Dschihadismus ist global. Schlägt hingegen ein hellhäutiger Rassist irgendwo zu, ein Antisemit oder Muslimhasser, dann sah man das häufig eher als örtliches Phänomen. Als einen Ausdruck lokalen Abschottungswillens, verübt von einem Local. Deutschland den Deutschen, Kanada den Kanadiern und so weiter.

Dass diese Sichtweise bereits länger nicht mehr stimmt, hat schon der tödliche Anschlag auf zwei Moscheen in der neuseeländischen Stadt Christchurch am 15. März 2019 unübersehbar gemacht. Der Täter, ein 28 Jahre alter Australier, schrieb in einem Manifest von »Invasoren« aus muslimischen Ländern und der Notwendigkeit einer »Partisanenaktion gegen eine Besatzungsmacht«. Er überschrieb den Text mit »Der große Austausch«, das ist ein Lieblingsschlagwort der neurechten Identitären Bewegung, jener rechtsradikalen Strömung also, in der ungarische, österreichische, italienische und deutsche Rassisten sich Seite an Seite wohlfühlen.

Global sind die Vorbilder, global sind auch die Feindbilder: Auf der Autofahrt zu seiner Bluttat in Christchurch, so sieht man es auf Videos im Netz, hörte der Täter sogar ein Lied, das serbische Nationalisten geschrieben haben. »Kebab raus«, lautet der Refrain dieses Liedes, es ist dem Kriegsverbrecher Radovan Karadžić gewidmet und schmäht die Muslime des Balkans.

Ebenso hat sich der Attentäter auf die Synagoge in Halle am 9. Oktober 2019 für ein weltweites Publikum in Szene gesetzt mit einem online publizierten Manifest auf Englisch und mit einem Livestream der Tat.

Und so wie der Christchurch-Attentäter auch gegen Juden gehetzt hat, die allerdings nicht so leicht zu attackieren seien wie Muslime, weil nicht so zahlreich, so hat in Halle am 9. Oktober 2019 der 27-jährige Synagogen-Attentäter seinen Hass auch auf Muslime ausgedrückt. Ursprünglich habe er geplant, eine Moschee oder ein Antifa-Zentrum zu erstürmen, so schrieb er.

Aber selbst ein Mord an hundert Muslimen mache »keinen Unterschied«, wenn gleichzeitig jeden Tag so viele neu nach Europa kämen. »The only way to win is to cut off the head of ZOG, which are the kikes.« Die einzige Möglichkeit zu siegen sei, den Kopf der »Zionistisch besetzten Regierung« (Zionist Occupied Government) abzuschneiden, einfacher gesagt: die Juden.

Der Antisemitismus der Neuen Rechten

Nach dem Anschlag auf die Synagoge in Halle an Jom Kippur 2019 hat sich sofort ein Wortführer der Neuen Rechten in Deutschland gemeldet, Jürgen Elsässer, um sich von dem Täter, den er ein »Monster« nannte, zu distanzieren. »Der Mörder von Halle bewegte sich in einer antisemitischen Wahnwelt, die auf Ideologie-Elementen des Nationalsozialismus gründet. Das macht ihn gerade NICHT zu einem Teil der aktuellen Rechten«, schrieb Elsässer, Herausgeber des Magazins *Compact*.

Es lohnt sich, seine Begründung zu lesen. »Die aktuelle Rechte, neben der AfD vor allem auch Pegida und Identitäre Bewegung, hat nicht nur einen klaren Trennungsstrich zum Nazismus gezogen, sondern auch begriffen, dass wir Christen mit den Juden in dieser geschichtlichen Epoche in einer Schicksalsgemeinschaft verbunden sind. Gemeinsamer Feind ist der Islamofaschismus, der die anderen Religionen mit Feuer und Schwert unter seine Knute zwingen und insbesondere Europa erobern will.«

So schreibt der Chef jenes Magazins, das gleichzeitig den französischen Präsidenten Emmanuel Macron als »Rothschilds Präsident« vorgestellt hat, das immer wieder von »Ostküste-Establishment« und »Finanz-Vampirismus« schreibt und bis hin zu dem Vorwurf, Juden zögen heute einen »Nutzen« aus dem Holocaust, selten eine Gelegenheit auslässt, antisemitische Stereotype aufzurufen.

Und wohlgemerkt – »wir«, damit meint Jürgen Elsässer selbstverständlich »Christen«, im Gegensatz zu »den Juden«, die »in dieser geschichtlichen Epoche« offenbar gerade einmal Glück haben, weil der Kampf gegen eine andere Minderheit in Europa als dringlicher betrachtet wird.

Antisemit, *moi*?

Das ist heute die Trennlinie innerhalb des rechtsradikalen Spektrums in Deutschland. Auf der einen Seite: die inzwischen eher alt aussehenden Herren in der NPD oder in den kleinen, ebenso alt aussehenden Ablegern Die Rechte oder Der III. Weg. In ihren Kreisen ist die Zeit in vielerlei Hinsicht stehen geblieben, junge Scharfgescheitelte stehen Schlange und zahlen Eintritt, um noch einmal 90-jährigen Holocaustleugnern lauschen zu können. Man marschiert mit Fackeln, dass es diesen 90-Jährigen warm ums Herz wird. Und grölt, ohne Rücksicht auf Verluste: »Wer Deutschland liebt, ist Antisemit.«

Die modernen Rechtspopulisten à la Jürgen Elsässer arbeiten da eher mit Andeutungen. Rothschild ist so eine Chiffre. George Soros ist eine weitere. Björn Höcke, Anführer des stramm nationalistischen Lagers innerhalb der AfD, hat eine Lieblingsformulierung, die er in Varianten immer wieder benutzt, wenn er den Inbegriff seines Feindbilds heraufbeschwören möchte: »der völkerauflösende und als pervers zu bezeichnende Geist eines George Soros«.

Jener amerikanische Investor, der für linksliberale Projekte in Europa spendet, ist jüdisch. Das muss Höcke nicht aussprechen.

Für alte wie neue Rechte taugt der klassische Antisemitismus noch immer als Welterklärungsmuster: Juden würden als heimliche Macht hinter den Dingen stehen, sie hätten viele historische Ereignisse ausgelöst; hinter allen Übeln stehe letztlich »the Jew«, so hat es der Attentäter auf die Synagoge in Halle kurz vor seiner Tat in die Kamera gesprochen. Dieser Verschwörungsglaube ist heute nicht schwächer, nur weil Elsässer und auch Höcke stärker auf eine gesellschaftlich anschlussfähige Ausdrucksweise achten. Was sie von den angestaubten NPDlern unterscheidet und was sie in Konkurrenz zu diesen so viel attraktiver macht, ist ein modernisiertes Verpackungsdesign.

»Wer an unserem Stammtisch einen Judenwitz erzählt, fliegt sofort raus«: Diesen Satz hat der Kopf der Identitären Bewegung, die sich als junge Garde der Neuen Rechten inszeniert, in der gedämpften Akustik des Wiener Traditionscafés Eiles zwischen roten Samtsofas und Jugendstillampen einer Reporterin der *Zeit* gesagt. Martin Sellner, 31 Jahre alt, verkehrte als Jugendlicher in Neonazi-Kreisen. Heute ist er für deren Hetzparolen zu clever, heute verbietet er seinen Leuten, sich so leicht erwischen zu lassen bei ihrem Ressentiment. Die Identitären sprechen nicht einmal mehr von »Rassen«. Nur noch von »Identitäten«. Aber diese seien, eben doch, ein »Erbe«.

»Wir müssen Wörter und Bilder wählen, die der Mehrheit gefallen und für sie verständlich sind«, so heißt es im Schulungsmaterial der »Sommerakademie« der Identitären Bewegung. Dazu gehört, Formulierungen zu finden, die politisch Unentschlossene umwerben und nicht allzu schnell Abwehrmechanismen auslösen. Viel wirkmächtiger sind, wie Sellner weiß, jene Rechten, die es verstehen, sich am Riemen zu reißen, was die Darbietungsform ihrer Agitation angeht. Und das heißt auch: Wehe dem Kameraden, der dieses ganze geschickte Spiel auffliegen lässt, indem er es doch wieder plump hinausplärrt mit einem »Judenwitz«.

In der neuen Rechten gibt es nirgends mehr Rassisten. Sondern nur noch »Ethnopluralisten«. Das Wort hat Alain de Benoist geprägt, ein Vordenker der französischen Nouvelle Droite. Der Grundgedanke lautet, dass jede Ethnie den gleichen Respekt verdiene – auf ihrem »geschichtlich gewachsenen Gebiet«. In einem Manifest der Identitären heißt es: »Wir lehnen den westlich-liberalen Universalismus mit seiner Globalisierung genauso ab wie andere Utopien, die dem Rest der Welt ihr Lebenskonzept aufzwingen und Traditionslinien zerstören.« Das Ganze klingt nicht nur gebildet (das Wort »Ethnopluralismus« verbindet Griechisch und Latein), sondern sogar nach einer Gerechtigkeitsidee.

Aber die Grundannahme dahinter ist so falsch wie seit Jahrhunderten. Dass es klare Grenzen gebe zwischen naturgegebenen oder natürlich gewachsenen Völkern, ist wissenschaftlich falsch, in den meisten Teilen der Welt und ganz gewiss in Europa. Die unsichtbaren Bande, derentwegen sich Leute als ein »Volk« sehen, sind kein Chromosom und kein geschichtliches Gesetz, sondern eine Idee; historisch wandelbar, nie widerspruchsfrei und nicht unvereinbar mit anderen Ideen. Die Vorstellung, dass es da einen Normalzustand von Reinheit gebe, ist eine Vorstellung typischerweise von Leuten, die selbst nie migrieren mussten – und die dies in Ermangelung anderer Quellen von Selbstwertgefühl philosophisch adeln. Eine Denkweise, deren erste Opfer stets Minderheiten und sehr oft Juden waren.

Der Attentäter auf die Synagoge der Stadt Halle hat in seinem Manifest viele dieser Schlagworte der Identitären wiedergegeben, nicht den schnarrenden alten NPD-Sound, sondern das durchgestylte Remake; ähnlich wie der Christchurch-Attentäter wenige Monate zuvor. Die Designer solcher Narrative, der eloquente Martin Sellner vorneweg, sind zwar nicht selbst gewalttätig. Eher sind es Leute, die noch Karriere machen wollen – und die deshalb auch keinesfalls politisch haftbar gemacht werden wollen für Terroranschläge.

Aber wenn sie, auch in *Compact*, fabulieren, dass Europas Eliten – angeleitet von jüdischen Strippenziehern – den heimlichen Plan verfolgen würden, die europäischen Völker durch Masseneinwanderung »auszutauschen«, dann schaffen sie einen Rechtfertigungsrahmen für genau solche Mordtaten. So wie die NPD, die – derber – »Migration tötet« plakatiert. Die Botschaft ist dieselbe: Wenn eine derart existenzielle Bedrohung im Raum steht, dann befindet man sich in einer ständigen Notwehrlage, und dann sind zur Gegenwehr auch äußerste Mittel legitim.

Dies ist die Gefahr, die von den eloquenten neuen Rechten nicht nur in Kauf genommen, sondern ununterbrochen angefacht wird. Mag der einzelne Rechtsterrorist auch in der Offline-Welt ein Sonderling sein, er darf sich trotzdem als Teil von etwas sehr Großem, als Exekutor eines Volkswillens fühlen, als Widerstandskämpfer gegen eine übermächtige Attacke, einen »schleichenden Völkermord« an den Weißen. Und in diesem Glauben wird er heute nicht nur durch anonyme Internethetzer bestärkt, sondern auch durch Menschen, die Abgeordnetendiäten beziehen und Businesskostüm oder Hundekrawatte tragen.

Der *Compact*-Herausgeber Elsässer übrigens, der mit dem »Monster«, das den Anschlag auf die Synagoge in Halle verübt habe, nichts gemein haben will, schon gar nicht den Antisemitismus, heizt regelmäßig auch einem Livepublikum ein. Einen besonderen Moment dort beschreibt der jüdische Theatermacher Tobias Ginsburg, der ein halbes Jahr lang undercover in die Welt der Reichsbürger und rechten Verschwörungstheoretiker eingetaucht ist. Getarnt als rechter Blogger stellt er Elsässer eines Abends in Bad Königshof eine Frage.

Elsässer hat vor einem Publikum gesprochen, das zum großen Teil davon überzeugt ist, die BRD sei eine GmbH und in Wahrheit herrschten fremde, »globale« Mächte über ein weiterhin besetztes Land. Ginsburg fragt: »Wir haben an diesem Abend mehrfach gehört, Herr Elsässer: Die Regierung arbeitet gegen die deutschen und sogar gegen die europäischen Interessen. Für wen arbeitet sie dann? Wir müssen doch den Gegner benennen können!«

Im Publikum wird applaudiert, Männer freuen sich auf die Antwort. Elsässer reagiert ausweichend, gibt die Frage weiter an einen AfD-Politiker, der mit ihm auf dem Podium sitzt. Dieser sagt wiederum nur etwas von globalen Kräften. Aber Ginsburg insistiert: »Wir müssen doch sagen können, wer dahintersteckt! Und wenn uns die Politik verrät, müssen wir doch auch wissen, an wen!« Wieder Applaus. Diesmal lauter.

Es folgt eine zweite ausweichende Antwort, ein weiterer AfDler und sogar die Moderatorin versuchen sich an Formulierungen, sie alle sprechen von Lobbys und Banken und Ostküstenglobalisten, »haspeln sich durch ihre Zweideutigkeiten«, wie Ginsburg schreibt.

Hinterher beim Rauchen bekommt Ginsburg von allen Seiten Lob für sein mutiges Nachfragen, eine Delegation der Identitären Bewegung Nürnberg-Nord ist auch dabei, einer klopft ihm auf die Schulter: »Wirklich alle im Raum wussten, wen du meinst, und keiner hat sich getraut zu sagen, wer der Feind ist. Mann, feige Säue!«

Juden in der AfD

Dass es so wenige Juden in Deutschland gibt, führt in der Politik manchmal zu einer kuriosen optischen Täuschung. Es genügt schon, wenn irgendwo zwei, drei, vier Juden für dieselbe politische Partei antreten. Schon sieht es aus wie ein Trend, ein statistisch signifikantes Ereignis, das Rückschlüsse auf Größeres zulässt.

In Hessen sitzt seit 2017 ein jüdischer Maschinenbauingenieur, der in Kirgistan geborene Dimitri Schulz, für die AfD im Landtag. In Baden-Württemberg kandidierte 2017 ein ehemaliger Vorstand der kleinen jüdischen Gemeinde in Lörrach, Wolfgang Fuhl, erfolglos für einen AfD-Bundestagssitz, ebenso wie in Nürtingen die Ärztin Vera Kosova, die 1998 als jüdischer Kontingentflüchtling eingewandert ist, und in Wilhelmshaven an der Nordsee bewarb sich Jaroslaw Poljak 2018 für die AfD um das Amt des Bürgermeisters. Gemeinsam haben sie eine Vereinigung »Juden in der AfD« ins Leben gerufen, die Aufmerksamkeit der Medien ist groß.

Beatrix von Storch aus dem Parteivorstand betont schon lange, die AfD sei »einer der wenigen politischen Garanten jüdischen Lebens auch in Zeiten illegaler antisemitischer Migration«. Heißt das, die Juden laufen alle zur AfD? Natürlich nicht. Aber der Anschein kann erweckt werden, weil die Gesamtheit der Juden in diesem Land so klein ist. Weshalb sich gleich 17 jüdische Organisationen veranlasst sahen, einem solchen Eindruck entgegenzutreten und einmütig zu betonen, dass man zur AfD, im Gegenteil, maximalen Abstand halte und vor ihr warne.

Scheinbar bemüht sich die AfD besonders um jüdische Wähler. Das ist erstaunlich genug, tritt die Partei doch sonst nicht als Schutzmacht von Minderheiten auf. Zu ihrem sogenannten Markenkern gehört, genau dies nicht zu tun. Sie gibt sich als Beschützerin einer vermeintlichen Mehrheit vor den angeblichen Sonderwünschen einer Minderheit.

Die AfD-Oberen wissen natürlich, dass Juden nicht einmal zwei Promille der Wahlberechtigten ausmachen. Es gibt zwar keine demoskopischen Erkenntnisse darüber, ob jüdische Deutsche öfter zur SPD Fritz Bauers neigen oder zu den Grünen Daniel Cohn-Bendits, zur CDU Michel Friedmans oder zur FDP Ignatz Bubis'. Doch wenn die AfD-Chefs sich als Freunde der Juden inszenieren, dann schielen sie auch nicht ernsthaft auf diese winzige Wählerschaft. Vielmehr spricht die AfD eine Gruppe von potenziellen nichtjüdischen Wählern an, die hundertmal größer ist. Es sind die vielen unentschlossenen Rechtswähler, die sich selbst nicht als rechts bezeichnen würden.

Die meisten sind männlich, viele sind gut ausgebildet. Ihr Bauch sagt: Ausländer raus. Der Kopf sagt: So darf man das nicht sagen. Es sind Menschen, die zuletzt vielleicht CDU oder SPD gewählt haben. Für historischen Mief, zumal für den Gestank, den eine Holocaust-Rede wie jene des AfD-Rechtsaußen und Landeschefs Björn Höcke absondert, ist ihre Nase noch nicht immun. Da meldet sich ein Ekelreflex, das geht gegen die bürgerliche Kinderstube. Wenn ein Landtagsabgeordneter der AfD in Büchern von zionistischer Weltverschwörung schwafelt, dann schmerzt das die AfD-Oberen nicht deshalb, weil es ein paar jüdische Wählerstimmen kosten könnte, die es vielleicht gar nicht gibt. Es schmerzt, weil es die bürgerliche Klientel verschreckt.

So kommen die »Juden in der AfD« gerade recht. Ganz gleich, wie wenige es sind, man stellt sie sofort auf ein Podest. Es nützt der AfD, wenn Storch betont: »Jüdisches Leben und jüdische Tradition gehören zu Deutschland.« Man beteuert gewissermaßen, dass man stubenrein sei, und man erleichtert es bürgerlichen Vielleicht-Wählern, ihren Ressentiments gegen andere Minderheiten – in erster Linie Muslime – freieren Lauf zu lassen. Juden kommt in diesem Spiel nur die Rolle der nützlichen Idioten zu.

Es verwundert dann nicht, dass Beatrix von Storch auch die Idee einer Gruppe »Muslime in der AfD« reizvoll fände, die bislang nicht existiert. »Wenn es den Wunsch danach gibt, dann mögen sie sich gründen«, hat sie der *Welt am Sonntag* gesagt. Es gebe »viele integrierte Muslime und Migranten bei uns in der Gesellschaft«, diese könnten »auch bei uns ein Zuhause finden«. Alibi-Juden hat man jetzt ja. Alibi-Muslime wären die Krönung.

»Israel ist unser Unglück«

Die Leitung der KZ-Gedenkstätte im niedersächsischen Moringen zeigte sich sehr beunruhigt, als eine Gruppe Rechtsextremer im November 2019 mit der Geste des nach oben weisenden Daumens vor ihrem Haus Fotos aufnahm. Die Männer posierten mit T-Shirts mit der Aufschrift »Fuck you Israel«, einem durchgestrichenen Davidstern – und einem Grinsen, das wohl sagen sollte: Ihr könnt uns nichts.

Einige Rechtsextreme scheinen inzwischen von der Justiz gelernt zu haben, wie man judenfeindliche Parolen so verpackt, dass man auf größere richterliche Nachsicht rechnen darf; mit dem Ergebnis, dass sie jetzt öfter außenpolitikinteressiert klingen. Als Mitglieder der Partei Die Rechte wenige Tage nach dem Anschlag auf die Synagoge in Halle abends durch die Straßen Dortmunds zogen, entschieden sie sich so für die Parole »Nie, nie, nie wieder Israel«.

Ein großer Erfolg: Obwohl der Neonazi-Aufzug an diesem 21. Oktober 2019 überhaupt »keinen unmittelbaren thematischen Bezug zu Israel oder dem Nahostkonflikt« hatte, wie die Richter des Oberverwaltungsgerichts Münster feststellten – das Motto lautete »Sicherheit für die Nordstadt«, gemeint war die Nordstadt von Dortmund –, und obwohl das Wort »Israel« schlicht »eine Chiffre« für Juden sein könne, sei die Parole doch vor dem Hintergrund der Meinungsfreiheit zulässig als möglicherweise »überspitzte und polemische Kritik« an – richtig geraten – der Politik der Regierung in Jerusalem.

So ließen die Richter die Neonazis gewähren. Und so ließen sie den Polizeipräsidenten von Dortmund auflaufen, Gregor

Lange, der argumentiert hatte: Man solle sich nicht künstlich blind stellen. Jeder verstehe doch, was hier gemeint sei, Hass und Hetze »im Gewand« eines Statements zu Nahost.

Die Worte »Nie, nie, nie wieder Israel« erzeugten »ein Klima der Gewaltdemonstration und potenzieller Gewaltbereitschaft« auf deutschen Straßen, hatte der Polizeipräsident im Sinne eines Verbots argumentiert, »erst recht, wenn man in den Blick nimmt, dass die offene Zurschaustellung von Antisemitismus in aller Regel unmittelbar Assoziationen an die nationalsozialistische Gewalt- und Willkürherrschaft erzeugt und auf diese Weise nicht nur ein Gefühl des Unerwünschtseins, sondern auch und vor allem ein Gefühl der Einschüchterung und Angst vor Gewalt hervorruft.«

Die Partei Die Rechte propagiere nicht nur »wiederkehrend Antisemitismus«, heißt es im Verfassungsschutzbericht des Landes Nordrhein-Westfalen, sie verherrliche auch die NS-Zeit und unterstütze Holocaust-Leugner. Für gegenwärtige Nahost-Politik interessiere sie sich nicht erkennbar, für den Nationalsozialismus und dessen Sprache umso mehr. Und trotzdem waren die Richter bereit, ihre Worte als Kritik am heutigen Staat Israel zu interpretieren.

Der Name Israel wurde von 1939 an allen jüdischen Männern zwangsweise als zweiter Vorname gegeben. »Dieser Umstand zeigt«, schrieb der Dortmunder Polizeipräsident, »dass ›Israel‹ im rechtsextremistischen Milieu schon immer bewusst als antisemitisches Erkennungswort für Angriffe auf das Judentum genutzt wurde.« Aber es half alles nichts, sobald das kleine Wort »Israel« ins Spiel kommt, gelingt Neonazis, was andere Verschleierungstaktiken schon lange nicht mehr schaffen.

Der alte Neonazi-Code 88 für das strafbare »Heil Hitler« (weil H der achte Buchstabe des Alphabets ist) ist in der Justiz inzwischen bekannt, als Camouflage funktioniert er nicht mehr, und auch das Strafgesetzbuch selbst wendet sich gegen semantische Tricks. Nach Paragraf 86a wird mit bis zu drei Jahren Haft oder Geldstrafe bestraft, wer Kennzeichen oder Parolen verfassungswidriger Organisationen verbreitet – oder solche, »die ihnen zum Verwechseln ähnlich sind«.

Die Tarnung funktioniert aber wieder, sobald der Sound ins Nahöstliche geht. Die Partei Die Rechte hat damit schon Erfahrungen, sie hat schon Plakate mit der Aufschrift »Israel ist unser Unglück« geklebt, eine Abwandlung der NS-Propagandazeile »Die Juden sind unser Unglück« – mit dem Erfolg, dass Strafverfolger nicht einmal versuchen wollten, dagegen vorzugehen.

Im Gegenteil, es hat am 3. März 2020 erst ein Machtwort des Oberlandesgerichts Karlsruhe gebraucht, um die Staatsanwaltschaft im baden-württembergischen Pforzheim dazu zu bewegen, überhaupt die dagegen erstattete Strafanzeige des Vorsitzenden der örtlichen jüdischen Gemeinde wegen Volksverhetzung ernst zu nehmen.

»Israel ist unser Unglück«, diese Worte seien definitiv noch als legitime Kritik an Israel von der Meinungsfreiheit gedeckt, fanden die Staatsanwälte – und wiesen selbst diesen überhaupt nicht eloquenten, überhaupt nicht um einen modernen Anstrich bemühten Neonazis einen Weg, auch in den kommenden Jahren ungehindert Juden einschüchtern zu können.

»Judenknacks«
Terror von links

»Love Antifa. FCK ISR. Hate Zionism«
Graffito an einer Wand in Berlin-Neukölln

»Ein großer Sponti ist tot. R. I. P. Dieter #Kunzelmann«
Der Grünen-Politiker Jürgen Trittin
am 16. Mai 2018 auf Twitter

Die Bombe im jüdischen Gemeindehaus

Heinz Galinski soll sterben an diesem 9. November 1969, sein Körper soll zerfetzt werden von einer Bombe mit Zeitzünder. Die Täter haben alles vorbereitet, Bombe beschafft, Bombe platziert, zwei Kilo Sprengstoff von militärischer Stärke haben sie in rotes Ölpapier eingewickelt. Und sie haben einen Tag ausgewählt, an dem Heinz Galinski und besonders viele weitere Mitglieder der jüdischen Gemeinde Berlins an einem Ort versammelt sein werden. Es ist der Jahrestag der nationalsozialistischen Novemberpogrome, auf dem Hof vor dem Gemeindehaus in der Fasanenstraße trauern gemeinsam etwa 250 Menschen. Galinski, schmales Gesicht hinter einer riesigen Hornbrille, ist Vorsitzender der Gemeinde.

Es ist ein besonderer Ort, Galinski stand schon in der Pogromnacht 1938 hier, als die große Synagoge in Flammen stand wie noch 1400 weitere im Reich und fast 140 allein in Berlin. Nach dem Krieg hat er wieder hier gestanden, allein auf der Welt. Niemand aus seiner Familie hatte die Vernichtungslager überlebt. Und er hat es sich zur Mission gemacht, den Berliner Senat davon abzuhalten, die Ruine zu planieren und einen Parkplatz daraufzusetzen. Stattdessen sollte an dieser Stelle ein jüdisches Gemeindehaus errichtet werden, viel kleiner als die zerstörte Synagoge, aber trotzdem. Sonst hätte Hitler gesiegt. So hat Heinz Galinski das gesehen.

Es ist 11.30 Uhr, Galinski hat auf dem Hof gerade eine zornige Gedenkrede gehalten, in der er sich das bagatellisierende Wort »Kristallnacht« verbeten hat für ein mehrere Tage dauerndes Pogrom mit Hunderten Toten (vergeblich, denn erst zum fünfzigsten Jahrestag 1988 wird es eine breitere Debatte darüber geben, ob offizielle Stellen der Bundesrepublik den Begriff weiter verwenden sollten), da löst lautlos der Zeitzünder der Bombe aus. Sie ist im Ärmel eines Trenchcoats versteckt, der an der Garderobe liegt.

Nach einem Gutachten von Sprengstoffexperten der Berliner Polizei hätte die Bombe, wäre sie explodiert, »das Haus zerfetzt« und viele Teilnehmer der Gedenkveranstaltung getötet. Aber zum Glück versagt ein Draht.

Für ihren Anschlag haben die Täter allerlei weltpolitische Argumente parat. In dem Flugblatt, das sofort im Republikanischen Club in Umlauf kommt, einem Treffpunkt linker Studenten in den Räumen einer großbürgerlichen Wohnung mit Jugendstillampen, Sesseln und alten englischen Stehpulten, geht es um Dinge, die fern der friedlichen Versammlung in der Fasanenstraße die israelische Armee tut oder angeblich tut, die 1967 einem Großangriff der arabischen Nachbarn zuvorgekommen ist. Es geht um die Sprengung von palästinensischen Wohnhäusern. Um einen angeblichen »Vernichtungskrieg« mit Napalm. Um »Gestapo-Foltermethoden« in Israels Gefängnissen.

Es geht in dem Bekennerflugblatt auch um Dinge, die angeblich die Bundesrepublik tue: »Unter dem schuldbewußten Deckmantel der Bewältigung der faschistischen Greueltaten gegen Juden hilft sie entscheidend mit an den faschistischen Greueltaten Israels gegen die palästinensischen Araber.« Nur geht es um nichts, was mit Heinz Galinski und den anderen Holocaust-Überlebenden zu tun hätte, die an diesem Vormittag in der Berliner Kälte im Explosionsradius der Bombe standen.

Die Täter nennen sich Tupamaros West-Berlin, angelehnt an eine linksradikale Gruppe in Uruguay, die für zahlreiche Anschläge verantwortlich gemacht wird. Der Kopf der Gruppe ist Dieter Kunzelmann, ein in Bamberg aufgewachsener Sohn eines Sparkassendirektors: »Mir haben die Israelis nicht das Haus weggesprengt. Ich bin nicht im Flüchtlingslager geboren«, schreibt er am 27. November 1969 in der Szenezeitschrift *Agit 883*. »Aber eines steht fest: Palestina ist für die BRD und Europa das, was für die Amis Vietnam ist.«

Es ist nur eine kleine Gruppe, zehn oder höchstens fünfzehn Mitglieder, aber sie finden in der linken Szene große Resonanz. Der Name Tupamaros ist nur einer der vielen, die sie benutzen, ein andermal nennen sie sich Schwarze Ratten, Panthertanten, Onkel Tuca und am Ende auch einmal schlicht Kommando Kunzelmann. Dieter Kunzelmann, Mitbegründer der Kommune I, zelebriert sich als anarchischer Künstler mit zerzausten roten Haaren, als Provokateur und Politclown. In seiner konspirativen Altbauwohnung in der Nollendorfstraße 13/14 in Berlin-Schöneberg lebt er mit zwei Galapagos-Affen.

Mit dem, was die Kunzelmann-Truppe sagt, ist sie nicht allein. So klingt es jetzt vielmehr in vielen Gruppen der Studentenbewegung. Juden werden als privilegiert imaginiert. Ganz gleich, wie grausam sie vertrieben worden sind, erst aus Europa und dann in einer Serie von Pogromen von 1948 an auch reihum aus allen arabischen Ländern – trotzdem werden die Ankömmlinge in dem größten Flüchtlingslager des Nahen Ostens, dem Staat Israel, allein als »privilegierte Siedler« hingestellt. So steht es in einer Resolution des Sozialistischen Deutschen Studentenbundes SDS im September 1967. Kurz, den Juden gehe es noch zu gut.

Juden hätten nichts verloren in Israel: Das ist die Botschaft, welche die Kunzelmann-Leute mit ihrer Tat am 9. November 1969 verbreiten. Schon in der Nacht vor dem Anschlag haben sie mehrere Gedenkstätten für NS-Opfer in Berlin beschmiert, auch den Gedenkstein für die zerstörte Synagoge in Schöneberg. »El Fatah«, haben sie daraufgepinselt, »Napalm« und »Schalom«, dieselben Schlagworte, die jetzt nach der Bombe auch auf ihrem Bekennerflugblatt prangen.

Dieter Kunzelmann will aufrütteln: Viele Linke hätten »das noch nicht begriffen. Warum? Der Judenknax. ›Wir haben 6 Millionen Juden vergast. Die Juden heißen heute Israelis. Wer den Faschismus bekämpft, ist für Israel.‹ So einfach ist das, und doch stimmt es hinten und vorne nicht. Wenn wir endlich gelernt haben, die faschistische Ideologie ›Zionismus‹ zu begreifen, werden wir nicht zögern, unseren simplen Philosemitismus zu ersetzen durch eindeutige Solidarität mit AL FATAH, die im Nahen Osten den Kampf gegen das Dritte Reich von Gestern und Heute und seine Folgen aufgenommen hat.«

Juden hätten nichts verloren in Israel, das wird von nun an zu einem Motiv des deutschen Linksterrorismus, es wird zu einem Motiv der RAF, der Revolutionären Zellen, von jungen Leuten in Schlaghosen und lässigen Frisuren, die in Stuttgart geboren sind oder in Hannover. Der Schriftsteller und Auschwitz-Überlebende Jean Améry prägt schon im Dezember 1969 in der *Zeit* das Sprachbild, der Antisemitismus sei im Antizionismus enthalten »wie das Gewitter in der Wolke«, während andere Linke entgegnen, vor lauter Schuldgefühlen sei die deutsche Nachkriegsgesellschaft blind für das Unrecht, das Israel verübe.

Aber Heinz Galinski und die anderen, die am 9. November 1969 ermordet werden sollen, sind keine Politiker oder Offiziere Israels. Sie sind nicht einmal Bürger Israels. Um sie, die bloß ihr Weiterleben in Deutschland zu bewältigen versuchen, dürfte es in dieser Debatte eigentlich nicht gehen.

Heinz Galinski, das ist jemand, der auf die israelische Politik keinen Einfluss hat, selbst wenn man an die deutschen Waffenlieferungen denkt, an Panzer und Haubitzen im Austausch für israelische Geheimdiensterkenntnisse über die Waffensysteme der Sowjets. Auf diesen Deal haben einige Politiker Einfluss, Franz Josef Strauß vorneweg. Kaum aber Galinski, der einst als Zwangsarbeiter bei Siemens Asbestdrähte gewickelt hat und nun schon mit seinen Rufen nach Entschädigung für die Zwangsarbeiter seit Jahren kein Gehör findet.

Heinz Galinski, das ist jemand, der wie die übrigen Mitglieder seiner West-Berliner jüdischen Gemeinde der herrschenden Staatsideologie Israels sogar fernsteht, insofern er aus dem Holocaust und zweitausend Jahren Verfolgung gerade nicht den Schluss gezogen hat, sich an der Errichtung eines eigenen jüdischen Staates beteiligen zu wollen. Stattdessen ist er in seiner Heimat Deutschland geblieben. Er hat dort gegen alle Widrigkeiten an dem alten Traum von Emanzipation festgehalten: Ein Leben als vollwertiger deutscher Bürger, das müsse auch mit jüdischer Religion möglich sein.

Diese Widrigkeiten sind beträchtlich, einmal zeigt Galinski einem Reporter die vielen anonymen Briefe, die er Woche für Woche erhält. Unter ihnen ist ein fiktives Urteil. »Der Vorsitzende des I. Senats des Volksgerichtshofs« verkündet ihm das Todesurteil. »Begründung: Der Angeklagte ist Jude – also ein Schwein.« Aber Galinski wandert nicht aus. Er weicht nicht.

»So etwas darf nie wieder geschehen!«, sagt er stattdessen regelmäßig vor Zuhörern. »Unsere Aufgabe ist es, die Gesellschaft, besonders die Jugend, zu warnen und zu mahnen, damit sich ein solches Verbrechen wie der Völkermord an den

Juden nicht wieder ereignet.« Und nicht etwa: Es reicht! Wir kehren Deutschland den Rücken und gehen in den Nahen Osten.

Heinz Galinski, der einst aus seiner Wohnung in Prenzlauer Berg deportiert worden ist, der in Auschwitz gequält wurde, der im Konzentrationslager Dora-Mittelbau in unterirdischen, nasskalten Fabrikationsanlagen Rüstungsgüter herstellen musste (Verpflegungsration: täglich drei kalte Pellkartoffeln), hat an seiner Heimat Deutschland festgehalten. Selbst um den Preis, dass jene Juden, die nun den Staat Israel aufbauen, herabblicken auf ihn und andere, die es immer noch nicht verstanden hätten.

Der jüdische Student Micha Brumlik etwa erlebt bei einem Kongress in Antwerpen 1972, »daß ein Jude in Deutschland nicht nur den Deutschen, sondern daß ein Jude aus Deutschland auch anderen Juden als eine Art Monstrum galt«, wie er später schreibt. Von den amerikanischen Juden sei man so nachsichtig behandelt worden, als sei man gerade erst den Konzentrationslagern entronnen, »während uns Belgier, Briten oder Israelis eher mißtrauisch, als Verräter betrachteten«.

Und trotz alledem – Heinz Galinski ist in Berlin, er bleibt in Berlin, gemeinsam mit anderen deutschen Juden, die ihr Dasein in der sogenannten Diaspora ebenso für verteidigenswert halten. Sie sind es fast schon gewohnt, in Deutschland attackiert zu werden. Mit Steinen, Schmierereien, Drohbriefen. Bisher steckten in aller Regel Nazis dahinter.

Bisher sind es Anschläge gewesen, die gewissermaßen sagen sollten: Juden, haut ab nach Palästina!

Nun ist es erstmals eine Bombe von Linksradikalen, die – antizionistisch – sagen soll: Juden, bleibt, wo ihr seid! In Deutschland. Also das, was Heinz Galinski und die anderen ohnehin tun.

Verstehe das, wer wolle.

Verniedlichung bis heute

Einer der Tupamaros West-Berlin, Michael »Bommi« Baumann, hat den Anschlag auf das jüdische Gemeindehaus in seinem Buch *Wie alles anfing* 1975 als einen Fehler bezeichnet und sich zu den enorm empathischen Sätzen hinreißen lassen: Der Anschlag am 9. November 1969, das sei »nicht mehr zu vermitteln« gewesen. »Für die Presse war es natürlich ein gefundenes Fressen, weil es eben dummerweise auch noch die Reichskristallnacht war.«

Ein anderer Weggefährte, sein einstiger Mitbewohner Günter Langer, hat im Nachhinein beschrieben, dass die linksradikale Szene sich angeekelt abgewandt habe von der Gruppe der Täter. »Die Ablehnung dieser Tat war so total, daß die Gruppe dadurch auch innerhalb der Linken vollkommen isoliert blieb.« Der Satz klingt wie das Eingeständnis eigener früherer Dummheit. Aber auch wie der Versuch einer Ehrenrettung der linksradikalen Szene im Übrigen.

Den Satz hat Langer allerdings im Jahr 1984 geschrieben – ausgerechnet zu einer Zeit, da der Ober-Tupamaro Dieter Kunzelmann gerade feierlich ins Westberliner Abgeordnetenhaus eingezogen war. Als justizpolitischer Sprecher der Alternativen Liste, die als Landesverband der Grünen fungierte.

Die linke Szene hatte ihn keineswegs abgestraft, »isoliert« schon gar nicht. Kunzelmann, den man zu Lebzeiten, das ist juristisch geklärt, als Drahtzieher des antisemitischen Terrorakts im jüdischen Gemeindehaus von Berlin bezeichnen durfte, ist ein Darling der Szene geblieben.

Ob bei der Blockade amerikanischer Kasernen oder bei seinen Eierwürfen auf CDU-Politiker in den 1980er-Jahren: Kunzelmann lässt sich weiterhin als Bürgerschreck und Zampano beklatschen, er hat Bewunderer, und als er nach zwei Jahren planmäßig aus dem Abgeordnetenhaus ausscheidet, stellt der

Szeneanwalt Hans-Christian Ströbele ihn als Archivar in seiner Kanzlei ein.

Gewiss: Es ist die Schuld von nur wenigen in der linken Szene, dass am Jahrestag der Pogromnacht 1969 ein Anschlag auf Juden in Berlin verübt wurde, nur ein kleiner Kreis der Kunzelmann-Gruppe war vorher eingeweiht, wie Recherchen von Ermittlern und Historikern ergeben haben.

Was aber danach geschieht, das ist die Schuld von vielen. Wie in Teilen der Linken die Täter verharmlost werden, das vertieft noch das Gefühl von Bedrohtheit bei den potenziell Betroffenen, den Juden. Und so wie die radikale Linke den Anschlagsopfern Solidarität verweigert, so bleibt sie in den Jahren danach auch die Aufarbeitung ihrer Rolle bei den Attentaten schuldig.

»Saujuden« ist ein häufiger Ausspruch Kunzelmanns, an den sich Albert »Abi« Fichter 2004 erinnert, einer aus der Tupamaros-Gruppe. Kunzelmann habe »ständig gehetzt«. »Er ist damals wie ein klassischer Antisemit aufgetreten.«

Der Historiker Wolfgang Kraushaar hat 2004 Fichter interviewt, der ihm auch gestanden hat, dass er es war, der die Bombe ins Gemeindehaus brachte. »Dieter wollte mich durch eine antisemitische Aktion auf die Probe stellen«, sagte er über Kunzelmann.

Dass Kunzelmann »ständig abfällig über Juden redete«, erzählt auch Michael »Bommi« Baumann, ein früher Kommunarde. Was aber, wenn man Baumann richtig versteht, auch nie wirklich ein Problem darstellte. »Ich habe gedacht, das ist bizarrer, schwarzer Humor.«

Als einmal Daniel-Cohn Bendit, der Wortführer der Pariser Studentenproteste, in der Freien Universität Berlin auftritt und anschließend der Kommune I einen Besuch abstatten will, habe Kunzelmann ihn angezischt: »Du bist nichts anderes als ein kleines Judenschwein.« Cohn-Bendits Vater ist Justiziar der jüdischen Gemeinde in Frankfurt am Main.

Auch diese Episode erzählt »Bommi« Baumann später. Schon 1968 sei das gewesen. Für Baumann damals kein Grund, auf Abstand zu Kunzelmann zu gehen.

Ob auch ein anderer Kommunarde, Georg von Rauch, je von »Saujuden« gesprochen habe?, fragen *taz*-Journalisten im Jahr 2013.

Baumann: »Wenn, dann höchstens beiläufig.«

Na dann.

Als Kunzelmann im Jahr 1998 seinen eigenen Tod vortäuscht, um einer sechsmonatigen Haftstrafe zu entgehen, weil er auf dem Kopf von Berlins Regierendem Bürgermeister Eberhard Diepgen ein Ei zerschlagen hat mit den Worten »Frohe Ostern, du Weihnachtsmann«, da druckt die linke Wochenzeitung *Jungle World* einen warmherzigen Nachruf. »Seine Büste wird die Kamine aller wahrhaft edlen Menschen zieren«, darf sein einstiger Weggefährte schreiben, Ulrich Enzensberger, der jüngere Bruder des Dichters, der Jüngste aus der Kommune I. Ein Zitat aus Hans Arps Gedicht »Kaspar ist tot«.

Unter der Überschrift »Hurra, ich lebe noch« meldet Kunzelmann sich dann 1999 im *Stern* mit einem Interview »aus dem Jenseits« zurück. Es gibt ein großes Hallo, der Interviewer stellt eine Reihe netter Fragen, kein Wort zum Antisemitismus, dafür aber: »Wird Ihr Spruch ›Was geht mich der Vietnamkrieg an, solange ich Orgasmusschwierigkeiten habe?‹ Ihr berühmtester bleiben?«

Die *Jungle World*, die in späteren Jahren durchaus intensive Debatten zu linkem Antisemitismus führen und diesen klarer als viele andere verurteilen wird, zeigt sich 1999 noch froh: »Berlin hat endlich einen Störenfried wieder«. In Kreuzberg steigt eine Party für Kunzelmann. Die Punkband Terrorgruppe tritt auf. Kunzelmann schlüpft um Punkt Mitternacht aus einem Ei. Dann tritt er in der Fernseh-Talkshow »Boulevard Bio« auf.

Auch anderswo gibt es, wie sich zeigt, noch Bewunderer, die Kunzelmann nostalgisch als wilden Wirbler beschreiben, als

»Gaudibursch« und »Großkasperl«, wie Willi Winkler 2009 in der *Süddeutschen Zeitung*, oder als »letzten deutschen Bohemien des 20. Jahrhunderts«, wie der in Oxford lehrende Historiker Aribert Reimann.

In den jüdischen Gemeinden eher nicht.

Wie der Verfassungsschutz Beihilfe leistete

Zwei Männer in Anzug und Krawatte, ernste Blicke, besorgt, entschlossen. Der eine ist Heinz Galinski, der Vorsitzende der jüdischen Gemeinde, in der gerade die Bombe vom 9. November 1969 gefunden und entschärft worden ist. Der andere ist Kurt Neubauer, der Innensenator von Berlin.

In dieser schweren Stunde können sich die Juden zu hundert Prozent auf den Staat verlassen, das ist die Botschaft, als die beiden Männer am 10. November für die Kameras der Journalisten posieren, die Deutsche Presseagentur kabelt das Bild rasch hinaus an alle Redaktionen im Land. Der Politiker liest etwas von einem Blatt ab, Galinski sieht zu ihm auf.

Was aber Galinski nicht weiß und der SPD-Politiker Neubauer ihm auch tunlichst nicht verrät: Die Bombe stammte von einem seiner eigenen Mitarbeiter. Es ist ein sogenannter V-Mann des Landesamtes für Verfassungsschutz gewesen, ein junger Mann namens Peter Urbach, der sich seit 1967 im Umfeld der Kommune I herumtreibt und als klassischer Agent Provocateur eingesetzt worden ist. Jemand, der die linke Szene aufwiegeln sollte. Der sie ermutigen sollte, stärker zuzuschlagen.

Der »Spitzel des Senators«, wie ihn später der *Stern* nennt, hat etliche Bomben in die linke Szene hineingebracht, von denen nun eine im jüdischen Gemeindehaus gelandet ist. Als dies später auffliegt, schafft der Verfassungsschutz den

V-Mann außer Landes. Er kann, wie erst 2012 herauskommt, ein ruhiges Leben in Santa Barbara in Kalifornien führen, wo er bis an sein Lebensende am 3. Mai 2011 für kritische Fragen unerreichbar bleibt. Aufklärung unerwünscht.

So sehr kann sich die jüdische Gemeinde in Wahrheit auf den Rechtsstaat verlassen in dieser ernsten Stunde. So sehr auch auf dessen Aufrichtigkeit. Das ist die Botschaft, die nach dem versuchten Bombenanschlag 1969 dann eigentlich hängen bleibt, es ist eines der schmutzigsten Geheimnisse des Berliner Verfassungsschutzes, und unaufgeklärt ist es in vielen Aspekten noch heute.

Ein gläserner Aufzug fährt in den obersten Stock eines Gebäudes in Berlin-Mitte, Klosterstraße 47. Hier sitzt der Verfassungsschutz hinter einer Fassade aus grauem Muschelkalk. Heute hat hier ein Geheimdienstchef das Sagen, der damals noch nicht geboren war, Michael Fischer, 47 Jahre alt. Linken Antisemitismus nimmt er alles andere als auf die leichte Schulter. Er hat sich dafür starkgemacht, die heutige internationale Boykottbewegung gegen Israel – Boykott, Desinvestitionen und Sanktionen, kurz BDS – als verfassungsfeindlich anzuprangern.

Aber auch Michael Fischer äußert sich zu der damaligen staatlichen Starthilfe für den Terror von links nur vorsichtig. »Bomben in die linke Szene hineinzubringen, das hat definitiv eine rote Linie überschritten«, sagt er. Vor allem den psychologischen Effekt solcher Waffenlieferungen hätten die Verfassungsschützer damals unterschätzt.

Sie verfolgen 1969 eine waghalsige Strategie. Offenbar spekulieren sie darauf, die radikale Linke würde sich durch größere Gewalttaten selbst diskreditieren und Sympathien verlieren. Das würde auch einen Vorwand liefern, schärfer gegen sie durchzugreifen. »Ich habe eine Kiste mit 50 Polizeipistolen«, sagt der V-Mann Peter Urbach einmal und bringt Berettas mit in die linke Szene, »wenn mal der Aufstand losbricht, müssen wir doch bewaffnet sein.«

Der Rohrleger Urbach, Jahrgang 1941, kommt gut an in der Szene, er hat gratis die Sanitäranlagen im Zentrum des Sozialistischen Deutschen Studentenbundes, SDS, am Kurfürstendamm montiert, hat Vertrauen gewonnen. In der Kommune I hat er den Betonfußboden gegossen. Sie nennen ihn »S-Bahn-Peter«, weil er sich als frisch gefeuerter Mitarbeiter der Berliner Verkehrsbetriebe vorgestellt hat.

Als im Februar 1969 ein Besuch des US-Präsidenten Nixon ansteht, taucht Urbach mit einem Koffer voller Sprengsätze im SDS-Treff am Ku'damm auf. Bis einer der SDS-Verantwortlichen das bemerkt und S-Bahn-Peter hinauswirft, hat er schon mehrere Bomben nach dem Zufallsprinzip an Anwesende verteilt – »USBVs«, wie der heutige Verfassungsschutzchef Fischer sagt, Unkonventionelle Spreng- oder Brandvorrichtungen.

Teilweise geht sein politisches Kalkül auch schon auf. Bei einer Durchsuchung der Kommune I am 5. März 1969 finden Polizisten einen der Brandsätze, die der V-Mann verteilt hat. Die Beamten freuen sich, die Kommune-Chefs Dieter Kunzelmann und Rainer Langhans werden für einige Zeit festgenommen.

Gleichzeitig scheint sich der Verfassungsschutz damals darauf zu verlassen, dass dies am Ende bloß ein Spiel bleiben werde. Die Bomben des V-Manns explodieren nie. Vielleicht ist das kein Zufall, so haben Beobachter schon in den 1970er-Jahren zugunsten des Geheimdienstes vermutet. Diese Sprengsätze seien absichtlich untauglich konstruiert worden.

Der heutige Berliner Verfassungsschutzchef Fischer fügt aber hinzu: »Es hätte leicht einer der Empfänger auf den Gedanken kommen können: Ich prüfe mal nach, ob die Bombe ordentlich konstruiert ist. Dann hätte er das womöglich gemerkt und die Bombe kurzerhand neu verdrahtet, um sie scharfzumachen.« Die Kunzelmann-Gruppe kannte sich aus, sie war gerade erst aus Jordanien zurückgekommen, wo sie mit Kämpfern der Palästinenser-Organisation PLO trainiert hatte. »Also, das war völlig verantwortungslos.«

Und auch wenn die Bombe am 9. November 1969 nicht zündete, der psychologische Effekt auf die Szene war groß. Wer einmal eine Bombe gelegt hat, und sie ist nicht explodiert, der bastelt beim nächsten Mal vielleicht selber eine. Die Hemmungen fallen, die Dinge geraten ins Rollen. Die Trittbrettfahrer erwachen.

Während ein schockierter Heinz Galinski am 25. November 1969 nach Bonn fährt und im Bundesinnenministerium nach verstärkten Sicherheitsmaßnahmen für seine Gemeinde fragt, feiert die Kunzelmann-Gruppe ihre Tat, allein schon weil sie so viel Aufregung ausgelöst hat. Die Szenezeitschrift *Agit 883*, zu deren Redaktion der ehemalige Westberliner SDS-Vorsitzende Tilman Fichter gehört, der ältere Bruder von Albert Fichter, verkündet auf ihrem Cover sogar gut gelaunt: »Die Bombe tickt weiter ...«

Auch dank der »USBV« aus der Hand des Verfassungsschutzes genießt diese Gruppe auf einmal größte Aufmerksamkeit. »Macht aus dem kapitalistischen Weihnachtsfest sozialistische Kampftage!«, heißt es in ihrem nächsten Flugblatt am 14. Dezember 1969, bei dem es Juden abermals angst und bange werden muss. »Die Geschichte der Heiligen Familie ist die Geschichte des Kampfes der Palästinenser gegen den Imperialismus. Gestern waren es die Römer, die Kreuzritter, Kalifen und Osmanen, dann die Engländer. Heute sind es die Zionisten und die Amis.« Damit ist die Fallhöhe vorgegeben, der Furor geballt. Was folgt, ist die praktische Konsequenz: »Damit ihr nicht wieder ausflippt wie kürzlich bei der Bombe im jüdischen Gemeindehaus. Den Befreiungskampf in der dritten Welt unterstützen heißt für uns: den Zionismus im eigenen Land zerschlagen.«

Falls es anfangs das Kalkül des Verfassungsschutzes war, die Radikalsten der Studentenbewegung in die Kriminalität zu treiben, um sie rasch einer Straftat überführen und ebenso rasch aus dem Spiel nehmen zu können, dann warten Heinz Galinski und die jüdische Gemeinde auf diese Erlösung nun vergeblich. Obwohl es an Hinweisen auf die Täterschaft der Kunzelmann-Gruppe nicht fehlt, zieht die Staatsanwaltschaft keine Konsequenzen. Es wird nie eine Anklage erhoben wegen der Bombe. Es gibt keinen Prozess.

Es irritiert die Ermittler der Polizei, wie ungerührt die Staatsanwaltschaft bleibt. Je mehr die Öffentlichkeit damals über die zweifelhaften Taktiken des Verfassungsschutzes erfährt – aufgearbeitet von Journalisten und Anwälten –, desto nervöser windet sich der Berliner Innensenator Kurt Neubauer. »Peinlich? Mir? Nein«, patzt er 1971 zurück, als *Spiegel*-Redakteure ihm vorhalten, er würde die Vorgänge rund um die Bombe im jüdischen Gemeindehaus vertuschen, weil sein Verfassungsschutz sonst blamiert dastünde.

Heinz Galinski findet in seiner persönlichen Post ein Tonband. Zu hören ist die Stimme einer jungen Frau. »Springer, Senat und die Galinskis wollen uns ihren Judenknacks verkaufen. In das Geschäft steigen wir nicht ein.« Und weiter: »Lernt von den Posträubern in Borsigwalde, lernt von den Bombenlegern im jüdischen Gemeindehaus, lernt von den Tupamaros, Che lebt! Wir müssen zu jeder Zeit überall zuschlagen, zurückweichen und erneut zuschlagen können.«

Die Studentenrevolte, das hätte eigentlich ein Moment der Erleichterung sein können für Juden in Deutschland, ein Moment, in dem die jüdischen Gemeinden anfangen, endlich weniger einsam und isoliert zu sein in dieser Gesellschaft, in der noch viele Alt-Nazis an Hebeln der Macht saßen. Im Oktober 1969 ist der Kanzler Kurt Georg Kiesinger, ein ehemaliges NSDAP-Mitglied, abgelöst worden von dem jungen Willy Brandt, einem ehemaligen NS-Gegner und Emigranten.

Aber die Drohungen, das Achselzucken von Teilen der jungen Linken, die sich aufmachen, Staat und Gesellschaft umzugestalten, der Szenenapplaus für den antisemitischen »Bürgerschreck« Kunzelmann: Für die vom Terror erschütterten

Juden ist nichts davon beruhigend. Eher bedeutet es, aus dieser Ecke ist noch mit mehr zu rechnen.

So kommt es dann auch. In Kunzelmanns Altbauwohnung mit den Galapagos-Affen finden Beamte im Juli 1970 einen Aktenordner mit mehr als hundert Briefen von Personen, die sich zum Teil bei ihm erkundigen, wie und wann man Bomben legen solle. Eine Hilfestellung von S-Bahn-Peter braucht es schon nicht mehr. Die Saat ist aufgegangen.

Ein Brandanschlag in München

Es ist Freitagabend, der Anbruch des Schabbat, das Haus der jüdischen Gemeinde in der Münchner Reichenbachstraße ist voll von Menschen, die zum Essen und Beten zusammengekommen sind. Der Bombenanschlag im Berliner Gemeindehaus liegt erst wenige Wochen zurück, es ist der 13. Februar 1970. Unbemerkt betritt wieder ein Täter ein jüdisches Gemeindehaus, diesmal mit einem 20-Liter-Benzinkanister von Aral. Er verteilt den Brennstoff von oben bis unten im Treppenhaus und zündet ihn am Ausgang an.

Die Flammen breiten sich aufgrund des sogenannten Kamineffekts rasend schnell über alle Stockwerke aus. Die Bewohner des jüdischen Altenheims, das in den oberen Etagen liegt, werden eingeschlossen. Für sieben Menschen kommt jede Hilfe zu spät, Rivka Becher, Meir Blum, Arie Leib Gimpel, David Jakubovicz, Siegfried Offenbacher, Eliakim Georg Pfau und Rosa Drucker. Zwei von ihnen haben die Konzentrationslager überlebt.

Ein Bewohner, der sich vor den Flammen hat retten können, gibt später zu Protokoll, er habe aus den oberen Stockwerken eine Frauenstimme gehört. »Wir werden vergast, wir werden verbrannt«, habe die Verzweifelte, eingeschlossen von Rauch und Feuer, geschrien.

Die Tupamaros, die in München ihre zweite Gruppe rund um den Kommunarden Fritz Teufel haben, weisen zwar jede Verantwortung von sich. Es ist ihnen auch nichts nachzuweisen. Aber es ist bezeichnend, dass schon niemand mehr sicher sagen kann, aus welcher politischen Richtung dieser Angriff gekommen ist, ob von rechts oder links. Das ist ihr Verdienst.

Wie schon nach der Bombe im Berliner Gemeindehaus reagiert Dieter Kunzelmann feixend und angriffslustig, kein Wort der Anteilnahme, kein Wort der Trauer. Die Mordtat in München sei ein »zionistisches Massaker«, eingefädelt von Zionisten, die deutsche Juden zur Auswanderung nach Israel hätten drängen wollen.

Während in München die Opfer zu Grabe getragen werden und die Kriminalpolizei ergebnislos ermittelt, schreibt er in *Agit 883*: »diesen neuen reichstagsbrand im altersheim können nur leute gelegt haben, die daran interessiert sind, die hexenjagd auf die feinde des us-zionistischen imperialismus zu eröffnen«. Mit anderen Worten: Die wahren Opfer seien Linke wie er selbst, und die wahren Täter Juden.

Das ist der Ton. Juden hätten nichts verloren in Israel: Das bleibt die Melodie. Juden in Deutschland sind nun auch von der anderen Seite des politischen Spektrums mit mörderischer Gefahr konfrontiert, und einige Jahre lang nimmt diese Gefahr in aller Brutalität zu.

Entebbe und Budapest sind zwei Orte, die ganz besonders dafür stehen, die Hauptstädte Ugandas und Ungarns. In Entebbe, an der Seite von palästinensischen Flugzeugentführern im Jahr 1976, trennen deutsche Linke jüdische von nichtjüdischen Geiseln. Die Juden müssen bleiben, sie denken an die Selektion an der Rampe in Auschwitz. Ein Holocaust-Überlebender unter den Geiseln zeigt einem deutschen Entführer, Wilfried Böse von den Revolutionären Zellen, seine eintätowierte Häftlingsnummer. Der erwidert, er sei Freiheitskämpfer.

In Budapest unterstützt die RAF mit ihrer Logistik noch

1991 einen Sprengstoffanschlag auf einen Reisebus mit jüdischen Familien, die aus Russland über Ungarn nach Israel auswandern wollen. Vier Insassen werden leicht, zwei Polizisten, die dem Bus vorausfahren, schwer verletzt. Eine antiimperialistische Tat, meinen die Täter.

Aber auch als diese Gewalt von links in den 1990er-Jahren wieder abflaut, bleibt das Vertrauen in den jüdischen Gemeinden erschüttert. Inzwischen hat man erfahren, wer im Jahr 1977 schon wieder geplant hat, Heinz Galinski zu töten. Es sind die Revolutionären Zellen gewesen, die RZ. Der Plan war schon fast perfekt, man habe bereits »letzte Vorbereitungen« getroffen, um Galinski und Ignatz Lipinski, Vorstandsmitglied der jüdischen Gemeinde Frankfurts, »über den Haufen zu schießen«, es fehlten nur noch zwei Fluchtwagen, hat der Aussteiger Hans-Joachim Klein erzählt, der sein Gewissen erleichtert, indem er im *Spiegel* auspackt.

Heinz Galinski »geht nach dem, was die RZ mir erzählte, immer zu Fuß zur Arbeit«.

Inzwischen hat man erfahren, was deutschen Linken noch alles in den Sinn gekommen ist. Um »die monatlichen 3000 Dollar nicht in Gefahr zu bringen«, die die RZ von der Volksfront zur Befreiung Palästinas, PFLP, erhielten, hätten sie in den 1970er-Jahren den Vorschlag gemacht, den Holocaust-Überlebenden und Leiter des jüdischen Dokumentationszentrums in Wien umzubringen, Simon Wiesenthal. Auch dies legt Hans-Joachim Klein offen.

Und als im Jahr 2007 ein Bombenalarm an einem jüdischen Kindergarten in Berlin-Charlottenburg ausgelöst wird, einer Einrichtung für drei- bis sechsjährige Mädchen und Jungen, weil eine herrenlose dunkle Sporttasche vor dem Eingang steht, da bekommt man zwar nicht heraus, welcher Täter dahintersteckt. Aber man weiß, wer zu solchen Ideen auch fähig war und womöglich irgendwann wieder ist.

Nach dem Scheitern des Attentats vom 9. November 1969

nämlich hatte Dieter Kunzelmann genau diese Idee als Plan B vorgeschlagen, er hatte auch schon jemanden zum Spähen hingeschickt in die Joachimsthaler Straße in Berlin, wo damals der jüdische Kindergarten lag.

Als der Späher wiederkam, habe er aber Gewissensbisse geltend gemacht. Deshalb sei der Plan verworfen worden, so hat es eine einsame Überläuferin aus dieser Gruppe erzählt, Annekatrin Bruhn, die sich als Kronzeugin der Polizei zur Verfügung gestellt hat.

Heute lebt sie abgeschieden, krank, zurück bei ihrer Familie in der niedersächsischen Provinz. Sie sah sich als Verräterin, wie sie Kunzelmann im Januar 1971 in einem persönlichen Brief schrieb. Den Brief schickte sie nie ab, aber der Historiker Wolfgang Kraushaar durfte ihn lesen. Es sei die »schlimmste Strafe« für ihren Verrat, »dass ich keine Genossin mehr bin, nicht mehr wert bin«.

Fast wie einen Guru beschwört sie Kunzelmann darin, »Du warst immer so dufte, und wenn ich Dich jetzt vor mir sehe, dann denke ich an so viele schöne Sachen, die wir gemeinsam erlebt haben«.

Kulturrabatt
Terror von muslimischen Antisemiten

»Hamas, Hamas, Juden ins Gas«

Parole auf einer Demonstration
in Gelsenkirchen am 12. Juli 2014

Ramadan-Ende in Wuppertal

Antisemitismus? Nein, für Judenfeindlichkeit gebe es hier »keine Anhaltspunkte«, findet Richter Jörg Sturm, der Vorsitzende des Jugendschöffengerichts IV in Wuppertal.

Dass die Angeklagten in der Nacht auf den 29. Juli 2014 mehrere Molotowcocktails auf die Synagoge der Stadt geworfen haben, johlend, dass sie gefilmt haben, wie die Feuerwehr anrückte, dass sie ein Gotteshaus von Juden attackiert haben, die sie nicht persönlich kennen, sondern einfach pauschal als Juden treffen wollten – das genüge nicht, um von einem diskriminierenden Motiv zu sprechen.

Oder in der etwas gestelzten Sprache des Urteils: »Diese zugegebenermaßen schwerwiegenden Indizien ließen für das Gericht allein nicht den hinreichend sicheren Schluss zu, dass die Tat in jedem Falle antisemitisch motiviert war.«

Denn die drei Täter sind Palästinenser, das ist dem Richter wichtig zu betonen, ihre Familien kommen aus dem Westjordanland und Gaza. Sie hatten »zum Zeitpunkt der Tat aufgrund des andauernden Konflikts keinen Kontakt mehr zu ihren Angehörigen in Palästina«. Auch auf Facebook würden sie »für einen palästinensischen Staat« eintreten. Sie wollten »ein Zeichen setzen« gegen den Krieg in Gaza. Und: »Alle drei gaben an, dass sie nichts gegen Juden hätten.« Es ist bemerkenswert, wie sich der Richter damit zufriedengibt.

Man kennt das hierzulande noch als Rechtfertigungsmuster deutscher Linksterroristen in den 1970er-Jahren. Als ein Argument von Leuten wie der Revolutionäre-Zellen-Frau Brigitte Kuhlmann, die jüdischen Geiseln in Entebbe die Kippa vom Kopf schlug. Oder des Kommune-I-Gurus Rainer Kunzelmann, der eine Bombe im jüdischen Gemeindehaus von Berlin platzieren ließ, zumindest nach außen hin aber stets betonte, er bekämpfe nicht Juden, sondern den Imperialismus. »Revolutionäre Juden kämpfen auf unserer Seite.«

Egal, was sie Juden antaten – das sei keine Diskriminierung und keine Hasskriminalität, so haben sie argumentiert, sondern immer ein legitimer Protestschrei gegen israelische Politik. Ein Bombenanschlag auf die Gedenkfeier zum 9. November im jüdischen Gemeindehaus? Nicht antisemitisch. Ein Mordkomplott gegen den Präsidenten des Zentralrats der Juden in Deutschland? Nicht antisemitisch.

Inzwischen, ein halbes Jahrhundert später, findet dasselbe Argument aber unerwartet Freunde in der deutschen Justiz. Nicht nur in Wuppertal nach dem Brandanschlag auf die Synagoge ist das so. Trotz Protesten der Staatsanwaltschaft haben auch die höheren Instanzen in Nordrhein-Westfalen – das Land- und das Oberlandesgericht – das milde Urteil bestätigt. Was Richter nie als Ausrede akzeptierten, als es einst von Linksradikalen kam, das nehmen manche heute mit erstaunlicher Nachsicht hin, wenn es von muslimischen Tätern kommt.

Es versteht sich womöglich von selbst, aber der Richter in Wuppertal stellt es sogar noch ausdrücklich klar: Die drei

Täter, 28, 24 und 18 Jahre alt, wollten das jüdische Gotteshaus in Wuppertal in Flammen sehen, sie stellten sich vor, »wesentliche Teile der Synagoge in Brand zu setzen«. Ein Pogrom-Bild. Ihre selbst gebauten Benzinbomben sollten die Fenster oder die Glastür durchschlagen, im Innern landen und den Teppich entzünden. Als sie an der Außenwand zerschellten, waren die Täter enttäuscht.

Nichts ist spontan gewesen an dieser Tat, alles war vorbereitet. Es ist das Ende des Fastenmonats Ramadan, die Täter haben in der Küche gesessen und Brandsätze gebastelt, indem sie »sechs leere Bierflaschen der Marken Krombacher, Beck's und Heineken zunächst mit Dieselkraftstoff füllten, sodann in jede der Flaschen eine Lunte in Form eines Baumwollstreifens hängten und die Flaschen mit Kreppband, das sich in der Wohnung bereits befunden hatte, umwickelten, um insbesondere die Lunte zu fixieren«, wie der Richter notiert.

Als sie um kurz nach zwei Uhr nachts vor der Synagoge stehen und ihre Molotowcocktails schleudern, schwebt ihnen eine Zerstörung vor wie in Lübeck. Dort ist ebenfalls eine Synagoge in Brand gesetzt worden. Ebenfalls mit Molotowcocktails, am 25. März 1994. Das ist die Zeit der Neonazi-Brandanschläge in Mölln und Solingen gewesen, der Krawalle in Hoyerswerda und Rostock-Lichtenhagen. Der Kantor der Synagoge war vom Schein der aufsteigenden Flammen geweckt worden und hatte zum Glück noch Alarm schlagen können. Den im Gebäude schlafenden Menschen hatte dies das Leben gerettet.

Aber anders als bei den Neonazis damals in Lübeck gibt es jetzt bei den drei Tätern in Wuppertal, 2014, keine Gefängnisstrafen. Die Täter sind Palästinenser, sie sind besorgt wegen der politischen Situation in ihrer Heimat: Aus Sicht des Gerichts ist es dann kein Hassverbrechen, wenn sie daraus für sich das Recht ableiten, Juden in Wuppertal zu attackieren.

Aus der Sicht des Jugendschöffengerichts erscheint ihre Tat damit in milderem Licht. Ihre Akten werden nicht an das Bundeskriminalamt geschickt, wie es eigentlich die »Richtlinien für das Strafverfahren und das Bußgeldverfahren« bei Taten aus gruppenbezogener Menschenfeindlichkeit – auch Antisemitismus – vorschreiben. Auch erhöht Richter Sturm nicht ihre Strafe, wie es eigentlich Paragraf 46 Absatz 2 des Strafgesetzbuchs bei »rassistischen, fremdenfeindlichen oder sonstigen menschenverachtenden« Motiven verlangt.

Im Gegenteil, er lässt die beiden älteren Täter mit Bewährung davonkommen – ein Jahr und drei Monate, falls, nur falls sie sich noch einmal etwas zuschulden kommen lassen –, und der jüngste erhält sogar überhaupt keine Strafe. An ihn gewandt sagt der Richter: »Die Entscheidung über die Verhängung einer Jugendstrafe wird zur Bewährung ausgesetzt.« Das bedeutet: Wenn der Täter ein oder zwei Jahre lang nicht wieder kriminell wird, bleibt nicht einmal ein Schuldspruch als Makel im Strafregister übrig. Dieser wird »getilgt«.

»Keine Anhaltspunkte« für Judenfeindlichkeit. Die Juden in Wuppertal dürfen sich bedanken für diese Logik. Der Richter erkennt zwar an, dass die Brandstifter ihre Wut über Vorgänge in Israel an den Wuppertaler Juden ausgelassen haben. Aber er sieht darin keine Diskriminierung. Die Brandstifter wollten, so heißt es im Urteil, lediglich »durch ihre Tat die Aufmerksamkeit auf den israelisch-palästinensischen Konflikt zur Tatzeit lenken«.

Über diesen Konflikt kann man geteilter Meinung sein. Sehr sogar. Über etwas anderes aber kann man nicht ernsthaft diskutieren: dass die Juden in Wuppertal darin keine Partei sind. Genauso wenig wie die Juden in Worms in Rheinland-Pfalz, wo unbekannte Täter am 17. Mai 2010 an acht verschiedenen Stellen der Synagoge Feuer legen und einen Zettel hinterlassen mit den Worten: »Sobald ihr nicht den Palästinensern Ruhe gibt, geben wir euch keine Ruhe.«

Oder in Essen im Ruhrgebiet. Dort überfällt ein Mob die Synagoge, fünfzig Männer versuchen sie am 7. Oktober 2000 zu erstürmen, klettern über Zäune, mit Pflastersteinen haben sie schon dreißig Fensterscheiben eingeworfen, einer schießt aus einer Gaspistole. Sie habe Angst um ihr Leben gehabt, schildert später eine 26-jährige Polizeikommissarin, die mit drei Kollegen das Gebäude schützen soll, bis eine Hundertschaft der Polizei sie endlich erlöst. Die Angreifer kommen von einer Demonstration gegen »Gewalt im Westjordanland«.

Oder in Frankfurt am Main, wo Ende Juni 2014 ein Rabbiner einen Anruf erhält und der Anrufer droht, er werde dreißig jüdische Menschen aus der Stadt ermorden, falls seiner Familie in Gaza etwas zustoßen sollte.

Der Grund, weshalb jemand die israelische Politik verurteilt, mag gut oder schlecht sein. Er mag auf höchsten menschenrechtlichen Idealen beruhen oder auf niedrigsten Ressentiments. Oder manchmal auf beidem. Der Grund aber, weshalb jemand dafür Juden an irgendeinem Ort der Erde in Mithaftung nimmt und »bezahlen lässt«, ist immer nur: weil es halt Juden sind. In Essen. In Worms. »Wenn jemand eine Moschee anzündet, ist völlig klar, dass es sich um Islamhass handelt«, sagt der Wuppertaler Gemeindevorsteher Leonid Goldberg. »Wo liegt der Unterschied zu einer Synagoge?«

Goldberg, 1949 in der Sowjetunion geboren, ist seit einem Vierteljahrhundert Vorsitzender der Gemeinde in Wuppertal. In dem Gotteshaus an der Gemarker Straße 15 begrüßt er Beter auch aus Solingen oder Remscheid. Es gibt ein koscheres Café, einen Jugendklub. Es wird viel Russisch gesprochen. Goldberg findet, die Israel-Begründung des Jugendschöffengerichts beleidige den gesunden Menschenverstand.

Wer eine Moschee attackieren und behaupten würde, er protestiere damit bloß gegen die Politik des türkischen Präsidenten Erdoğan, der könnte hierzulande kaum mit einem Richter rechnen, der dies als »Türkeikritik« entschuldigt. Wer einen hinduistischen Tempel angreift, der dürfte kaum einen Richter finden, der dies als »Indienkritik« abtut.

»Wie kann man nur auf solche Lügen hereinfallen?«, fragt Leonid Goldberg.

Ich habe nichts gegen Juden, aber …

Sie hätten überhaupt nichts gegen Juden, haben die drei Täter beteuert, die Brandsätze auf die Synagoge von Wuppertal schleuderten, und auch in Essen sagt ein Täter, der im Juli 2014 die Synagoge attackiert und Jüdinnen und Juden im Ruhrgebiet in Angst und Schrecken versetzt hat, vor seiner Richterin: »Ich habe nichts gegen Juden, ich hab nur was gegen Zionisten.«

Für Richter sind solche Sätze nichts Neues. Aus bloßem dumpfem Ressentiment will niemand gehandelt haben. Schon der einstige Neonazi-Führer Michael Kühnen war berühmt dafür, nichts gegen Juden haben zu wollen, in einem Interview 1981 sagte er: »Ich hab nichts gegen einzelne Juden, ich kenne kaum Juden … Nur die organisierte Macht des Judentums, die bekämpfen wir, und die haben wir ja auch zu spüren bekommen, bekommen wir auch hier in Deutschland tagtäglich zu spüren.«

Nach dem Anschlag auf die Synagoge in Halle im Oktober 2019 hat auch die Mutter des rechtsextremen Attentäters zu Journalisten gesagt: »Er hat nichts gegen Juden in dem Sinne. Er hat was gegen Leute, die hinter der finanziellen Macht stehen. Wer hat das nicht?«

Die Geschichte antisemitischer Gewalt ist eine Geschichte edler Begründungen. Mal sind Juden für den Kapitalismus verantwortlich gemacht worden, mal für den Kommunismus. Heute werden Juden – in Wuppertal, in Essen, in Düsseldorf – dafür verantwortlich gemacht, dass es Muslimen in aller Welt schlecht gehe. Und gleichzeitig – in Halle – für das Gegenteil: dass sie als Drahtzieher einer heimlichen Bevölkerungsaustausch-Agenda die Islamisierung Europas vorantreiben würden.

Es hat die realen Angriffe auf Juden nie wirklich besser gemacht, dass immer ein schöner Vorwand zur Hand war. Dass Juden nicht »ohne Grund« attackiert werden, sondern »nur« in imaginierter Abwehr von weltpolitischen Übeln, das ist nicht die Abwesenheit von antisemitischer Diskriminierung. Das ist gerade ihre Quintessenz. Der Antisemitismus enthält Elemente des Rassismus. Aber er enthält noch mehr: ein Stück verschwörerischer Welterklärung.

Neu ist all das nicht, bemerkenswert ist nur, wenn Richter solche Rechtfertigungen auf einmal bei einer einzelnen Tätergruppe als Ausrede akzeptieren.

»Jude, Jude, feiges Schwein«

Man kann sich die Zurückhaltung der Gerichte teils als Vorsicht erklären – eine Scheu davor, in eine Diskussion um den Nahostkonflikt hineingezogen zu werden. Man kennt die hitzigen Debatten um die Frage, wann Kritik an israelischer Politik in Antisemitismus umschlägt. Gerichte, deren Geschäft das Recht ist, nicht die politische Debatte, begeben sich nur ungern auf dieses Glatteis, im Zweifel enthalten sie sich lieber eines scharfen Verdikts.

Antisemitismus ist nirgends definiert im deutschen Recht. Wo es einen klaren Bezug zum Nationalsozialismus gibt, da fühlt sich die Justiz meist noch auf sicherem Boden, eine Richterin am Landgericht München I hat das im Oktober 2014 so ausgedrückt: »Ein glühender Antisemit in Deutschland ist jemand, der mit Überzeugung sich antisemitisch äußert, mit einer Überzeugung, die das Dritte Reich nicht verurteilt.« Wo ein Bezug zur aktuellen Politik des Staates Israel ins Spiel kommt, wird es schon schwieriger.

Diese Zurückhaltung macht sich selbst bei Strafverfolgern bemerkbar. In Berlin waren im Sommer 2014 während des Gazakriegs arabischstämmige Demonstranten auf die Straße gegangen, einige riefen: »Jude, Jude, feiges Schwein, komm heraus und kämpf allein!«

Die Staatsanwaltschaft in Berlin aber zauderte mit einer Ermittlung wegen Volksverhetzung trotz des, wie sie schrieb, »in hohem Maße gehässigen und abstoßenden Charakters der Äußerung«. Weil es einen Bezug zu Israel gebe. Ein schwieriges Feld, da halte man lieber Abstand, erläuterten die Juristen in einer »vorläufigen Einschätzung«. Denn bei einer Gaza-Demonstration stehe, anders als bei einem Nazi-Aufmarsch, auch ein politischer Kern der Kritik an Israel im Raum.

Auf den Kontext komme es an. Selbst wenn die Parole »Jude, Jude, feiges Schwein ...« noch so abfällig sei, man wolle – so die Staatsanwaltschaft – bei einer Demonstration zum Nahostkonflikt die Möglichkeit mitbedenken, »dass nur die politisch Verantwortlichen israelischer Militäraktionen gemeint gewesen seien (und nicht alle Juden)«. Auf den Kontext komme es an – das heißt praktisch: Wo Täter den Kontext des Nahostkonflikts aufrufen, da akzeptiert die Justiz Aggressionen gegen Juden, die sie sonst nicht akzeptieren würde.

Das Bundesverfassungsgericht hält die Meinungsfreiheit sehr weit hoch. Die Karlsruher Richter verlangen, dass sich der Staat, wenn er gegen Äußerungen vorgehen will, stets an ihre denkbar harmloseste Interpretation hält – gewissermaßen im Zweifel für die Meinungsfreiheit. Aber man kann sich vorstellen, dass auch das liberale Bundesverfassungsgericht bei diesen Worten längst rote Linien erreicht sehen würde: »Jude, Jude, feiges Schwein ...« oder auch »Hamas, Hamas, Juden ins Gas«, eine Parole, die um dieselbe Zeit herum auf der Berliner Einkaufsmeile Kurfürstendamm ebenso gehört wurde wie auf einer Demonstration im Stadtzentrum von Gelsenkirchen, zwei Tage bevor am 14. Juli 2014 eine Scheibe der

Gelsenkirchener Synagoge mit einem Gullydeckel eingeworfen wurde.

Keine dieser Parolen ist bis heute je strafrechtlich verfolgt worden – denn die Staatsanwaltschaft in Berlin wie auch in Gelsenkirchen hat es schlicht nie versucht. Sie hat keine Anklage erhoben, hat sich stattdessen von vornherein darauf berufen, die roten Roben in Karlsruhe würden sowieso dagegen sein.

Deshalb wurde in Berlin die Strafanzeige von Deirdre Berger zurückgewiesen; die Direktorin des American Jewish Committee hatte der Polizei am 18. Juli 2014 sogar Links zu Videos von den Parolenbrüllern vor dem Nobelkaufhaus KaDeWe angegeben.

Und nur deshalb ist auch in Mainz der ehemalige CDU-Bundestagsabgeordnete Johannes Gerster zurückgewiesen worden, der in seiner Strafanzeige aufführte, wie Teilnehmer einer Gaza-Demonstration zur selben Zeit »Tod, Tod Israel« skandiert hatten und am Rande auch »Juden raus«.

Ihm schrieb eine Mainzer Oberstaatsanwältin: Da sei man machtlos. »Ich würde ja gerne wissen, ob das auch ein Richter so sieht«, sagt heute Johannes Gerster. Aber auch auf seine Beschwerde bei der Generalstaatsanwaltschaft in Koblenz hin blieben die Ermittler hart, sie blockten alles ab unter Verweis auf das Bundesverfassungsgericht.

Manchmal ist es nur ein feiner Unterschied zwischen einer Staatsanwaltschaft, der die Hände gebunden sind, und einer, die die Hände in den Schoß legt.

Ein selbst gemaltes Hitlerbild

Fast wirkt es so, als hätten die beiden jungen Männer, ein gebürtiger Marokkaner und ein staatenloser Palästinenser, 19 und 20 Jahre alt, darum gebettelt, von den Deutschen als

Antisemiten ernst genommen zu werden. In ihrer Wohnung hatten sie ein selbst gemaltes Hitlerbild aufgehängt, in einen Türrahmen kleine Hakenkreuze geritzt, an einer Wand entdeckten Beamte bei der Wohnungsdurchsuchung ein falsch geschriebenes »Siag Heil«.

Ihre Tat war spektakulär. Die zwei Täter hatten in der Nacht auf den 3. Oktober 2000 erst einen Brocken Kalksandstein gegen den Eingangsbereich der Düsseldorfer Synagoge geschleudert, um das Türglas zu durchbrechen. Das Panzerglas hielt, trotzdem warfen sie drei Molotowcocktails hinterher. Flammen schlugen hoch. Feuer an einer deutschen Synagoge, schon wieder.

Die erste Vermutung der Ermittler war, dass es Rechtsradikale waren, auch weil es der Vorabend des Tags der Deutschen Einheit war, und solange sie davon ausgingen, zog der Rechtsstaat alle Register. Als oberster Terrorermittler der Republik schaltete sich der Generalbundesanwalt aus Karlsruhe ein, Kay Nehm. Bundeskanzler Gerhard Schröder eilte an den Tatort, gemeinsam mit dem Ministerpräsidenten von Nordrhein-Westfalen, Wolfgang Clement, rief er zu einem »Aufstand der Anständigen« gegen wieder auflodernden Nazismus auf.

Als sich ein paar Wochen später herausstellte, dass es in Wahrheit Belal T. und Khalid Z. waren, änderte sich die Haltung. Hakenkreuz hin, Siag Heil her: Es sei wohl nur ein »persönlicher Vergeltungs- oder Racheakt« von »Einzeltätern« gewesen, so hat es der Generalbundesanwalt mit einem Mal ausgedrückt, als schaffe die arabische Herkunft der Täter eine »persönliche« Beziehung zu den Jüdinnen und Juden in Düsseldorf.

Vorrangig sei wohl die »Wut des Angeklagten auf die israelische Politik in den besetzten Gebieten« gewesen, und somit sei ihr Anschlag auf die Synagoge am Rheinufer kein Hassverbrechen, von Terrorismus ganz zu schweigen.

Die Täter erlebten, wie der oberste Terrorermittler der Republik ihren Fall rasch wieder abgab an die örtliche Staatsanwaltschaft. Und nicht an einem Staatsschutzsenat eines Oberlandesgerichts hinter gepanzerten Scheiben wurde ihr Fall schließlich verhandelt. Sondern im Amtsgericht, auf der untersten Ebene. Wo der Palästinenser Belal T. am 7. März 2001 eine Bewährungsstrafe erhielt. Wegen Sachbeschädigung. Es könne nicht mit letzter Sicherheit bewiesen werden, so erklärte der Richter, dass er die Synagoge tatsächlich habe in Brand setzen wollen.

Das Strafmaß wurde auf Drängen der Staatsanwaltschaft hin zwar später noch heraufgesetzt. Das Landgericht sprach doch von Brandstiftung, Belal T. erhielt 22 Monate Haft statt ursprünglich 18. Aber immer noch auf Bewährung. Sein Komplize Khalid Z. musste sich noch wegen weiterer Taten verantworten. Esra Cohn, Vorsitzender der jüdischen Gemeinde Düsseldorfs, nannte das Urteil »sehr, sehr milde« und sagte: »Ich glaube, dass in dem Prozess etwas falsch gelaufen ist.«

Der blinde Fleck in der Statistik

2. Juni 2018, es ist nach neun Uhr abends, Ramadan-Fastenbrechen am Ende eines langen, heißen Tages. Datteln machen die Runde, als der Schriftführer eines Vereins der islamistischen Furkan-Gemeinschaft in Deutschland vor seinen Gästen über die »Beni Israel« spricht, die Kinder Israels, die Juden. »Seid nicht wie die Wesen, die weniger wert sind als die Tiere.« Sie seien die Verfluchten und hätten Moses verraten.

Freitagspredigt in einer Millî-Görüş-Moschee in einer deutschen Stadt, es ist der 8. Dezember 2017. »Ya Rab«, sagt der Imam, Oh Herr, »befreie Palästina in kürzester Zeit. Befreie es aus den Händen dieser Beni Israel. Erlöse die ganze Gemeinschaft Mohammeds von diesen bösen Beni Israel.«

Beide Male sind auch Lauscher des Inlandsgeheimdienstes zugegen, und so landen diese Sätze in einer speziellen Akte (»Geheim«), die das Bundesamt für Verfassungsschutz im Herbst 2015 zu führen begonnen hat. Schon 700 Fälle sind in dieser »Fallsammlung antisemitische Ereignisse mit vermutetem islamistischem Hintergrund« gelistet, begonnen hat es damit, dass der Bundesinnenminister wissen wollte, wie es um Judenhass unter Muslimen bestellt sei. Auch unter denen, die als Flüchtlinge neu ins Land kämen.

Das Thema ist virulent, so viel wird deutlich, über viele Seiten in dem Dokument, in das ich Einblick erlangen konnte, werden Fälle geschildert. Wie der des syrischen Berufsschülers, der am 4. Juni 2018 in Solingen mitten im Unterricht sagte, dass alle Juden »in die Gaskammer« gehören würden. Oder der Syrer, der am 26. April 2018 in einer deutschen Stadt erklärte, dass Israelis in Palästina Säuglinge töten würden. Und dass die Juden es verdient hätten, geschlagen zu werden.

Beim Bundesamt für Verfassungsschutz hütet man diese Fallsammlung streng, ein Nachrichtendienst schützt seine Quellen. Aber sein Präsident, Thomas Haldenwang, ist bereit zu einem Gespräch über das Gefahrenbild insgesamt. Ein umzäuntes Gelände in Berlin-Treptow. An den Büros hängen nirgends Namensschilder, nur Nummerncodes. Haldenwang, 60 Jahre alt, betritt den Raum in Jeans.

Bei islamistischen Ideologien gehöre der Antisemitismus gewissermaßen zur Grundausstattung, sagt Haldenwang, Judenfeindlichkeit werde »von praktisch allen nennenswerten islamistischen Organisationen vertreten, die in Deutschland aktiv sind«, ob Hamas, Muslimbruderschaft, Millî-Görüş, Hisbollah oder »Islamischer Staat«. Hinzu kommen Vorfälle, in denen auch Leute ohne radikalreligiöse Ideologie, aber mit jedenfalls muslimischer kultureller Prägung hetzen oder Juden attackieren. Sie sind vielleicht Nationalisten, jedenfalls Chauvinisten, womöglich auch bloß Produkte einer bestimmten Erziehung – besonders, wenn sie in der arabischen Welt aufgewachsen sind.

Haldenwang warnt davor, aus der Fallsammlung seiner Agenten schon allzu präzise Schlüsse ziehen zu wollen, denn empirisch sei die Auswahl nicht repräsentativ. Etwa zwanzig Gewalttaten von Muslimen sind darin dokumentiert, etwa 80 antisemitische Äußerungen im privaten Bereich, etwa 350 Äußerungen in sozialen Medien: Haldenwang sagt, er wolle seine Mitarbeiter für das Thema sensibilisieren, aber es hänge von vielen Zufällen ab, welche antisemitischen Vorfälle ihnen zu Ohren kämen. Zumal sie nur extremistische Szenen ins Visier nehmen dürfen, nicht den Alltagsantisemitismus darüber hinaus. Es ist nur ein kleiner Ausschnitt der verstörenden Wahrheit.

Dennoch ist dies die beste Annäherung an das Phänomen, die man in den Sicherheitsbehörden derzeit finden kann. Denn die Polizei zählt Straftaten von muslimischen Antisemiten überhaupt nicht in belastbarer Weise. Im Zweifel wird alles als »rechtsextrem« gezählt, so lautet die Regel des Bundeskriminalamts, das die jährliche Kriminalstatistik erstellt, bei politisch motivierter Kriminalität, PMK: »Antisemitische Straftaten sind dem Phänomenbereich PMK – rechts – zuzuordnen, wenn sich aus den Umständen der Tat und/oder der Einstellung des Täters keine gegenteiligen Anhaltspunkte zur Tätermotivation ergeben.«

Alle Statistiken, wonach angeblich 70, 80 oder 90 Prozent aller antisemitischen Attacken in Deutschland von Rechtsradikalen verübt würden, sind deshalb mit großer Skepsis zu lesen. In ihnen werden ungeklärte Fälle einfach mitgezählt, und mitunter selbst Fälle wie dieser aus der Berliner Kriminalstatistik von 2014: Als beim jährlichen Al-Quds-Marsch dort Anhänger der schiitischen Hisbollah »Sieg Heil« riefen, wurde dies dem Phänomenbereich »PMK – rechts« zugeordnet.

So entsteht ein Zerrbild, das am Ende auch bei der Polizei

selbst niemand für empirisch aussagekräftig hält, und daher ist das Gebiet der antisemitischen Übergriffe von Muslimen kaum seriös vermessen.

Israel versus Juden

Helle Sofas, helle Gemälde, rundherum strahlt der blaue Himmel über der Münchner Altstadt. Im obersten Stockwerk des jüdischen Gemeindezentrums am Sankt-Jakobs-Platz ist es ruhig wie in einer Kunstgalerie. Selbst der Bodyguard von Charlotte Knobloch, der Präsidentin der Gemeinde, blättert versonnen in einer Zeitung. Dann steht die 87-Jährige plötzlich in der Tür. Lächelnd, aber zackig.

Charlotte Knobloch führt mich zu einem Regal. Dort steht ein Leitz-Ordner, darauf steht »Antisemitismus Briefe«. Sie erzählt: »Meine Fans in der antisemitischen Szene schreiben mir immer noch rege. Aber die Zuschriften sind modernerer Art. Früher war es altdeutsche Handschrift. Früher ging es oft noch um geldgierige Juden. In den letzten zwei, drei Jahren ist die Nahost-Thematik deutlich zum Hauptthema geworden. Das heißt, die Politik in Israel wird mir als oberbayerischer Jüdin zur Last gelegt.«

Die allermeisten Attacken auf Juden werden heute auf die eine oder andere Weise mit der israelischen Politik gerechtfertigt, sofern denn die Täter überhaupt erwischt werden und sich rechtfertigen. Noch einmal verstärkt hat sich das, seitdem in größerer Zahl Menschen aus arabischen Ländern eingewandert sind, in deren Heimatländern »Jude« und »Israeli« als Synonyme verwendet werden. Für Feind.

»Wir bekommen immer wieder verwirrte Anrufe von Leuten«, erzählt Charlotte Knobloch, »weil wir uns ›Israelitische Kultusgemeinde‹ nennen. Da denken manche, wir seien so etwas wie ein Konsulat von Israel.« In letzter Zeit hat diese

Bezeichnung die gebürtige Münchnerin deshalb nachdenklich gemacht.

Das Wort »israelitisch« als Ersatz für »jüdisch« sei ein bisschen antiquiert, gibt sie zu. Das wurde vor hundert Jahren geprägt. »Man wollte das Wort ›Jude‹ vermeiden und hat sich eingebildet: Wenn man stattdessen das Wort ›israelitisch‹ verwendet, ist man dem damaligen Antisemitismus nicht so preisgegeben. Was ja nicht stimmte.«

In München gab es vor Jahren einmal den Vorschlag, sich umzubenennen in »Jüdische Gemeinde«, um weniger dem heutigen, dem immer öfter mit Israel argumentierenden Antisemitismus ausgesetzt zu sein. »Damals war ich dagegen«, sagt Knobloch. »Heute denke ich anders. Heute wäre es mir lieber.«

Eyes wide shut
Wie ein Dunkelfeld entsteht

»Der Polizist meinte dann nur, dafür seien sie nicht zuständig, das sei die Abteilung Staatsschutz. Da könne er mir zwar die Nummer geben, aber er würde mir das nicht empfehlen, denn das sei eine ›größere Sache‹. Ich solle das lieber sein lassen, denn sonst hätte ich wochenlang Ärger.«

Die jüdische Psychotherapeutin Ramona Ambs über den Versuch, in Heidelberg eine Strafanzeige zu erstatten, nachdem jemand ein Hakenkreuz an ihre Wohnungstür geschmiert hatte

»Mein Grundvertrauen ist erschüttert«: Der Restaurantbetreiber

Was Resignation bedeutet, kann man bei Hähnchenbrüsten auf Orangensoße in einem Restaurant am Chemnitzer Schönherrpark erfahren. Der Wirt sitzt an einem Tisch, das weiße Hemd spannt.

Zehn Jahre lang hat Uwe Dziuballa es einfach aufgegeben, die Polizei anzurufen, zehn Jahre lang hatte er keine Lust mehr, die immer gleichen Strafanzeigen zu erstatten, wegen Steinwürfen auf sein Lokal, das koschere »Schalom«, wegen Hakenkreuz-Schmierereien oder Drohanrufen. »Wenn du 45 Anzeigen machst über die Jahre, und es wird nichts aufgeklärt, dann sagst du dir irgendwann: Das ist verschwendete Lebenszeit.«

Er hat sogar einen Brief geschrieben damals, in dem er der

Polizei in Chemnitz dramatisch die »Zusammenarbeit« aufkündigte: »Wenn wir uns überhaupt noch einmal sprechen sollten, dann nur über schmackhafte Latkes oder eine feine Hühnersuppe und solche Dinge«, schrieb der Gastronom an die Beamten – »hochachtungsvoll«.

Im Sommer 2008 war das. Heute sei ihm das ein bisschen unangenehm, »das war sehr emotional«, sagt er entschuldigend, und damals führte es auch nur dazu, dass einige Polizisten ein Argument mehr an der Hand hatten, um ihn als Querulanten abzutun. »Als Hysteriker, der nur die Nachbarschaft schlechtredet«, wie Dziuballa selbst sagt. »Ach, der Herr Dziuballa«, sagte eine Sprecherin der Polizei, als sich einige Zeit später ein Journalist nach den Attacken auf das koschere Restaurant erkundigte.

Dabei hätte dieser Brief es verdient, an Polizeihochschulen studiert zu werden. Was der Gastronom dort an Gefühlen ausdrückte und was er auch an handfesten Erlebnissen beschrieb, das bekommt die Polizei nur selten so deutlich gesagt. Uwe Dziuballa, 55 Jahre alt, zeigt mir Fotos. Von den vier zerstochenen Reifen an seinem Lieferwagen, von Hakenkreuz-Graffitis an seiner Außenwand. Von einem Schweinekopf mit einem draufgeschmierten Davidstern, den sie ihm einmal vor die Tür legten und dessen Blut in den Schnee tropfte. An jenem Wintermorgen rief er die Polizei an. Der Beamte am Telefon sagte: »Können Sie uns den Kopf vorbeibringen? Es hat heute Morgen geschneit, und wir haben sehr viele Verkehrsunfälle …«

Eine halbe Stunde später kam dann doch noch eine Polizeistreife. Ob er einen Müllsack habe, wurde der Gastronom gefragt, man habe vergessen, welche mitzubringen. Ein paar Tage später ein Anruf eines Mitarbeiters vom Staatsschutz. Es sei ihm peinlich, aber es gebe keine Fotos von Fundort und Schweinekopf, weil die Kamera nicht funktioniert habe. Man könne sich das auch nicht erklären. Also sandte Uwe Dziuballa seine Fotos.

Wieder vergingen Wochen, in denen er nicht über den Fortgang der Ermittlungen unterrichtet wurde. Also rief er erneut an. Und traute seinen Ohren nicht. Die Ermittlungen seien nicht fortgesetzt worden, weil der Schweinekopf nicht bei der Kriminaltechnik gelandet sei, sondern aus Versehen in der städtischen Tierkörperverwertung.

Danach reichte es ihm. Von da an tat Uwe Dziuballa, was er schon immer getan hatte in seinem Restaurant, Glasscherben aufsammeln, Pöbler verscheuchen, mit dem Wasserschlauch Urin aus dem Briefkasten waschen. Den Weg zur Polizei sparte er sich. Und wenn heute wieder einer anruft, »Verdammtes Judenschwein« brüllt, das Lokal für Hitlers Geburtstag reservieren will oder einfach in den Hörer keucht, dann legt er auf und holt eine Strichliste heraus. Das nüchterne Ritual hält den Schrecken etwas auf Abstand. Es sind in zehn Jahren 1492 Striche geworden.

Nur die wenigsten antisemitischen Straftaten werden hierzulande überhaupt gemeldet. Nur 24 Prozent waren es in einer Studie, die im April 2017 von der Unabhängigen Expertenkommission Antisemitismus des Bundestags veröffentlicht wurde. Das war sogar noch großzügig gerechnet. Denn unter dem Wort »gemeldet« hatten die Forscher bewusst alles Mögliche mitgezählt, selbst bloße Hinweise an die eigene Gemeinde. Sonst wäre die Zahl noch niedriger ausgefallen.

Denselben Befund hatte schon 2013 eine Studie der Europäischen Grundrechteagentur ergeben, für die unter anderem 500 Jüdinnen und Juden in Deutschland befragt wurden. Die Studie wurde 2018 wiederholt, da hatte sich – so sind die Zeiten – die Bereitschaft, Anzeige zu erstatten, noch einmal verschlechtert.

Und frappierend ist auch, zu welchen Reaktionen auf antisemitische Attacken sich viele stattdessen veranlasst sehen. »Ich verberge seitdem in der Öffentlichkeit, dass ich jüdisch bin«: Diesem traurigen Satz stimmten 40 Prozent der Befragten zu. Das sind mehr als jene, die bereit waren, zur Polizei zu gehen.

Im Grunde ist das ein Misstrauensvotum gegen die Polizei, ein Zustand, der dem Rechtsstaat keine Ruhe lassen darf. Schutz vor Gewalt, das ist kein bloßes Serviceangebot des Staates nach dem Prinzip von take it or leave it, oder: Wer nicht will, der hat schon. Wenn der Herr Dziuballa uns nicht mehr anruft, dann braucht er uns wohl nicht mehr.

Ein Rechtsstaat beruht auf dem Anspruch, dass zwischen Menschen nicht einfach das Recht des Stärkeren herrscht, und wenn eine ganze Gruppe der Gesellschaft weithin davon absieht, den Apparat aus Polizei und Justiz zu ihrem Schutz zu nutzen, dann versagt der Staat an diesem Anspruch.

Weil so wenige der antisemitischen Straftaten hierzulande angezeigt werden, dürfe man die Statistik der Polizei »nicht als Abbild der Realität missverstehen«, schreibt der Unabhängige Expertenkreis Antisemitismus trocken, es müsse mit einer »systematischen Unterschätzung antisemitischer Vorfälle« gerechnet werden, mit anderen Worten: mit einem riesigen Dunkelfeld. Man könnte allerdings auch ein anderes, dramatischeres Wort wählen. Die Folge ist nicht nur ein Dunkelfeld. Die Folge ist auch ein riesiger Raum der Straflosigkeit für die Täter, ein Raum, in dem ihr Hochmut noch wächst.

Zehn Jahre sind vergangen, als Uwe Dziuballa am 27. August 2018 doch noch einmal die Polizei anruft. Ein neuer Versuch, es ist etwas vorgefallen, das ihn erschüttert hat, »noch nie hatte ich so große Angst wie in diesem Moment«, erinnert er sich. Es ist halb zehn Uhr abends, er räumt gerade sein Restaurant auf, auch die Stühle draußen, als er ein Geräusch hört.

Mehrere schwarz gekleidete Männer stehen dort, im nächsten Moment prasseln Steine, Flaschen und ein abgesägtes Stahlrohr auf Dziuballa ein, und er hört, wie ein Mann ruft: »Hau ab aus Deutschland, du Judensau!«

»Ich stand unter Schock«, sagt Dziuballa. Die Polizei habe sich seine Schilderung in Ruhe angehört und einzelne Gegenstände gesichert, er erstattete eine Anzeige. Doch danach passierte erst mal nichts. Der Gastronom erfuhr, dass sein Fall in den Polizeibericht des Tages gar nicht aufgenommen worden war, später lief das Ganze erst einmal unter versuchter Sachbeschädigung.

Erst nach zehn Tagen kamen Beamte, um die Schäden an seinem Lokal in Augenschein zu nehmen und Wurfgegenstände sicherzustellen. Warum habe er denn die Spuren vom Aufprall an der Fassade und einer Scheibe schon weggewischt, fragten sie, das seien doch Beweismittel?

»Entschuldigung, das hier ist ein Lokal«, antwortete der Wirt.

Einmal, so erinnert sich Uwe Dziuballa, habe ein Polizist zu ihm gesagt: Wenn Sie ein Restaurant betreiben mit so einem Logo – einem Davidstern –, dann müssen Sie mit solchen Attacken rechnen. Dziuballa findet: »Das darf ein Polizist meinetwegen denken. Aber das darf er nicht sagen.« Und geärgert hat ihn auch der Vorwurf, er würde die Vorfälle letztlich nutzen, um in den Medien Werbung für sein Restaurant zu machen. »Das leuchtet mir nicht so recht ein«, sagt er. »Wenn ich mit meiner Frau schön essen gehen möchte, dann suche ich mir nicht unbedingt das Lokal aus, das mit Fäkalien beschmiert worden ist. Aber vielleicht ist das nur mein persönliches Empfinden.« Nach einer solchen Tat wie am 27. August 2018 denke man ja, nun kümmert sich der Staat und versucht, die Täter zu erwischen. »Da dies augenscheinlich nicht so war, ist mein Grundvertrauen schon ein bisschen erschüttert.«

Inzwischen ist die Aufmerksamkeit wieder verflogen, in Chemnitz und auch in der Republik, und inzwischen hat Dziuballa einen Brief von der Staatsanwaltschaft erhalten. Der Ermittler teilt ihm mit, in dem Fall mit dem Aktenzeichen 373 UJs 9/18 »habe ich mit Verfügung vom 11.04.2019 folgende

Entscheidung getroffen: Das Ermittlungsverfahren wird gemäß Paragraf 170 Absatz 2 StPO eingestellt.« Sprich, aus Mangel an Beweismitteln.

»Es macht die Sache noch schlimmer«: Die Journalistin

Dinah Riese ist 30 Jahre alt, Redakteurin der *taz*, sie schreibt über Feminismus und Flüchtlinge, für ein Treffen hat sie ein Café in Berlin-Neukölln vorgeschlagen, in dem die Kellnerin vegane Milch empfiehlt. Dass sie Jüdin ist, habe in ihrer Jugend eigentlich kaum eine Rolle gespielt, sagt sie, die nächste Synagoge war fern. Aber nach der Sache mit der »jüdischen Kriegserklärung« und nach allem, was das auslöste, änderte sich etwas.

Dinah Riese war zehn Jahre alt, da erschien ein antisemitischer Leserbrief in der Lokalzeitung in der hessischen Kleinstadt, in der sie lebte. Einer der wichtigsten Bürger im Ort, der Senior einer Hutfabrik, 88 Jahre alt, schrieb immer wieder solche Briefe. Hitler habe ein gutes Recht gehabt, gegen Juden vorzugehen, stand da diesmal. Die Juden hätten angefangen, mit einer »jüdischen Kriegserklärung«; eine von Antisemiten immer wieder bemühte Legende. So druckte es im Jahr 1999 der *Lauterbacher Anzeiger* ab, für alle im Ort zu lesen.

Damit begann etwas. Die Journalisten der Lokalzeitung: protestierten nicht. Die Kommunalpolitik: protestierte nicht. Der einzige Mensch im Ort, der vernehmbar widersprach, war Dinah Rieses Vater. Er schrieb einen Gegen-Leserbrief, »die böswillige antisemitische Absicht springt ins Auge«, hielt er dem Hutfabrikanten darin entgegen. Die Zeitung druckte auch das.

Danach kam eine Menge Post. Beleidigungen, Drohungen, einmal holte Dinah Riese eine Karte aus dem Briefkasten, auf der ausgeschnittene Buchstaben aufgeklebt waren. »Meine Mutter schaute mich erschrocken an und nahm mir die Karte weg«, erinnert sie sich.

Ihr Vater, derart bedroht und beschimpft, fand sich wenig später auch noch in einem Gerichtssaal auf der Anklagebank wieder. Der Hutfabrikant wollte sich das Wort »Antisemit« verbitten als angebliche Verleumdung, der Prozess war »gut besucht«, schrieb die Lokalzeitung, der Hutfabrikant hatte Freunde mitgebracht, eine Gruppe älterer Männer, die sich hinten im Saal verteilten.

Das war der Preis der Courage: Die Rechten hatten den Spieß umgedreht. Michael Riese sollte bestraft werden. Und nicht der alte Hutfabrikant selbst erhob diese Anklage, nicht er las jetzt Paragrafenketten vor und forderte stehend und vor aller Öffentlichkeit eine Strafe (was niemanden groß erschüttert hätte). Sondern auf seinen Antrag hin tat dies die Staatsanwaltschaft. Und der Richter am Amtsgericht ließ diese Anklage zu.

Das hatte Dinah Rieses Vater nun davon, so sah die Reaktion des Rechtsstaats auf Antisemitismus aus, die erste, an die Dinah Riese sich erinnern kann. Der Richter sprach ihren Vater zwar frei. Er verzichtete aber nicht darauf, sich zuerst haarklein die »persönliche Betroffenheit des Angeklagten« erklären zu lassen, wie eine Gerichtsreporterin der *Frankfurter Rundschau* notierte. Michael Riese sträubte sich, ehe er die Verfolgung seiner Familie durch die Nazis erläuterte, vorgehabt hatte er so etwas nicht.

»Was tut das denn zur Sache?«, ärgert sich noch heute seine Tochter Dinah. »Das klingt so, als sei er irgendwie von seinen Emotionen gesteuert, nicht von seinem Verstand.« Ihr Großvater hatte sich 1937 nach Palästina retten können. Ihre Urgroßeltern hatten es nicht mehr geschafft und wurden von ihrer deutschen Heimat aus nach Auschwitz deportiert und ermordet.

Es kann nach hinten losgehen, das hat Dinah Riese damals gelernt, und genau das ist eine Sorge, die immer wieder benannt wird in Umfragen unter Jüdinnen und Juden, wenn es um die Frage geht, warum sie antisemitische Übergriffe so selten anzeigen. Wer sich aufregt über antisemitische Hetze oder Übergriffe, wer protestiert und damit die Sicherheitsbehörden in Bewegung versetzt, der steht unter Umständen danach noch stärker als Außenseiter da. Jedenfalls wenn es so läuft, wie es viel zu oft läuft. In der Kriminologie gibt es dafür einen eigenen Ausdruck: sekundäre Viktimisierung. Es ist das erniedrigende Signal von Polizei und Justiz an den, der etwas problematisiert: Das habe wohl mit ihm persönlich zu tun, dass er dies als Problem sehe.

Es ist schon schwierig genug, sich bei Hasskriminalität überhaupt zu wehren und an die Autoritäten zu wenden, nicht nur für Juden. Das geht Muslimen, Schwarzen, Homosexuellen genauso. Immer ist da die Sorge, dass man die Täter erst recht auf sich aufmerksam macht. Man ist als Opfer nicht wegen der eigenen Persönlichkeit ausgewählt worden, sondern als bloßes Exemplar eines Kollektivs. Es liegt eine besondere Erniedrigung darin, derart entindividualisiert zu werden. Es bedeutet aber auch: Will ich diesen Kampf wirklich aufnehmen? Womöglich werde ich dann erst recht zur Zielscheibe. In der Regel sind die Täter nicht allein, sie sind eingebettet in ein soziales Umfeld, das sie anfeuert und das ihnen zur Seite springen könnte.

Theoretisch gibt es die Möglichkeit, als Opfer bei einer Strafanzeige die eigene private Adresse geheim zu halten, damit sie nicht in den Akten auftaucht und in die Hände der Täter oder ihrer Gesinnungsgenossen gerät. Nach Paragraf 68 der Strafprozessordnung ist es erlaubt, »statt des Wohnorts seinen Geschäfts- oder Dienstort oder eine andere ladungsfähige Anschrift anzugeben, wenn ein begründeter Anlass zu der Besorgnis besteht«, dass man sonst in Gefahr gerät. In der

Praxis bleibt das aber eine Frage des Vertrauens: Ob die Sicherheitsbehörden wirklich sorgfältig mit den persönlichen Daten umgehen, darauf mag mancher Mensch nicht die Sicherheit seiner Familie verwetten.

Dieses Vertrauen ist eher noch brüchiger geworden in den vergangenen Jahren, der Fall der Rechtsanwältin Seda Başay-Yıldız in Frankfurt am Main hat da eine Kerbe geschlagen, sie und ihre Familie wurden rassistisch beleidigt und mit dem Tod bedroht. Unterzeichnet waren die Drohschreiben mit »NSU 2.0«. Darin standen Namen von Familienmitgliedern und private Adressen. Wie sich herausstellte, waren die persönlichen Daten der Anwältin kurz zuvor in einem Polizeicomputer abgefragt worden.

Wenn der in Kiew geborene, in Leipzig lebende Schriftsteller Dmitrij Kapitelman heute schreibt: »75 Jahre nach der Befreiung von Auschwitz können wir nicht sicher sein, ob die Beamten, die unsere Synagogen bewachen (müssen), nicht nebenbei Hitler-Bilder in WhatsApp-Gruppen teilen«, dann beschreibt er eine Unsicherheit, die zwar nicht ganz neu ist. Aber dann macht nur wenige Tage danach, im Februar 2020, die Meldung die Runde, dass zwei Polizisten in Aachen über Polizeifunk »Sieg Heil«-Rufe verbreitet haben sollen, während sie exakt vor der Synagoge parkten. Das Problem liegt heute so deutlich zutage wie lange nicht.

In Heidelberg erzählt die jüdische Psychotherapeutin Ramona Ambs, wie einmal unbekannte Täter ihre Wohnungstür mit einem Hakenkreuz markiert hatten und wie sie daraufhin zur Polizei ging, um Anzeige zu erstatten. Was der Beamte ihr dort sagte, das erzählt sie so: Zuständig sei die Abteilung Staatsschutz. »Da könne er mir zwar die Nummer geben, aber er würde mir das nicht empfehlen, denn das sei eine ›größere Sache‹. Ich solle das lieber sein lassen, denn sonst hätte ich wochenlang Ärger. Jedenfalls hat er es mir ausgeredet.«

Die Therapeutin hatte Angst davor, dass nach dem Hakenkreuz weitere Angriffe folgen würden, sie sorgte sich um ihre Kinder, sie sprach dann zumindest ihre Nachbarn im Haus an und bat sie, wachsam zu sein. »Einige waren sehr betroffen«, erzählt sie, »und haben uns gesagt, ja, sie halten die Ohren und Augen offen.« Bei anderen habe sie das Gefühl gehabt, sie nähmen es ihr persönlich übel, dass sie jetzt irgendwie Ärger hätten.

Dinah Riese blickt im Café in Berlin-Neukölln aus dem Fenster, um ihren Hals baumelt eine dünne silberne Kette mit einer Hamsa, einem nahöstlichen Glücksbringer in der Form einer Hand. Das kann jüdisch, kann genauso aber auch türkisch sein. Ein eindeutiges Symbol wie den Davidstern trägt sie nur selten. Damals in Hessen, als ihr Vater vor Gericht stand, kam sie gerade aufs Gymnasium. Ob die Erwachsenen sie anders ansahen, nachdem sie als seine Tochter überall als jüdisch geoutet war und nachdem ihr Vater öffentlichkeitswirksam vor Gericht gestellt worden war, kurz gesagt beschuldigt, es übertrieben zu haben mit seiner Antisemitismus-Sensibilität?

Langes Schweigen. »Schwer zu sagen.«

»In Deutschland brennen wieder Synagogen und Asylantenheime«, sagte ihr Vater noch vor Gericht in der hessischen Kleinstadt, als Angeklagter hatte er das letzte Wort, man kann das in alten Zeitungsberichten nachlesen. »Angesichts dieser Entwicklung hat Ignatz Bubis resigniert. Er wollte nicht mal in Deutschland beerdigt werden. Und da werde ich angeklagt, weil ich mich gegen antisemitische Beleidigungen wehre? Es ist absurd.«

»Ich bin so aufgewachsen, dass man nicht zur Polizei geht«: Der Professor

Ein Professor im gestreiften Pullover sitzt unter den Dachschrägen eines alten Barockhauses in Potsdam. Er ist Politikwissenschaftler, ein Fachmann für die Gewalt von alten und neuen Rechtsextremen. Gideon Botsch ist als jüdischer Junge in Westberlin aufgewachsen, in den 1980er-Jahren war er Teenager, in den 1990er-Jahren hat er studiert. »Aber auch noch in meiner Generation ist es sehr präsent gewesen«, sagt er. »Ich bin so aufgewachsen, dass man nicht zur Polizei geht.«

Gideon Botsch ist mit alten Geschichten aus der Weimarer Zeit aufgewachsen, sie sind in seiner Familie immer weitergereicht worden, etwa die Geschichte seines Ururgroßvaters, eines Getreidehändlers in der brandenburgischen Neumark. In den 1920er-Jahren war das, als schon einmal eine Boykottwelle gegen Juden durch die ostelbischen Gebiete rollte, als also Geschäftsleute an das Ressentiment der Massen appellierten, um ihre jüdischen Wettbewerber zu ruinieren.

Botschs Ururgroßvater wandte sich hilfesuchend an die Justiz, wurde dort aber noch zusätzlich bloßgestellt. Das sei nicht ungewöhnlich, viele Familien hätten ähnliche Geschichten zu erzählen, sagt Gideon Botsch. Es gebe da eine »Tradierung im jüdischen Bewusstsein«. Wer aus der Geschichte gelernt hat, dass auch in den staatlichen Institutionen Antisemiten sitzen, für den ist eine Hinwendung zu diesem Staat nicht so einfach die Lösung. Vor allem, weil es nicht 1945 plötzlich zu Ende war.

Gideon Botsch blickt über die Altstadt von Potsdam: Kopfsteinpflaster, alter preußischer Prunk, dazwischen eine Brache, auf der schon seit vielen Jahren eine Synagoge wiederaufgebaut werden soll. »Über Generationen erhält sich das Wissen, dass nach dem Holocaust viele Täter nicht verfolgt wurden«, sagt er, und dieses Wissen habe das Vertrauen in staatliche Institutionen erheblich gemindert.

Ein Anschlag auf Juden, ein Anschlag auf eine Synagoge ruft heute sofort Bilder aus der deutschen Vergangenheit wach. Ganz automatisch, nicht nur bei Politikern wie Frank-Walter Steinmeier, die dann vor der Holztür der Synagoge in Halle stehen und Sätze sagen wie: »Die Geschichte mahnt uns, die Gegenwart fordert uns«, und dass ihn entsetze, dass so etwas »in diesem, unserem Land – einem Land mit dieser Geschichte –« geschehen ist.

Auch die Betroffenen erinnern sich natürlich. Als bei dem Brandanschlag auf das jüdische Altenheim in München im Jahr 1970 sieben Menschen getötet wurden, unter ihnen zwei Überlebende der Konzentrationslager, sagte der Vorsitzende der jüdischen Gemeinde, Maximilian Tauchner, auf dem kleinen Israelitischen Friedhof in Freimann: »Was in den Gaskammern nicht vollbracht werden konnte, ist im Altersheim 25 Jahre später zu Ende geführt worden.«

Es verwundert dann nicht, dass den Betroffenen in einem solchen Moment schnell präsent ist, wie hartnäckig auch die bundesrepublikanischen Ermittlungsbehörden lange die Augen verschlossen, wie demonstrativ desinteressiert sie sich an einer Aufklärung dieser Vergangenheit zeigten. Die Justiz der Nachkriegszeit hat alte braune Kameraden häufiger in Positionen der Verantwortung als Richter oder Staatsanwälte gebracht als auf die Anklagebank.

Es war ja nicht so, dass die Justiz nicht anders gekonnt hätte, die Gerichte der frühen Bundesrepublik waren effizient, die Juristen schon wieder bienenfleißig. Wer als Bürger einen Taschendieb oder Trickbetrüger anzeigte, der wurde ernst genommen. Bei den wenigen Überlebenden des Holocaust hingegen, die Verbrechen viel größeren Ausmaßes ansprachen, war das anders. Die Ermittler sahen vielfach weg, die Justiz wiegelte ab. Ihr zählt nicht: Dies ist das Signal gewesen, das die Justiz den davongekommenen Juden unterschwellig sendete.

Während die Überlebenden der Konzentrationslager anfangs noch froh waren um jede Chance, sich Gerichten als Zeugen zur Verfügung zu stellen, waren viele schon bald ernüchtert. Ein Zeitzeuge hat das 1959 in einem bitteren Brief zum Ausdruck gebracht, Norbert Wollheim, der als Einziger seiner Familie Auschwitz überlebt hatte und nach dem Krieg die erste Musterklage eines Zwangsarbeiters gegen ein deutsches Unternehmen führte. Wenn er weiter erlebe, wie die Gerichte nach Begründungen suchten, um NS-Täter laufen zu lassen, so schrieb er an die Staatsanwaltschaft in Frankfurt am Main, »dann muss unter meinen früheren Leidensgefährten die Bereitschaft zur Mitarbeit dem nie völlig ausgeräumten Misstrauen in die Praxis der dortigen Gerichte bei der Beurteilung solcher Massenverbrechen weichen«.

Auch die Polizei der Nachkriegszeit zeigt, als sie auf die wenigen Davongekommenen des Holocaust trifft, wenig Hemmungen. In München hat es die US-Militärpolizei gebraucht, um zu verhindern, dass Polizisten im Jahr 1949 einen Aufzug von mehr als tausend Juden zusammenschossen, die gegen neu aufkeimenden Antisemitismus demonstrieren wollten. Angeschossen wurden dann »nur« drei von ihnen, und hinterher hat der Polizeivizepräsident noch gegrollt, es sei leider die »endgültige Säuberung des Aufruhrortes« verhindert worden. In der Geschichte Münchens ist das eine Randnotiz geblieben. In der Historie der Münchner Juden nicht.

Etwa 8000 jüdische Displaced Persons waren damals in der Stadt untergekommen, Menschen, die aus Osteuropa vor neuer Lebensgefahr flohen, besonders vor antisemitischen Pogromen in Polen, sowie Menschen, die als Zwangsarbeiter oder KZ-Insassen verschleppt worden waren, traumatisiert und ausgezehrt, und die jetzt von internationalen Hilfsorganisationen betreut wurden.

In der Möhlstraße war ein kleiner jüdischer Mikrokosmos entstanden, mehr als hundert Geschäfte und Cafés drängten sich aneinander, ein jüdischer Kindergarten, eine jüdische Schule, eine jüdische Apotheke, koschere Restaurants – und ein fliegender Handel, der häufig mit dem untergegangenen Kleinhandelsviertel Warschaus in der Nalewkistraße verglichen wurde.

Als »Pestbeule für Münchens Stadtbild« bezeichnete ein interner Bericht des Polizeireviers 21 noch im Jahr 1951 diesen Ort, wie die Historikerin Lilly Maier erforscht hat. Man treffe dort »lichtscheues Gesindel mit Verbrecher-Physiognomie«. Für viele Jüdinnen und Juden hat sich die innere Distanz zu Polizei und Justiz in diesen Jahren nicht aufgelöst, sondern eher verfestigt.

In Potsdam erzählt Gideon Botsch, wie es vor ein paar Jahren gleich drei Mal in einer Nacht brannte. Erstens in einem Kulturzentrum in der Potsdamer Innenstadt, zurück blieben verkohlte Möbel, rußschwarze Wände, die Gästetoiletten und die Teeküche vollständig zerstört, wie man auf Bildern sehen kann. Wenige Stunden zuvor hatte hier Botschs Chef, der Direktor des Moses Mendelssohn Zentrums für europäisch-jüdische Studien, Julius H. Schoeps, sein neues Buch über Antisemitismus vorgestellt, *Feindbild Judentum*.

Zweitens war eine unbewohnte Flüchtlingsunterkunft in Flammen aufgegangen. Drittens gleich um die Ecke das Restaurant Goldmund, vormals Fajngold, in der Potsdamer Charlottenstraße. Womöglich galt die Attacke dort auch dem dahintergelegenen jüdischen Jugendtreff mit dem hübschen Namen Kibbuz (Kultur-, Integrations- und Begegnungszentrum), leicht zu erkennen an seinem Logo mit dem siebenarmigen Leuchter.

Alles Zufall, erklärte die Potsdamer Polizei am nächsten Morgen, dem 26. Mai 2009, von einem Zusammenhang der drei Taten sei »nicht auszugehen«. Auch für einen politischen Hintergrund sehe man in keinem der Fälle Anzeichen, so zitierte die Lokalzeitung den Sprecher der Polizei. Alles nur Zufall, wiegelte auch der Oberbürgermeister ab, ein SPD-Mann, er tat das schriftlich in einem Brief, den Gideon Botsch über all die Jahre aufgehoben hat, so sehr hat er ihn staunen lassen.

Es gebe »keine Hinweise auf politisch motivierte Hintergründe«, schrieb der Oberbürgermeister. Denn »die sonst üblichen Bekennerschreiben oder Hinweise im Internet« würden fehlen. Die Polizei könne einen Zusammenhang zwischen den drei Brandstiftungen »ausschließen«, beschied der Politiker sogar. Und zwar »eindeutig«. Muss man erwähnen, dass die drei Brandstiftungen dann nie aufgeklärt worden sind?

Gideon Botsch ließ nicht locker damals, er schrieb zurück, dass Attentäter aus der rechten Szene keineswegs immer Bekennerschreiben hinterlassen würden, »schon damals entsprach das nicht den Erfahrungen mit rechtsextremen Anschlägen«, sagt er heute. Schon damals war in den Schriften der Neonazi-Gruppe Blood & Honour von »führerlosem Widerstand« die Rede, Terroristen im »Rassenkampf« sollten in Deckung bleiben, möglichst lautlos. »Insbesondere bei antisemitischen Vorkommnissen« seien Bekennerschreiben sogar eher selten, schrieb Botsch an den Oberbürgermeister und an die Polizei. Ohne Erfolg.

Die Annahme, »echte« Rechtsextreme würden immer Bekennerschreiben hinterlassen, war mit ein Grund, weshalb die Ermittler auch dem NSU nicht auf die Schliche kamen, ja dessen Mordserie nicht einmal als rassistisch einordneten. In der Debatte um den NSU fiel anschließend immer wieder der Ausdruck des »migrantisch situierten Wissens«. Gemeint war eine gewisse Erfahrung im Umgang mit den Behörden, die innerhalb einer Gemeinschaft weitergereicht wird.

So etwas gebe es auch unter Juden, sagt Gideon Botsch. Wenn er heute als Jude angegriffen würde, so sagt dieser deutsche Professor, dann würde er sich gut überlegen, ob er zur Polizei geht. »Und ich weiß auch nicht, ob ich es meinen Kindern empfehlen würde.«

»Das war normal für mich«: Der jüdische Polizist

In einem ruhigen, sonnigen Raum im Berliner Landeskriminalamt erinnert sich ein Polizist an seine Jugend, zwischen Fußballplätzen und Tischtennisplatten. Damals sei auch er ein paarmal als Jude angegriffen worden, sagt er. Aber er wäre nie auf die Idee gekommen, das anzuzeigen. »Ich muss auch sagen – so blöd es klingt –, das war normal für mich.«

Vielleicht ist das die schlimmste Form von Resignation. »Ich hatte das einfach akzeptiert, als Zustand. Die Mentalität war: Man muss immer aufpassen, ob man sagt, dass man Jude ist. Es kann sein, dass man Schläge kriegt oder abgezogen wird oder sonst etwas.«

Aaron B., heute 35 Jahre alt, ist im Stadtteil Charlottenburg aufgewachsen, mit Freunden aus türkischen oder arabischen Familien, wie er erzählt. Einmal, als er etwa 13 Jahre alt war, fing einer aus diesem Freundeskreis von einem Tag auf den anderen an, ihn zu schubsen, anzuspucken, mit der flachen Hand ins Gesicht zu schlagen und zu treten. Er war größer und älter als Aaron B., und als die anderen aus der Gruppe ihn fragten, was sein Problem sei, sagte er, in Palästina sei seine Familie von israelischen Soldaten angegriffen worden.

Ein anderer Junge fragte: Und was hat Aaron damit zu tun?

Der Größere sagte: Nichts. Aber das sei egal.

»Das war ein sehr prägendes Ereignis«, sagt Aaron B. heute, »ich habe nicht zurückgeschlagen, das wäre auch nicht gut ausgegangen, und irgendwann hat er aufgehört.« Danach habe er sich aus diesem Freundeskreis zurückgezogen, auch weil er gesehen habe, dass die anderen ihn nicht verteidigten, sondern eher mit Gleichgültigkeit reagierten.

Und danach hörte es nicht auf, nicht im Fußballverein, wo ihn seine Eltern nach dem Training abholen mussten, weil einige aus dem Verein gedroht hatten, ihm, dem Juden, aufzulauern und ihn zu verprügeln. Da war er 15. Und auch nicht beim nächsten Sportverein, wieder in Charlottenburg, wo er die U-Bahn mied, weil er wusste, dass an einem bestimmten Bahnhof arabische Jugendliche herumhingen, die auch wussten, dass er Jude war, und ihm gedroht hatten. »Da bin ich eine halbe Stunde Umweg gefahren mit dem Bus, um sie zu umgehen.«

Heute ist Aaron B. Kampfsportler, sein Dienstausweis am Schlüsselband ruht auf einer breiten Brust. Jahrelang hat er auf der Straße gearbeitet, in Uniform, in Einsatzhundertschaften, aber auch undercover als Drogenermittler am Alexanderplatz. »Das hat ganz gut gepasst«, sagt er. »Wenn man dunklere Haare hat wie ich, fällt man weniger auf bei der entsprechenden Klientel.« In seinem jüdischen Bekanntenkreis löse der Beruf noch immer Argwohn aus, sagt er. »Da gibt es oft noch ein historisch belastetes Bild davon, was für ein Geist angeblich innerhalb der Polizei herrscht.« Aaron B. kennt aber auch die Beschwerden, die sich rein auf die Gegenwart beziehen.

An einem Abend im Juli 2016 hatte ein Mann im Berliner U-Bahnhof Steglitz »Scheiß Juden« gerufen, »die Juden sind an allem schuld«. Als ein Passant ihn aufforderte, den Mund zu halten, zückte er ein Messer. Der Täter schimpfte weiter über Juden, er schrie, er werde dem Passanten ein Tattoo herausschneiden. Aber als die Polizei eintraf, war diese Tirade für sie »zweitrangig, nebensächlich«, so hat sich das Opfer später erinnert.

Der Polizist »notierte sich nur die Angaben wie Aussehen, Kleidung und so weiter über den Täter«, an den judenfeindlichen Sätzen habe er kein Interesse gezeigt. Die Begründung: Volksverhetzung wiege ohnehin geringer als versuchte gefährliche Körperverletzung. Der Fall wurde von der Polizei dann überhaupt nicht als politisch motivierte Kriminalität eingestuft, die Spezialisten des Staatsschutzes wurden nicht informiert, wie die Berliner Opferberatungsstelle Rias später herausfand.

Klar, das sei »nicht zielführend«, sagt Aaron B.

Gewalt wiegt natürlich schwerer als Worte. Dennoch verlieren Worte wie »Scheiß Juden« nicht ihre Relevanz neben einer Messerattacke. Sie verraten das Motiv, »also das, worum es bei der Tat eigentlich geht«, wie der Sozialwissenschaftler Samuel Salzborn sagt, der seit Jahren zu solchen Vorfällen forscht. Es sei das, worum es auch dem Erstatter einer Anzeige gehe. »Gäbe es den Antisemitismus nicht, dann gäbe es diese Tat nicht.« Wenn die Polizei dies ausblende, dann ergebe die ganze Strafverfolgung für die Betroffenen oft wenig Sinn.

Um Juden zu ermutigen, mehr Straftaten anzuzeigen, hat die Polizei in Berlin jetzt einen Antisemitismusbeauftragten berufen, einen erfahrenen Beamten. Wolfram Pemp leitete vorher Ermittlungen gegen Islamisten. In seinem kleinen, dunklen Büro im Landeskriminalamt hängen Erinnerungsfotos an diese Zeit, aber auch bunte Kärtchen mit Davidstern-Motiven. Chanukka-Grußkarten. Pemp ist selbst nicht jüdisch, bemüht sich aber, auf Feiern in der Gemeinde gesehen zu werden und ansprechbar zu sein.

In Berlin gibt es ein vergleichbares Erfolgsmodell: Für Menschen, die aus homo-, trans- oder queerfeindlichen Motiven attackiert werden, hat die Polizei schon seit den 1990er-Jahren Ansprechpartner. »Die Folge ist, dass Berlin drei Viertel aller LGBTIQ-feindlichen Straftaten deutschlandweit zählt«, sagt Pemp, und er hofft, dass es auch daran liege, dass man hier das Dunkelfeld etwas besser aufhelle. Berliner Polizeichefs schneiden den Regenbogenkuchen an, sie hissen die Regenbogenflagge, die Generalstaatsanwältin erzählt im queeren Onlinemagazin *Siegessäule*, wie sie im beruflichen Umfeld ihr Coming-out hatte, »sowohl in der Morgenlage als auch in der obersten Führungsebene der Polizei«. Die Folge ist, dass sich Schwule und Lesben von der Polizei in der Hauptstadt mehr

Respekt erhoffen als anderswo – und dass zumindest in einigen Fällen die Hemmschwelle für sie sinkt, sich ihr anzuvertrauen.

Wobei es – um bei der Parallele zu bleiben – interessanterweise Lesben schwerer fällt, »weil dabei eine doppelte Hürde überwunden werden muss«, beobachtet die Generalstaatsanwältin Margarete Koppers, »nämlich sich als Frau und als Lesbe an die Polizei zu wenden, die traditionell als männerdominiert und machohaft wahrgenommen wird«.

Etwas Ähnliches gibt es auch in der jüdischen Community. Jüdische Frauen überwinden sich seltener dazu, sich vor Behörden als jüdisch zu erkennen zu geben. Sie wenden sich als Opfer einer antisemitischen Tat noch seltener an die Polizei. Das hat die schon erwähnte Studie des Expertenkreises Antisemitismus im Jahr 2017 gezeigt, und sie hat auch gezeigt: Juden, die in der Sowjetunion geboren wurden, sind hierzulande am wenigsten dazu bereit, antisemitische Vorfälle anzuzeigen. Migrant zu sein ist eine weitere Hürde.

Neulich war Aaron B., der Polizist, privat mit seiner Familie auf einer Bar-Mitzwa-Party eingeladen, es gab einen DJ, Tanz, eine offene Bar. In Berlin gibt es das jedes Wochenende irgendwo, die Stadt hat eine der größten jüdischen Gemeinden im Land, neben Frankfurt am Main, Düsseldorf und München.

Eine jüdische Mutter sprach Aaron B. an, die über seine Schwiegermutter gehört hatte, dass er Polizist sei. Es ging um ihren 14 Jahre alten Sohn. Im Bereich des Wannsees gibt es einige Bahnhöfe, an denen viele arabische Jugendliche die Abende verbringen. An einer Stelle war ihr Sohn als Jude geoutet worden, so erinnert sich Aaron B. »Da hat es aus der Masse heraus einen Faustschlag in sein Gesicht gegeben.«

Der Junge habe über Instagram sogar den Namen des mutmaßlichen Schlägers herausbekommen können, aber er habe »natürlich« große Angst, die Sache zur Anzeige zu bringen, sagte die Mutter. Deshalb sei sie zu Aaron B. gekommen. Was er jetzt tun würde.

»Ich habe ihr geraten, das zur Anzeige zu bringen«, erzählt er. Vorab habe er mit den Kollegen bei der zuständigen Kriminaldienststelle telefoniert. Die hätten ohnehin gerade begonnen, sich die Jugendgruppen an den Bahnhöfen beim Wannsee näher anzusehen. Und seien dankbar gewesen.

»Vertrauen aufbauen«: Die Antisemitismusbeauftragte

Auch die Generalstaatsanwältin in Berlin hat 2018 eine Antisemitismusbeauftragte berufen, eine junge Oberstaatsanwältin, Claudia Vanoni. Schon das war eine Botschaft: Man habe verstanden. Auch Vanoni zeigt das. »Anfangs habe ich mein Ziel so formuliert: Vertrauen stärken«, sagt sie. »Inzwischen würde ich sagen: Vertrauen aufbauen.« Nach vielen Gesprächen in der jüdischen Community sei ihr klar geworden, wie wenig man sich dort noch erwarte von den Strafverfolgern.

Vanonis kleines Büro liegt in einem Prachtbau voller Marmorsäulen, auf den Gängen hallt es, das Kammergericht wurde einst von dem Nazi-Juristen Roland Freisler für seinen Volksgerichtshof genutzt. Claudia Vanonis schwarze Robe bleibt im Schrank, sie geht nicht mehr in Gerichtsverhandlungen. Sie verfolgt das Geschehen in der Hauptstadt.

Sie beobachtet Strafverfahren und Prozesse. Sie kritisiert, wenn Richter etwa um den heißen Brei herumreden, wie es leider oft geschehe. In einem Fall im Jahr 2019 zum Beispiel ließ ein Jugendgericht in seinem Urteil zwar keinen Zweifel daran, dass die Täter aus einer »diskriminierenden Geisteshaltung« heraus gehandelt hatten. Das Wort Antisemitismus aber verwendete es nicht.

Ein Mann war attackiert worden, weil er ein Lied über die

Stadt Tel Aviv gespielt hatte. Die jugendlichen Angreifer waren in wüste Beschimpfungen ausgebrochen, hatten ihn judenfeindlich beleidigt, bedroht und schließlich geschlagen. Die Staatsanwaltschaft hat gegen das Urteil protestiert und ist in Berufung gegangen. »Wenn es Antisemitismus ist, muss man es auch aussprechen«, findet Vanoni. Man müsse die Probleme beim Namen nennen, das sei auch für die Betroffenen wichtig.

Auf Kritik an Entscheidungen ihrer eigenen Staatsanwaltskollegen indessen schweigt sie. Das gilt sowohl für den Umgang der Berliner Staatsanwaltschaft mit Schmähparolen wie »Jude, Jude, feiges Schwein, komm heraus und kämpf allein«, welche die Staatsanwälte im Juli 2014 für straflos erklärten, weil die Chancen auf eine Verurteilung wegen Volksverhetzung vor Gericht zu gering seien.

Es gilt auch für Beschimpfungen wie »Ich spuck dir in dein Zionsgesicht« und »Solche Personen haben mehr als Spucke im Gesicht verdient«: Das sei keine Volksverhetzung und keine Beleidigung, so argumentierte die Berliner Staatsanwaltschaft in einem Einstellungsbescheid vom 21. Juli 2017. Denn diese Beschimpfung richte sich »nicht gegen eine konkrete inländische Bevölkerungsgruppe, sondern allenfalls pauschal gegen Menschen jüdischen Glaubens«. Allenfalls. Außerdem sei nicht klar, ob es sich um bloßes »Wunschdenken« des Täters gehandelt habe oder um eine wirklich ernst gemeinte Drohung.

Die Antisemitismusbeauftragte Vanoni ist nicht in einer Position, dass sie ihren Kollegen konkrete Anweisungen geben könnte. Anders ist das in Frankfurt am Main oder auch in München, dort ist jemand zum Antisemitismusbeauftragten der Generalstaatsanwaltschaft bestimmt worden, der zugleich der Chef aller Staatsschutzermittler ist, Andreas Franck. Am Telefon wird er gleich konkret: »Alle großen Ankündigungen, dass wir konsequent gegen Antisemitismus vorgehen wollen, könnten wir uns glatt sparen, wenn wir im nächsten Atemzug Briefe verschicken, in denen wir Betroffenen mitteilen, dass wir ihren Fall für geringfügig halten oder sie auf den Weg der Privatklage verweisen wollen.« Er hat deshalb angekündigt, Straftaten aus antisemitischer Motivation nie aus Ermessensgründen einzustellen.

Und er fügt noch etwas Zweites hinzu: Man müsse manchmal auch in Zweifelsfällen anklagen. Auch wenn die Staatsanwälte einmal unsicher seien, ob zum Beispiel eine Schmähung als Volksverhetzung zu werten sei – die Rechtsprechung des Bundesverfassungsgerichts ist ja auch für Fachleute manchmal schwer vorauszusehen –, man müsse es zumindest versuchen und einen Richter entscheiden lassen.

Oft, sagt Andreas Franck, entstehe bei den Betroffenen der fatale Eindruck, dass Strafverfolger nur schön daherreden würden, aber nicht wirklich motiviert seien, etwas gegen den Hass zu tun. »Wir müssen die Menschen davon überzeugen, dass wir es wirklich, wirklich wollen. Wir müssen das auch in unserem gesamten Verhalten als Strafverfolger ausstrahlen.« Er erzählt dann noch von einem Gespräch neulich mit Charlotte Knobloch, der oft an der Justiz verzweifelnden Präsidentin der jüdischen Gemeinde in München. Beiläufig habe sie zu ihm gesagt: Es ist ein gutes Gefühl, nicht allein zu sein.

»Darum geht es doch am Ende!«, sagt Franck. »Wir als Justiz müssen vermitteln, dass wir auf der Seite der Betroffenen stehen. Wir müssen uns bemühen, dass wir auch so wahrgenommen werden.« Nur dann würden Jüdinnen und Juden auch häufiger einen Sinn darin sehen, Vorfälle zur Anzeige zu bringen.

Einige andere Strafverfolger in der Republik denken derzeit ebenfalls in diese Richtung, einer von ihnen ist der Dortmunder Polizeipräsident, Gregor Lange. Er hat sich nicht damit abgefunden, dass die Gerichte es den Neonazis in seiner Stadt erlaubten, »Nie wieder Israel« zu skandieren – ohne Bezug zum Nahen Osten, dafür aber nur wenige Tage nach dem Terroranschlag eines Rechtsextremisten auf eine Synagoge.

Selbst wenn das Oberverwaltungsgericht erst vor zwei Jahren frisch geurteilt hatte, dass die Parole zulässig und keine versteckte Hetze gegen Juden sei, versuchte er es erneut mit einem Verbot.

Notfalls werde er bis zum Bundesverfassungsgericht ziehen, sagt Lange. »Wenn man eine Linie verfolgt, muss man die auch durchhalten, durchfechten, auch Risiken eingehen, es darauf ankommen lassen.« Entweder man meine es ernst oder nicht. Er empfiehlt das auch anderen: »Wenn in vorauseilendem Gehorsam immer nur eine Rechtsprechung fortgeschrieben wird, dann kann der wehrhafte Rechtsstaat nicht den veränderten gesellschaftlichen Bedingungen Rechnung tragen.«

Claudia Vanoni in Berlin ist da zurückhaltender, die Antisemitismusbeauftragte in der Hauptstadt mit ihrer großen jüdischen Gemeinde, ihrer großen arabischstämmigen Community und dem jährlichen Al-Quds-Marsch für die »Befreiung« Palästinas von den Juden will zunächst dafür werben, dass in der Justiz die einheitliche Definition von Antisemitismus bekannt wird, wie sie von der International Holocaust Remembrance Alliance aufgestellt wurde. In deren Sicht ist Antisemitismus eine bestimmte Wahrnehmung von Juden, die sich als Hass ausdrücken kann, in Worten oder Taten. Bislang lege jede Polizeidienststelle, jede Staatsanwaltschaft und jede Strafkammer mehr oder weniger eigene Maßstäbe an, sagt Vanoni.

Auf Nachfrage hin deutet aber ihre Chefin, Margarete Koppers, an, den Schmähruf »Jude, Jude, feiges Schwein, komm heraus und kämpf allein« würde sie heute womöglich nicht mehr hinnehmen, wie dies noch 2014 getan wurde, bevor sie 2018 in das Amt der Generalstaatsanwältin kam. Wenn so eine Parole noch einmal vorkomme, würde sie sie »möglicherweise anders bewerten«. Sie sei überzeugt, sagt Koppers, »Auftrag der Staatsanwaltschaften ist es auch, dazu beizutragen, dass sich Rechtsprechung weiterentwickelt«. Das hieße, es zumindest zu versuchen mit einer Anklage wegen Volksverhetzung.

Auswandern?
Könnte euch so passen

»Die Frage ist, bis zu welchem Punkt ist man bereit zu kämpfen.«

Aaron B., jüdischer Polizist in Berlin

In Frankfurt am Main leuchtet ein Handy auf. Eine Nachricht bei WhatsApp. Es sind ein paar Wochen vergangen seit dem Anschlag auf die Synagoge in Halle. Annabelle G., die ihre Kinder auf die jüdische Grundschule schickt, hat viel hin- und hergeschrieben mit ihrer Mutter.

»Ich wollte mal in Ruhe mit dir darüber sprechen, wie ihr die ›Lage‹ beurteilt«, hat ihre Mutter anfangs geschrieben. »Wie gesagt, bin ich gar nicht sicher, ob wir noch sicher hier sind, und wenn, wie lange überhaupt noch. Ich brauche jedenfalls so was wie ein Brainstorming. Ich wage es noch nicht so richtig, mir das Worst-Case-Szenario vorzustellen, denke aber prinzipiell, dass wir auf uns selbst gestellt wären, oder?«

Annabelle G. schaut auf. Es gibt eine naheliegende Antwort, eigentlich. Sie ist in Israel geboren und mit drei Jahren nach Deutschland gekommen. Sie spricht Hebräisch. »Klar fragen wir uns, wo wir hingehen, wenn es schlimmer wird«, sagt sie, die Lage derzeit, die Angst um die Kinder, so könne es eigentlich nicht weitergehen. Die Krux sei nur: »Ich glaube nicht, dass ich mich in Israel sicherer fühlen würde.«

Deshalb hat sie ihre kleinen Töchter auch noch nie dorthin mitgenommen. Die Anspannung in Israel sei zwar anders, aber auch hoch. Und wo sonst soll man hin? In die USA? »Dieses Gefühl, dass man irgendwo anders sicherer wäre, das gibt's einfach nicht.«

Sie zeigt das Handy, geöffnet ist die neueste Chat-Nachricht ihrer Mutter. Die hat gestern »eine Odyssee« durch Frankfurt unternommen, mit Bus und Bahn, schreibt sie. Jetzt habe sie »aufs Neue verstanden, dass Frankfurt echt ok ist far de Jidden. So krass undeutsch hier.«

Annabelle G. lächelt, so eine Mutter könne man doch nur lieben.

In Berlin wird es still. Ein Tisch in einem georgischen Restaurant, Micha Brumlik, der einst als jüdischer Student erlebt hat, wie man von Israelis als »Verräter« betrachtet wurde, weil man im Land der Täter lebte, hat gerade seinen 72. Geburtstag gefeiert. Als Professor ist er emeritiert, als Autor aktiv wie nie. Auch hier geht es um die Frage, ob Juden allmählich einen Plan B außerhalb Deutschlands entwickeln sollten.

Brumlik hat gerade den Text seines Professorenkollegen Michael Brenner gelesen, 56 Jahre alt, als Kind von Holocaust-Überlebenden in Bayern aufgewachsen. Es ist ein düsterer Text, der in der *Süddeutschen Zeitung* erschienen ist. Für Juden in Deutschland sei es vielleicht noch nicht an der Zeit, die sprichwörtlichen Koffer zu packen, schreibt der Autor Brenner. Aber so langsam sollte man sich darauf vorbereiten, die Koffer schon einmal vom Dachboden holen und abstauben.

Micha Brumlik schweigt eine Weile. Er hält sein Weinglas gegen das Licht. »Kennen Sie das Kohelet?«

So heißt ein antiker jüdischer Vers. »Alles hat seine Zeit«, lautet die zentrale Zeile. Brumlik zitiert aus dem Gedächtnis: »Eine Zeit zum Weinen und eine Zeit zum Lachen. Eine Zeit für die Klage und eine Zeit für den Tanz. Eine Zeit zum Lieben und eine Zeit zum Hassen. Eine Zeit für den Kampf und eine Zeit für den Frieden.«

Jetzt sei eine Zeit für Kampf. Nicht eine zum Zurückweichen.

In Jerusalem erreiche ich noch einmal Isaac Herzog am Telefon. Seine Organisation, die Jewish Agency, bekommt jetzt öfter Anfragen aus dem Ausland, seitdem herausgekommen ist, dass sie die rettende Tür vor der Synagoge in der Stadt Halle finanziert hat. Und damit für den deutschen Staat eingesprungen ist, der dazu nicht bereit war.

»Reden wir Tacheles«, sagt Herzog, die Hauptaufgabe seiner Organisation sei eigentlich eine andere. Sie hilft Menschen, die nach Israel einwandern wollen. 35 000 Menschen aus 45 Ländern, sagt er, habe man allein im vergangenen Jahr bei der Einwanderung unterstützt, die im Hebräischen Alija genannt wird, Aufstieg.

Nach der Terrorattacke in Paris auf das Satiremagazin *Charlie Hebdo* und den koscheren Supermarkt war der Regierungschef Netanjahu nach Paris gekommen. Von der Bühne der Großen Synagoge in der Rue de la Victoire aus hatte er den französischen Juden empfohlen, »nicht nur als Israels Ministerpräsident, sondern als Repräsentant des gesamten jüdischen Volkes«: Kommt nach Israel. In eure »historische Heimat«.

Womit er auch einigen Antisemiten in Frankreich aus der Seele gesprochen haben wird. Und womit ausgerechnet er, der politische Hardliner, seinen Glaubensbrüdern in Europa etwas nahegelegt hat, was er im eigenen Land sicher niemals empfehlen würde: vor dem Terror zu kuschen. Und das Zuhause zu verlassen.

Isaac Herzog denkt da anders. Sein oberstes Ziel, sagt er am Telefon, sei, »dass jeder Jude weltweit seinen Glauben ohne Angst praktizieren kann«, egal wo. Wer nach Israel kommen wolle, dem helfe man. »Aber ich bin nicht bereit, diese beiden Themen zu verknüpfen. Ich bin nicht bereit, jüdischen Gemeinden zu sagen: Weil es Terror gibt, solltet ihr nach Israel kommen. Das wäre auch das falsche Signal an die Täter.«

Aus Deutschland kämen derzeit übrigens nur sehr wenige nach Israel, sagt er, kein Vergleich zu Frankreich, von wo in den vergangenen fünf Jahren 27 000 Juden nach Israel ausgewandert seien, so viele wie noch nie.

»Viele denken darüber nach«, sagt Aaron B. in Berlin, der junge Polizeioberkommissar, der als Jugendlicher verprügelt wurde, weil er jüdisch ist. Auch viele seiner Bekannten würden sich mit dem Gedanken an Auswanderung beschäftigen. »Ich bin noch sehr weit davon entfernt, dass ich sage, ich würde es auch machen. Aber ich denke, das muss man sehr genau beobachten.«

Wir stehen am Ausgang eines sandsteinfarbenen Nazi-Baus aus dem Jahr 1941, dem Berliner Polizeipräsidium am Platz der Luftbrücke, über dem Eingang wacht allen Ernstes ein steinerner Adler. Wäre auszuwandern nicht eine Art Kapitulation vor dem Unrecht?, wende ich ein. Sollte man nicht gerade als Polizist stattdessen sagen: Keinen Fußbreit?

»In gewisser Weise vielleicht. Die Frage ist, bis zu welchem Punkt man bereit ist zu kämpfen. Wer dann für sich sagt, anstatt zu kämpfen, möchte er lieber für sich und seine Familie ein entspanntes Leben führen, ohne Angst zu haben, ohne sich verstecken zu müssen oder wie auch immer … Ich kann das verstehen.«

Man müsse so lange streiten, wie es irgendwie geht, findet Aaron B., und nicht nur, weil das für Juden selbst wichtig sei; sondern auch für alle anderen Menschen in Deutschland. Er hat sich einen Satz von Ignatz Bubis eingeprägt, dem einstigen Zentralratspräsidenten, der nicht in Deutschland begraben werden wollte. Gefragt, was er mache, wenn der Antisemitismus in Deutschland stärker werde, hat Bubis geantwortet: »Wir Juden können dann nach Israel gehen. Aber wo geht die nichtjüdische Bevölkerung hin?« Seine Botschaft: Menschenverachtung und Demokratiefeindlichkeit formen eine Gesellschaft so um, dass sie für alle nicht mehr lebenswert ist.

Am Ende seines Lebens hat Bubis in einem Interview gesagt: »Ich möchte in Israel beerdigt werden, weil ich nicht will, dass mein Grab in die Luft gesprengt wird – wie das von Heinz Galinski«, seinem Vorgänger.

Ausgerechnet während der Beerdigung in Tel Aviv dann wurde Bubis' Grab geschändet. Auf einem Video der Nachrichtenagentur Reuters ist zu erkennen, wie ein schwarzer Farbstrahl ins Grab schießt, während die Totengräber Erde schaufeln.

Es war ein israelischer Maler, der damit ein politisches Zeichen setzen wollte, der *Corriere della Sera* schrieb in diesem Zusammenhang: »Der deutsche Jude Ignatz Bubis wurde als Inkarnation der Alternative zum Zionismus betrachtet.« Weil er erst als Toter nach Israel wollte. Nicht als Lebender. Und weil er stets dafür geworben hatte, in Deutschland einen geläuterten Rechtsstaat zu sehen.

»Was ich im Moment sehe und wie sich das entwickelt, macht mich nicht so optimistisch, dass hier noch die Kurve gekriegt wird«, sagt dagegen Stephan Kramer in Erfurt. Er war mal Bubis' rechte Hand im Zentralrat. Jetzt steht er in Sneakers am Fenster, im Landesamt für Verfassungsschutz, einem grauen Klotz am Stadtrand, und blickt hinaus auf grüne Wiesen. Ein wahrscheinlich seltener Moment der Ruhe.

Bald werden es fünf Jahre sein seit seinem Wechsel in die Welt der Sicherheitsbehörden. Kramer ist heute Chef des Verfassungschutzes in Thüringen, ein Trümmermann, der nach dem NSU-Debakel aufräumen sollte. Fünf Jahre, in denen die Menschenfeinde stärker, furchtloser, auch gewaltbereiter geworden seien in Thüringen und in der Republik, sagt Kramer. Fünf Jahre, in denen es für ihn kaum ein anderes Thema gab. Jeden Tag gucke man in den Abgrund, »in die Mülltonne«, sagt Kramer.

Eine seiner Töchter, die 2012 dabei war, als er zu Hause in Berlin auf dem Kurfürstendamm von Männern beschimpft wurde, er solle »dorthin gehen, wo er hingehört«, ist danach in psychologischer Behandlung gewesen. Heute macht sie

Kampfsport. »Ihre Zukunft in Deutschland löst keine Euphorie aus.«

Und Kramer selbst?

Sollte die AfD in Regierungsverantwortung kommen, dann würde er »sehr ernsthafte Reisevorbereitungen treffen«.

Wohin?

Kanada, wahrscheinlich. »Das klingt jetzt nicht so fürchterlich spannend«, sagt Kramer. Aber wie gern hätte er es mal ein bisschen langweilig.

Sein Freund Michel Friedman hat dieselbe Absicht auch schon öffentlich erklärt, und als in Erfurt dann im Februar 2020 plötzlich ein FDP-Politiker mit Stimmen der Höcke-AfD für kurze Zeit zum Ministerpräsidenten gewählt wurde, da höhnte ein AfD-Sprecher bei Twitter: »Die Auswanderung Michel Friedmans rückt näher. #thüringen«.

Gerade stand in der Zeitung, dass die leidgeprüfte jüdische Gemeinde in Halle an der Saale entschieden hat, Briefe an ihre Mitglieder nur noch im neutralen, blickdichten Umschlag zu verschicken. Kramer zieht die Augenbrauen hoch. »In Berlin haben wir das schon 2015 eingeführt«, sagt er, viele Gemeindemitglieder hätten darum gebeten. »Das ist jetzt also auch in der Provinz angekommen, dass sich Juden immer weiter zurückziehen.« Das sei die große Entwicklung der vergangenen Jahre. Angst, Einschüchterung, Rückzug. »Das können wir auch nicht dadurch aufwiegen, dass wir lustige jüdische Kulturfestspiele machen.«

Genug. In Berlin-Neukölln ist es Abend geworden, vor dem Fenster schlängeln sich Fahrradfahrer zwischen Autos hindurch. Dinah Riese tritt hinaus in die Dämmerung, wir stehen vor dem Café, an dessen Fensterscheibe allerlei Aufkleber aus verschiedenen Ländern haften. Einer sagt auf Hebräisch: »Wer glaubt, fürchtet nicht.« Sie atmet durch.

Dinah Riese, die als Kind in der hessischen Provinz einst antisemitische Drohbriefe aus der Post fischte, denkt schon länger über eine Alternative zu Deutschland nach. »Israel ist das Land, in dem mein Vater geboren wurde, das Land, in dem ein Teil meiner Familie heute lebt, in dem ich regelmäßig bin und in dem ich schon einmal für ein paar Monate gelebt habe.«

Es sei bitter, das sagen zu müssen, aber die Anschläge in Halle oder auch in Hanau, wo ein deutscher Rassist am 19. Februar 2020 neun vorwiegend muslimische Besucher von Shisha-Bars ermordet hat, würden dazu führen, dass sie hier in diesem Land »weniger hält«.

Aber »wenn ich gehe, dann soll das passieren, weil ich es will. Und nicht, weil Nazis mich und so viele andere hier nicht haben wollen.«

Schluss damit
Was sich ändern muss

Klar gibt es heute wieder jüdisches Leben in diesem Land. Jedes Wochenende steigen irgendwo Bar-Mitzwa-Partys, Hochzeiten, die Erstklässler an jüdischen Schulen werden mit riesigen Schultüten begrüßt. Aber was es nicht gibt in diesem Land, auch nicht nach siebzig Jahren Demokratie und Grundgesetz: angstfreies jüdisches Leben. Vor der Bar-Mitzwa-Party stehen Wachleute, so wie jene, die 2015 von dem Attentäter in Kopenhagen überwältigt wurden. Vor den jüdischen Schulen sind Polizisten postiert, so wie jene, die in Toulouse 2012 den Anschlag auf Schulkinder nicht verhindern konnten. Sie stehen dort, nicht weil jemand so etwas gern sähe, sondern weil die Gefährdungsanalysen der deutschen Landeskriminalämter entsprechend sind.

Sonderlich neu ist dieser Zustand nicht. Noch nie nach 1945 hat es hierzulande etwas anderes gegeben, keine Normalität und keine Ruhe, die erst jetzt durch Flüchtlinge aus arabischen Ländern gestört worden wäre. Was stimmt, ist, dass Verschwörungstheorien insgesamt Konjunktur haben, und damit auch der Antisemitismus, die wirkmächtigste und historisch am besten eingeübte.

Juden seien die Drahtzieher hinter allem, was die Länder der Weißen verunreinige, heimlich im Bunde mit Schwarzen, Muslimen, dem Fremden an und für sich: Das hat der Attentäter, der am 27. Oktober 2018 elf Menschen in der Tree of Life Synagogue in Pittsburgh erschoss, genauso von sich gegeben wie der Attentäter, der den Anschlag auf die Synagoge in Halle am 9. Oktober 2019 verübte. Das ist die neueste Variante des jahrhundertealten Verschwörungsmythos, der immer dann besonders erstarkt, wenn Verunsicherung, politische Instabilität, wirtschaftliche Volatilität um sich greifen. So wie derzeit.

Die Anziehungskraft dieses Mythos ist so groß wie lange nicht. Oft liest man die Metapher vom Gift des Hasses. Ich meine, das trifft es nicht ganz. Für den Antisemiten ist der Antisemitismus ein Gift allenfalls wie Nikotin oder Alkohol. Das psychologische Setting ist eher das einer süßen Versuchung. Endlich ist da eine Möglichkeit, komplexe Dinge so wohlig wegzuerklären, dass man selbst sich besser fühlt, sich aufwertet und das Schlechte oder auch nur Verwirrende dem Anderen, Fremden zuschieben kann.

Süßer noch: Immer hat der Antisemit dabei das heroische – auch für Menschen, die sich für links halten, attraktive – Gefühl, dass er nicht bloß nach unten trete wie der schnöde Rassist. Sondern nach oben. Gegen eine Gruppe, die geheimnisvolle Mittel und Privilegien habe.

Aufklärung mit Fakten funktioniert da nur bedingt als Antidot. Dazu bräuchte es ja jemanden, der zur Aufnahme dieses Antidots motiviert wäre. Warum sollte ein Antisemit sich sein Wohlgefühl kaputt machen lassen wollen?

Es hilft auch nicht allein, Schüler in KZ-Gedenkstätten zu schicken, wie es von Politikern vorgeschlagen wird. Zum Antisemitismus gehört das Vorurteil, dass Juden einen schlechten Charakter hätten, verschlagen, illoyal, egoistisch seien. Dass sie den Hass, kurz gesagt, »verdient« hätten. Warum sollte das durch die Vermittlung der historischen Erkenntnis, dass Juden brutal ermordet wurden, besser werden? Warum sollte der Besuch einer KZ-Gedenkstätte jemanden davon kurieren?

Was hilft, sind nur Begegnungen mit real existierenden heutigen Jüdinnen und Juden, die in Wahrheit so nett, witzig oder auch langweilig sind wie andere auch. Sowie mediale Repräsentationen, die Juden nicht zu rätselhaften Fremden von nebenan stilisieren, sondern realistisch zeigen.

Und: der Rechtsstaat. Einer, der erkennt, dass mit dem Terror, den ich in diesem Buch beschreibe, der Charakter dieser Republik auf dem Spiel steht. Und dass es nicht gut aussieht bisher.

Was es braucht:

1. ***Hate Crimes schärfer bestrafen***

   Stellt ein Richter in Deutschland die Frage: »Angeklagter! Warum haben Sie diesen Mann verprügelt?«, dann ist es nach geltendem Recht ungünstig zu antworten: »Weil er mir sein Handy nicht geben wollte.« Günstiger ist es, zu antworten: »Weil er ein Jude ist.«

   Ist eine Gewalttat von Habgier motiviert, dann springt der Strafrahmen nämlich sofort in die Höhe, aus dem Vergehen der Körperverletzung wird das Verbrechen des Raubes. Anstatt einer Mindeststrafe von nur fünf Tagessätzen Geldstrafe droht auf einmal mindestens ein Jahr Haft. Ist der Grund für die Attacke dagegen ein rassistisches oder antisemitisches Motiv, dann geschieht dies nicht. Nichts springt in die Höhe. Es bleibt bei dem bloßen Vergehen und der minimalen Mindeststrafe.

   Nur ein paar sanfte Empfehlungen gelten dann für Richter. In Paragraf 46 Absatz 2 des Strafgesetzbuchs steht seit 2015 die Formulierung, dass sie »rassistische, fremdenfeindliche oder sonstige menschenverachtende« Beweggründe des Täters bei der Zumessung der Strafe »in Betracht« ziehen sollen; 2019 hat die Bundesregierung beschlossen, dass auch der Antisemitismus in diese Liste hineingehört. Es bleibt aber beim Prinzip der sanften Empfehlung; was daraus folgt, bleibt jedem Richter selbst überlassen.

   In den USA ist das anders. Bei Hate Crimes, also Straftaten, die begangen werden, um eine bestimmte gesellschaftliche Gruppe einzuschüchtern, springt der Strafrahmen automatisch in die Höhe. Auch wenn es »nur« eine Körperverletzung oder Sachbeschädigung ist. Es sprechen auch die besseren Gründe dafür, dieses Hassmotiv strafrechtlich schwer zu gewichten (bessere Gründe als bei Habgier auf jeden Fall): die besondere Erniedrigung des Opfers, seine Entpersonalisierung, die indirekte Bedrohung einer Vielzahl unbeteiligter Menschen.

Würde ein solches Hassmotiv auch in Deutschland klare juristische Folgen auslösen, würden sich Gerichte damit viel stärker auseinandersetzen (müssen). Für die Abschreckung potenzieller Täter macht das aller Erfahrung nach zwar keinen Unterschied, für die Opfer und die Gesellschaft insgesamt aber einen großen.

2. ***Eine Justiz, die niemals die Argumentation antisemitischer Täter übernimmt***

Wenn ein Stein auf die israelische Botschaft fliegt, dann darf und muss man vor Gericht diskutieren, ob dies eine antisemitisch motivierte Tat war, weil Israel als der Jude unter den Staaten zum Sündenbock und zur Projektionsfläche gemacht wurde, oder ob es aus profanpolitischen Gründen geschehen ist, aus Gründen der Ablehnung von Dingen, die der israelische Staat heute tut (und die auch im Falle, dass eine Regierung eines anderen Staates sie täte, eine solche Reaktion auslösen würden). Wo ein Stein auf eine Synagoge fliegt, hat eine solche Diskussion nichts zu suchen.

Wenn Juden oder jüdische Einrichtungen aus Hass attackiert werden, dann dürfen Staatsanwaltschaften und Gerichte hierzulande keinen Zweifel daran lassen, dass dies antisemitisch ist. Wenn sie in solchen Fällen stattdessen von »Israelkritik« sprechen (ein paar haarsträubende Beispiele dafür habe ich vor allem im Kapitel zum Terror muslimischer Antisemiten beschrieben), bestärken sie die Täter sogar noch in deren Denken.

3. *Viel konsequentere Entlassungen von Rechtsextremen aus der Polizei*

Im Polizeirevier 1 in der Innenstadt von Frankfurt am Main ist Ende 2018 ein kleines Nest alten Ungeists entdeckt worden, fünf Beamte sind dort aufgeflogen, die offenbar mit Nazi-Sprüchen und Hitlerverehrung ihre Späße gemacht haben. Bei ihnen fand man Handy-Chats, in denen sie gewitzelt hatten: »Umso größer der Jude, desto wärmer die Bude.« Darüber ein Bild von Adolf Hitler vor einem rauchenden Schornstein. (Die Verbindung dieser Beamten zu anonymen Drohungen gegen die Frankfurter Rechtsanwältin Seda Başay-Yıldız habe ich im Kapitel zum Dunkelfeld antisemitischer Gewalt beschrieben.)

Solche Fälle sind selten. Aber sie sind nicht selten genug, und für Menschen, die eine Polizei als Beschützer gegen Rassismus und Antisemitismus bräuchten, sind dies Bilder, die nicht so schnell aus dem Bewusstsein verschwinden. Das Einzige, was dann noch giftiger ist für das Vertrauen in den Rechtsstaat, sind lauwarme Reaktionen der Polizeiführung.

Dort, wo das Disziplinarrecht für Beamte in solchen Fällen Entlassungen erschwert – zum Beispiel, weil langjährige Beamte sich auf ihre guten Dienste in früheren Jahren berufen und eine Abwägung verlangen können –, kann und muss man diese Regeln ändern. Und man sollte sich dabei einen Grundsatz zum Vorbild nehmen, wie er für Arbeitnehmer in der Privatwirtschaft schon lange gilt:

Wer die eigene Firma bestiehlt, der kann nach dem Bürgerlichen Gesetzbuch und der Rechtsprechung des Bundesarbeitsgerichts sofort fristlos entlassen werden. Ganz gleich, wie gering der Wert der Beute ist. Da geht es um ein Prinzip, um zerstörtes Vertrauen. Genauso scharf muss auch der Rechtsstaat eine Grenze ziehen zu Ordnungshütern, die derart Zweifel daran wecken, ob sie für eine Ordnung stehen, deren erster Grundsatz der Schutz der Menschenwürde ist.

Ebenfalls in Hessen haben sich an einer Polizeischule 2019 Schüler in einem Klassen-Chat ausgetauscht, dabei machten neben rassistischen Witzen gegen Schwarze auch Bilder eines Holocaust-Deportationszugs die Runde. Dazu die Aufschrift: »Genieß das Leben in vollen Zügen«. An die zwanzig Polizeischüler lasen diese Dinge mit. Mehr als ein Jahr lang. Kein einziger ist auf die Idee gekommen, dies anzuzeigen. Das disqualifiziert, meine ich, alle diese Polizeischüler für den angestrebten Beruf.

Doch die Polizeiführung zeigte sich nachsichtig. Nur sechs der zwanzig Polizeischüler wurden zur Strafe nicht in den Polizeidienst übernommen. Sie durften ihre Ausbildung noch vollenden. Die übrigen dürfen nun damit rechnen, in Hessen auf Streife geschickt zu werden.

Was lernen die Polizisten aus dieser Episode? Was lernen Menschen, denen es ohnehin schwerfällt, sich bei rassistischen oder antisemitischen Übergriffen an die Polizei zu wenden? Was lernen Rechtsextreme? Nichts ist gefährlicher, als wenn draußen im Land potenzielle rechte Gewalttäter in dem Glauben leben, dass maßgebliche Teile der Polizei nur schöne Reden über Grundrechte und Rechtsstaat halten, es aber in Wahrheit nicht so meinen oder – schlimmer noch – insgeheim so denken wie sie. Auch das bestärkt sie.

4. *Schutz jüdischer Einrichtungen*

»Wir haben nicht alle Sicherheitseinrichtungen, die der offiziellen polizeilichen Gefährdungsanalyse entsprächen«, hat mir bei der Recherche zu diesem Buch einmal der Vorsitzende einer kleinen jüdischen Gemeinde in Westdeutschland gesagt, »weil das einfach nicht zu bezahlen ist«.

Dies ist das ganze systemische Versagen, dem ich im Kapitel »Selbstverteidigung« nachgegangen bin – zusammengefasst in einem einzigen Satz. Denn so funktioniert bislang das System der Gefahrenabwehr für Synagogen in diesem Land:

Die Polizei teilt den jüdischen Gemeinden zwar gern mit, wo bei ihnen Sicherheitslücken liegen. Das Landeskriminalamt kommt vorbei und schreibt Gefährdungsanalysen. Für die Abwehr dieser Gefahr fühlt sich die Polizei dann aber nicht zwingend auch verantwortlich. Wenn es schlecht läuft, lässt sie die Sicherheitslücken sehenden Auges offen.

Als der Attentäter in der Stadt Halle an Jom Kippur 2019 in die Synagoge einzudringen versuchte, hielt ihn nur eine schwere Holztür auf. Um diese Tür zu bekommen, die den Menschen das Leben rettete, mussten sich die Gemeindemitglieder aber ans Ausland wenden. Der deutsche Staat wollte ihnen das nicht finanzieren. Schönen Dank auch.

Es liegt bislang an jüdischen Gemeinden selbst, als Bittsteller auf die Innenministerien zuzugehen, auf eigenes Risiko drei Kostenvoranschläge einzuholen – also ihre Probleme vor privaten Security-Unternehmen offenzulegen, in deren Reihen sie manchmal nicht zu Unrecht auch Rechtsextreme vermuten – und beim Staat um Beihilfe zu ersuchen; mit gemischtem Erfolg. Gerade die Gefährdetsten unter ihnen sind nicht immer die Erfolgreichsten darin.

Das sollten sie auch nicht sein müssen. Egal, ob es um Juden geht oder um jegliche andere von Bedrohungen betroffene Gruppen: Das ist kein Prinzip, nach dem man ernsthaft den Schutz von Leib und Leben in einem Rechtsstaat organisieren kann.

Manchmal zieht sich die Polizei auf einen juristischen Begriff zurück. Die Gefahr für Juden sei nur »abstrakt«, nicht konkret. Deshalb könne man wenig tun. Das ist ein schwaches Argument. Abstrakte Gefahr, das bedeutet, dass man nicht weiß, gegen welches konkrete Opfer sich die Gefahr richtet, sondern nur, gegen welche Gruppe. Das sagt aber nichts über die Intensität dieser Gefahr aus.

Eine abstrakte Gefahr kann viel höher sein als eine konkrete. Letztlich wägt die Polizei immer ab, für welche Gefahr sie welchen Aufwand betreibt. Bei abstrakter Gefahr ist der Aufwand immer höher, weil sie mehr Einzelfälle betrifft. Aber auch zur Abwehr von abstrakten Gefahren kann man viel tun. Der ganze Flugverkehr etwa wird mit enormem Aufwand geschützt. Abstrakt hin oder her.

Gefahrenabwehr ist eine Kernaufgabe des Staates, der Schutz von Synagogen und jüdischen Schulen ist zu hundert Prozent seine Verantwortung. Der Staat muss hier Sicherheitsglas, Sicherheitstüren, whatever it takes bereitstellen – zumindest überall dort, wo seine eigenen Fachleute dies für nötig erklären. Wer Zielscheibe von Kriminellen ist, der kann vom Staat nicht gesagt bekommen: Füll erst mal Anträge aus. Und leg schon mal was von deinem Einkommen beiseite, wir übernehmen nur einen Anteil.

Technischer Schutz rund um die Uhr und eine Bewachung von Synagogen und jüdischen Schulen durch Polizei, wann immer in diesen Gebäuden Betrieb ist: Wenn dies in Deutschland trotz siebzig Jahren Demokratie und Grundgesetz flächendeckend nötig ist, dann ist das ein furchtbarer Zustand. Noch furchtbarer ist es nur, wenn der Staat dies dann nicht zu leisten bereit ist.

Natürlich, mit diesen Forderungen ist noch lange nicht alles gut, der Schutz von Jüdinnen und Juden und das konsequente Dem-Terror-Entgegentreten können das Problem des Antisemitismus allein nicht beheben. Aber es ist schlicht eine Minimalvoraussetzung, wenn wir uns überhaupt eine positive Vision eines Lebens in dieser Republik bewahren wollen.

Drunter geht's nicht.

Chronik antisemitischer Gewalttaten in Deutschland seit 1945

Es ist nicht leicht, sich vor Augen zu führen, wie viele Gewalttaten eigentlich auf die winzige jüdische Community in Deutschland von verschiedenen Seiten einprasseln. Winzig bedeutet: In den Anfangsjahren nach dem Krieg waren es nur 20 000, später 30 000 Jüdinnen und Juden. Heute sind es etwa 150 000, die jüdischen Gemeinden angehören, immer noch weniger als zwei Promille der Bevölkerung.

Es ist nicht leicht, weil die Daten über antisemitische Gewalttaten bisher nicht gesammelt vorliegen. Es gibt zwar diverse Chroniken antisemitischer Taten in Deutschland, die von Organisationen wie der Amadeu Antonio Stiftung veröffentlicht werden. Aber die eine Chronik beschränkt sich auf Berlin, die andere auf Bayern, die eine auf dieses Jahrzehnt, die andere auf jenes. Auf den folgenden Seiten bemühe ich mich, so viel wie möglich davon erstmals zu einem Gesamtbild zusammenzufügen. Trotzdem bleibt dies nur eine Annäherung an die Wahrheit.

Denn zunächst sind alle Berichte der Polizei lückenhaft, schon weil die meisten antisemitischen Übergriffe nicht angezeigt werden (aus Gründen, von denen ich im Kapitel »Eyes wide shut« berichte). Immer wieder entscheiden Polizeibehörden auch, Fälle nicht als antisemitisch zu werten. So wie im Sommer 2007, als auf dem jüdischen Friedhof im baden-württembergischen Freudental Grabsteine umgeworfen wurden. Es gebe »keinerlei Hinweise auf einen rechtsextremistischen oder politisch motivierten Hintergrund«, erklärte das Innenministerium. »Die Tat wurde deshalb nicht als politisch motiviert eingestuft.«

Die Angaben der Polizei sind nur ein Anfang, man muss sie ergänzen um das, was jüdische Gemeinden und Opferberatungsstellen selbst an Vorfällen erfassen. Dabei dokumentieren viele von ihnen nicht nur Gewalttaten, sondern auch Beleidigungen, Hetze und Holocaust-Leugnung – und mitunter auch solche Vorfälle, die noch unterhalb der Schwelle der Strafbarkeit bleiben. In diesem Buch, das das Wort »Terror« im Titel trägt, soll es aber nur um Gewalttaten gehen. Entsprechend habe ich mich beschränkt und ausgesiebt.

Was heißt »Gewalt«? Nicht nur Faustschläge. Auch Anspucken zählt als Gewalt. Es kann juristisch bereits als Körperverletzung verfolgt werden. Und auch Drohungen können unter den Begriff der Gewaltkriminalität fallen, wenn sie sich gegen eine bestimmte Person richten. Ein Beispiel: Unbekannte beschmieren im Bremer Stadtteil Blumenthal ein Haus und ein Auto mit Hakenkreuzen und rufen »Komm raus, oder ich stech dich ab, Jude, Jude«, so geschehen am 18. Februar 2019. Niemand wird verletzt. Trotzdem gehört ein solcher Fall hier in die Chronik antisemitischer Gewalttaten.

Reine Schmierereien sind keine Gewalt. Ein Hakenkreuz an einer Bushaltestelle gehört daher nicht in die Chronik auf den folgenden Seiten. Es sei denn, eine Schmiererei richtet sich drohend gegen bestimmte Individuen. In Hemmingen am Stadtrand von Hannover hat ein jüdisches Ehepaar, beide über 80 Jahre alt, am 18. Mai 2019 morgens den Schriftzug »Jude« in roter Sprühfarbe auf seiner Haustür entdeckt. Wenn Juden derart gesucht, markiert und eingeschüchtert werden, dann erreicht das eine Qualität der Bedrohlichkeit, die hier auch in den Blick genommen werden soll.

Auch Friedhofsschändungen sind Gewalt gegen Menschen. Das mag auf den ersten Blick überraschen. Diese Gewalt richtet sich ja nicht gegen lebende Menschen. Aber auf Grabsteinen stehen Namen. Einen Grabstein umzustoßen ist eine postume Attacke auf ein Individuum. Deshalb ist die Hemmschwelle für Täter auch viel höher als beim Umstoßen eines bloßen Zaunpfahls oder Zigarettenautomaten, und deshalb spricht auch das Strafgesetzbuch nicht bloß von Sachbeschädigung, sondern von Störung der Totenruhe, was zu Recht schärfer geahndet wird.

Gewalt gegen Gräber bewirkt, dass Opfer schon zu Lebzeiten eingeschüchtert werden. Es waren die fortwährenden Grabschändungen, die Ignatz Bubis, den Präsidenten des Zentralrats der Juden in den 1990er-Jahren, dazu brachten, in Israel und nicht in Deutschland beerdigt werden zu wollen; vor allem die Anschläge auf das Grab seines Vorgängers Heinz Galinski ließen ihn, der einst für das Amt des Bundespräsidenten im Gespräch gewesen war, resignieren.

1992 war Galinski auf dem jüdischen Friedhof in der Heerstraße in Berlin-Charlottenburg beigesetzt worden. Im September 1998 hatte ein erster Sprengsatz sein Grab erschüttert. Im Dezember war eine zweite Bombe gefolgt. Sie richtete noch größeren Schaden an, die massive Grabplatte zerbrach in mehrere Teile. Die Attacken wurden heftiger, 2002 warf jemand eine Rohrbombe. Fenster der Trauerhalle zersplitterten.

Vor allem: Im Judentum spielt die Unversehrtheit der Gräber eine besondere Rolle. Darauf weist Gideon Botsch hin, der am Moses Mendelssohn Zentrum für europäisch-jüdische Studien forscht: »Die Unversehrtheit der Grabstätte als Teil des Gedenkens ist von so immenser Bedeutung, dass ihre gewaltsame Zerstörung auf besondere Weise verletzend wirkt.« Jüdische Gräber dürfen niemals eingeebnet werden. Weil die Nazis ihren jüdischen Opfern nicht einmal ein Grab gönnten, wird der Ermordeten heute an einem symbolischen Ort gedacht: Yad Vashem bedeutet wörtlich »Denkmal und Name«, in einem übertragenen Sinne steht das, angelehnt an ein Bibelzitat, schlicht für Grabstein. Auch säkular lebenden Juden ist diese Tradition wichtig.

Beim ersten Blick in die Chronik auf den folgenden Seiten fällt auf, dass Friedhofsschändungen in den Anfangsjahren nach 1945 sogar den größten Anteil der Fälle auszumachen scheinen. Das kam damals nicht aus dem Nichts, Schändungen jüdischer Friedhöfe reichen bis in die Zeit der mittelalterlichen Pogrome zurück, die steigende Zahl von Friedhofsschändungen auch in den letzten Jahren der Weimarer Republik veranlasste den Central-Verein deutscher Staatsbürger jüdischen Glaubens 1932, eine Broschüre herauszugeben, die diese dokumentierte.

Wenn es um die Nachkriegszeit geht, liegt es nahe, »dass sich antisemitische Gewalt anfangs eher gegen Gegenstände austobte: Man konnte ihrer habhaft werden«, wie die Direktorin des Zentrums für Antisemitismusforschung an der Technischen Universität Berlin, Stefanie Schüler-Springorum, sagt. Jüdinnen und Juden sind in den Nachkriegsjahren eine so verschwindend kleine Gruppe, dass Antisemiten schon suchen mussten, um jemanden persönlich zu finden, zu »erkennen« und zu treffen. Oder wie der Historiker Julius H. Schoeps 1986 in dem Band *Über Deutsche und Juden* geschrieben hat: »Da in der Bundesrepublik kaum noch Juden leben, gegen die man handgreiflich werden könnte, tobt man sich an den Steinen aus – quasi als ›Judenersatz‹.«

Zu bedenken ist aber auch, dass körperliche Attacken auf Juden aus jener Zeit zu einem großen Teil von einem Dunkelfeld verschluckt sein dürften. Dass »eine so kleine, überalterte, traumatisierte und verarmte Gruppe von Menschen im Land der Täter sich nicht traut, Anzeige zu erstatten, ist auch nicht wirklich erstaunlich«, erklärt die Forscherin Schüler-Springorum. Körperliche Übergriffe bleiben häufiger im Dunkeln, das verzerrt die Statistik. Dagegen sind Friedhofsschändungen vergleichsweise gut dokumentiert, es gibt eine überschaubare Anzahl von jüdischen Friedhöfen im Land, etwa zweitausend. Forscher und Behörden finden dort Ansprechpartner.

Die Quellenlage für antisemitische Gewalt gegen Gräber ist heute gut: Die umfangreichste Dokumentation hat der Journalist Adolf Diamant erarbeitet, ein Holocaust-Überlebender, der 1924 in Chemnitz geboren wurde. Die zweite Auflage seines Buches *Geschändete jüdische Friedhöfe in Deutschland* ist im Jahr 2000 erschienen. Es dokumentiert mehr als tausend Fälle seit 1945 vor allem in der alten Bundesrepublik, wenngleich die Darstellung meist recht knapp ist.

Die Quintessenz der Studie lautet: Die Schändungen haben seit Gründung der Bundesrepublik von Jahrzehnt zu Jahrzehnt zugenommen, und zwar von durchschnittlich unter zehn Fällen pro Jahr in den 1950er-Jahren über elf in den 1960ern und fast zwanzig in den 1970ern. Lediglich in den 1980ern sanken die Zahlen gegenüber dem Vorjahrzehnt. Den Höhepunkt bildeten die Jahre 1992 bis 1994, in denen im Durchschnitt wöchentlich mindestens ein Friedhof geschändet wurde. 1994 gab es insgesamt 66 solcher Vorfälle.

Die Bundesregierung ist einmal gefragt worden, wie sie Diamants Dokumentation bewerte. Sie hat geantwortet, er erhalte jährlich aus dem Innenministerium eine Aufstellung über die im Vorjahr bekannt gewordenen Fälle und gebe sie »zutreffend wieder« (nachzulesen in der Bundestagsdrucksache 16/7688 aus dem Jahr 2008). Diamant hat zudem Lokalzeitungen ausgewertet und in einem Jahr Ende der 1950er-Jahre nach eigenen Angaben mehr als zweihundert jüdische Friedhöfe in Hessen und Rheinland-Pfalz selbst besucht. Er schrieb: »Im Gespräch mit den zuständigen Betreuern der Friedhöfe wurde mir mitgeteilt, daß beschädigte oder beschmierte Grabsteine in der Regel so schnell wie möglich wieder instandgesetzt wurden, um Aufsehen zu vermeiden.« Nicht jeder Fall wurde angezeigt. So erhebt Diamants Dokumentation keinen Anspruch auf Vollständigkeit – ein gewisses Dunkelfeld bleibt auch hier.

Nicht immer ist es mir möglich gewesen, Diamants Angaben zu überprüfen. Die Fälle, in denen er kein genaues Datum und keine Quellen notiert hat und auch in Pressearchiven nichts zu finden war, habe ich nicht in die folgende Chronik aufgenommen. Das kam aber nicht oft vor.

Die zweite umfassende Studie zu Friedhofsschändungen beleuchtet Fälle aus der DDR. Sie stammt von Monika Schmidt, die 2016 ihre Doktorarbeit am Zentrum für Antisemitismusforschung veröffentlicht hat. Schmidt zählt für die Zeit der DDR insgesamt etwa 210 »besonders gravierende Fälle« von Vandalismus gegen jüdische Grabsteine oder Friedhofsanlagen. Dafür zieht sie Unterlagen der DDR-Polizei heran, die heute in Landes- oder Stadtarchiven sowie in der Stasi-Unterlagenbehörde liegen, aber auch Berichte der jüdischen Gemeinden selbst. Die Forscherin arbeitet heraus, wie die DDR-Polizei meist abwiegelte, das seien nur Dummejungenstreiche. Vermutlich beharrten die jüdischen Gemeinden nicht oft auf Anzeigen, wenn sie nicht ernst genommen wurden. So erhebt auch Monika Schmidts Studie keinen Anspruch auf Vollständigkeit.

Zum Vergleich: Wie viele Attacken gibt es eigentlich auf christliche Friedhöfe? Die jährlichen Zahlen sind insgesamt nicht unbedingt niedriger. Aber weil es insgesamt viel mehr christliche Friedhöfe im Land gibt, verteilen sich diese Fälle anders. Eine kriminologische Analyse des Bundeskriminalamts von 1966 verzeichnet, dass »die Zahl der jüdischen Friedhöfe nur einen Bruchteile aller Friedhöfe im Bundesgebiet ausmacht, so daß der Anteil der geschändeten jüdischen Gräber auf die absolute Zahl der vorhandenen Gräber bezogen erschreckend hoch ist«.

Auch die Art der Angriffe unterscheidet sich. Bei Attacken auf jüdische Friedhöfe handelt es sich meist um recht drastischen Vandalismus, der erniedrigen soll. Ein Beispiel: Von 1948 bis 1957 registrierten die Landeskriminalämter 171 antisemitische Friedhofsschändungen. Der letzte Vorfall in diesem Zeitraum ereignete sich in Salzgitter-Lebenstedt im Jahr 1957, am 20. April, Hitlers Geburtstag. Die Täter stießen 78 jüdische Grabsteine und einen hohen Obelisken um, ein Mahnmal für NS-Zwangsarbeiter. Angelehnt an den christlichen Brauch der österlichen Judasverbrennung wurde eine Strohpuppe hinterlassen, versehen mit der Aufschrift »Deutschland erwache, Israel verrecke«.

Auf christlichen Friedhöfen wurden im selben Zeitraum »203 meist kleinere Diebstahlsdelikte begangen«, schreibt Monika Schmidt in ihrer Untersuchung. Rein zahlenmäßig ist das nicht weniger. Aber »es handelt sich im Wesentlichen um eher geringfügige Straftaten wie Diebstähle von Objekten von relativ geringem Wert, insbesondere geht es in der Regel nicht um Eingriffe diffamierenden Charakters«. In den Jahren der Not nach dem Krieg gab es immer wieder Diebstähle von Grabzubehör, Entwendung von Blumenschmuck, Metall oder Kerzenständern. Vandalismus ist auf christlichen Friedhöfen sehr selten. Auf muslimischen Friedhöfen in Deutschland hingegen wird er zunehmend auch zu einem Problem.

Nur einmal hat die Bundesregierung aus eigener Initiative eine Dokumentation über antisemitische Straftaten veröffentlicht. Nachdem am 25. Dezember 1959 zwei Rechtsradikale mit weißer Farbe »Deutsche fordern Juden raus« und rote Hakenkreuze auf die Außenmauer der Kölner Synagoge geschmiert hatten, war innerhalb nur eines Monats eine Welle von 684 ähnlichen Taten durch das Land gerollt. Der Schreiner Ludwig Vogel aus dem fränkischen Kitzingen warf am 27. Dezember ein mit Hakenkreuzen gespicktes Plakat in das Café eines jüdischen Inhabers. Darauf stand: »Nieder mit den Juden! In die Gaskammer!« Die Bundesregierung informierte anschließend in einer Broschüre, einem »Weißbuch«, über diese Serie.

Aber das Weißbuch bezweckte eine Weißwaschung. Es beruhte auf der These des damaligen CSU-Chefs Franz Josef Strauß von »einer systematischen kommunistischen Steuerung der Ereignisse«. Auch Konrad Adenauer hatte behauptet, »daß die antisemitischen Vorfälle von kommunistischer Seite gesteuert werden, um vor der nächsten Gipfelkonferenz gegen die Bundesrepublik Stimmung zu machen«, wie es im Protokoll der Kabinettssitzung vom 20. Januar 1960 heißt. So ist diese Quelle mit Vorsicht zu lesen. Den Autoren des Weißbuchs gelang es zwar nicht, den von der Regierung erwünschten Nachweis zu führen, dass man die Schuld bei Kommunisten abladen könne, abseits einiger dünner Indizien. Dafür verharmlosen die Autoren aber 215 der insgesamt 685 antisemitischen Straftaten als bloße »Kinderkritzeleien«.

Über antisemitische Vorfälle haben Regierungen in späteren Jahren zwar immer wieder informiert – aber immer nur dann, wenn Parlamentarier gezielt danach fragten. Heute werden solche Anfragen in so gut wie allen Landesparlamenten regelmäßig gestellt, teils quartalsweise, teils sogar monatlich. In ihren Antworten schicken die Landesinnenminister dann in der Regel Tabellen mit Zahlen, geordnet nach Art des Delikts, Alter der Täter oder anderen Kriterien. Auch diese Informationen habe ich in die Chronik einfließen lassen, wenngleich die Angaben oft etwas unspezifisch sind, zum Beispiel ist teilweise nur von »Körperverletzung« oder »Grabschändung« die Rede, ohne weitere Details. Mithilfe von Pressearchiven habe ich versucht, diese Angaben so weit wie möglich zu präzisieren. Manchmal ist dies gelungen, manchmal nicht.

Adolf Diamants Forschung zu antisemitischen Friedhofsschändungen endete 1999. Monika Schmidts Untersuchung zu Ostdeutschland reicht nur bis 1990. Heute stellt die Bundestagsvizepräsidentin Petra Pau von der Linkspartei jedoch regelmäßig und systematisch Anfragen an die Bundesregierung zum Thema, sodass man weiß: Die Polizei zählte im Jahr 2018 deutschlandweit wieder 27 Schändungen jüdischer Friedhöfe. Im Schnitt war das mindestens einer alle zwei Wochen. Das sei »leider Alltag in Deutschland«, sagt Josef Schuster, der heutige Präsident des Zentralrats der Juden. Ein Vorfall alle zwei Wochen: Das ist zwar seltener als 1992 bis 1994, als die Schändungen ihren Höhepunkt erreichten, doch häufiger als noch in den 1950er-, 1960er-, 1970er- und 1980er-Jahren.

Eine letzte wichtige Quelle für mich sind schließlich die Chroniken von privaten Opferberatungsstellen aus jüngerer Zeit. Dort werden immer wieder auch solche Gewalttaten dokumentiert, die der Polizei nicht gemeldet wurden. So zum Beispiel am 25. April 2018 im Fall einer Gruppe von sechs Studenten, vier von ihnen trugen eine Kippa, zwei sichtbar eine Kette mit Davidstern, als sie in Berlin-Schöneberg von einer Gruppe, bestehend aus sieben Jugendlichen, angesprochen wurden. »Wo wollt ihr denn hin? Zur Zionistenveranstaltung in die Fasanenstraße?«

Einer der Täter spuckte ihnen vor die Füße, ein zweiter einem der Betroffenen ins Gesicht. Mit den Worten »Verpisst euch, ihr Juden« begannen fünf der Täter schließlich, auf sie einzutreten. Dennoch wollten die Opfer nicht zur Polizei gehen, »aufgrund schlechter Erfahrungen«, wie sie der Recherche- und Informationsstelle Antisemitismus (Rias) anvertrauten. Deshalb fehlt der Fall in offiziellen Statistiken. Mithilfe von Rias habe ich diesen und viele weitere Fälle aber in die Chronik einfügen können.

Abermals ist die Statistik an dieser Stelle verzerrt: In Berlin arbeiten besonders viele und besonders aktive Opferberatungsstellen, sodass in dieser Stadt in jüngerer Zeit besonders viele antisemitische Vorfälle dokumentiert werden. Diese auffällige Ballung, welche die Chronik auf den nächsten Seiten nahelegt, bedeutet also nicht, dass in Berlin antisemitische Gewalt im selben Maße häufiger wäre als in anderen Städten. Andernorts bleibt sie nur zu einem noch größeren Teil im Dunkeln.

Die Qualität solcher und ähnlicher Dokumentationen hängt davon ab, dass betroffene Menschen sich freiwillig melden, entweder anstelle oder parallel zu einer Anzeige bei der Polizei. Rias ermöglicht bundesweit auch anonyme Meldungen – nur eine E-Mail-Adresse muss zwingend angegeben werden – und vermittelt dann einen Kontakt zu Opferberatungsstellen am jeweiligen Ort. Unter diesem Link: www.report-antisemitism.de

Chronik

1945

Juli/August 1945: Im bayerischen Diespeck werden auf dem jüdischen Friedhof mehrere Grabsteine umgeworfen.

November 1945: Unbekannte schänden im hessischen Alsbach den jüdischen Friedhof.

17. Dezember 1945: Auf dem jüdischen Friedhof in Osnabrück werden Grabsteine umgeworfen.

1946

April 1946: In Salzwedel (Sachsen-Anhalt) werden auf dem jüdischen Friedhof zwölf Grabsteine umgestoßen, teils zerbrochen und verschoben.

Sommer 1946: Auf dem jüdischen Friedhof im bayerischen Hemhofen werden Grabsteine umgeworfen und beschmiert.

1946: In Berlin werden auf den jüdischen Friedhöfen in Weißensee und an der Großen Hamburger Straße jeweils mehrere Grabsteine entwendet.

1946: Auf dem jüdischen Friedhof in Schwerin werden mehrere Grabsteine entwendet.

1947

Mai 1947: Im sächsischen Zittau verwüsten Unbekannte eine Hälfte des jüdischen Friedhofs. Grabsteine werden umgeworfen und zerschlagen, ebenso in Chemnitz.

Juli 1947: Auf dem jüdischen Friedhof an der Schönhauser Allee in Berlin werfen Täter Grabsteine um und errichten eine Barrikade aus ihnen, nachdem sie die Mauer des Friedhofs beschädigt haben und sich so Zugang verschafften.

Oktober 1947: Auf einem jüdischen Friedhof in Oranienburg werden etwa 40 Grabsteine aus der Verankerung gerissen und mit harten Gegenständen zertrümmert. Das Friedhofsgebäude wird stark beschädigt. Zwei Wochen später wird der Friedhof erneut geschändet, weitere Grabsteine werden umgestoßen und Bäume abgesägt. Der jüdischen Gemeinde wird daraufhin Unachtsamkeit vorgeworfen. Als Täter werden durch die Polizei nur 8- bis 14-Jährige ermittelt, obwohl daran angesichts der starken Verwüstungen Zweifel geäußert werden.

1947: Täter werfen auf dem jüdischen Friedhof im hessischen Londorf Grabsteine um.

1948

21. Januar 1948: Jugendliche werfen auf dem jüdischen Friedhof im hessischen Gelnhausen 145 Grabsteine um.

2. Februar 1948: Auf dem jüdischen Friedhof in Offenbach werfen Jugendliche 60 Grabsteine um.

25. März 1948: Im niedersächsischen Westerstede werfen Jugendliche auf dem jüdischen Friedhof Grabsteine um.

März/April 1948: Im bayerischen Karbach werfen auf dem jüdischen Friedhof Jugendliche Grabsteine um.

April 1948: Auf dem jüdischen Friedhof in Potsdam brechen Täter ein steinernes Behältnis für Urnen auf, nehmen zwei Urnen heraus und verstreuen die Asche.

Mai 1948: In Limburg an der Lahn werfen Jugendliche auf dem jüdischen Friedhof etwa 40 Grabsteine um.

24. Juli 1948: Täter, bei denen es sich laut Polizei um Kinder handeln soll, randalieren auf einem jüdischen Friedhof im hessischen Altengronau.

September 1948: Der jüdische Friedhof in Nassau (Rheinland-Pfalz) wird von Unbekannten geschändet.

1948: Auf dem jüdischen Friedhof in Berlin an der Großen Hamburger Straße werden Grabsteine entwendet.

1948: In Hoym (Sachsen-Anhalt) werden auf dem jüdischen Friedhof 15 Grabsteine umgestoßen.

1948: In Rostock entwenden unbekannte Täter Grabsteine auf dem jüdischen Friedhof, ebenso in Weimar.

1949

Frühjahr 1949: Unbekannte werfen auf dem jüdischen Friedhof in Stuttgart fünf Grabsteine um.

August 1949: Im oberfränkischen Walsdorf werfen Jugendliche auf dem jüdischen Friedhof Grabsteine um.

1949: In Berlin werden auf dem jüdischen Friedhof Weißensee Metallplatten aus Gedenktafeln gebrochen.

1949: Vom jüdischen Friedhof in Kremmen (Brandenburg) werden Grabsteine entwendet und verkauft.

1949: In Quedlinburg (Sachsen-Anhalt) werden auf dem jüdischen Friedhof Grabsteine umgeworfen.

1950

31. März 1950: Im bayerischen Ansbach werfen Unbekannte 24 Grabsteine auf dem jüdischen Friedhof um.

8. Mai 1950: Auf dem jüdischen Friedhof in Würzburg werfen Unbekannte drei Grabsteine um und beschmieren zwei.

9. Mai 1950: Zwei Wochen nach der Eröffnung eines Ehrenmals für die jüdischen Opfer des Faschismus auf dem jüdischen Friedhof in Berlin-Weißensee wird dieser geschändet. Etwa zwölf Grabsteine werden umgetreten.

Juni 1950: Im hessischen Grüningen werden acht Grabsteine auf dem jüdischen Friedhof umgeworfen.

Juli 1950: Im bayerischen Pocking beschädigen Unbekannte das KZ-Denkmal.

12. August 1950: Schulkinder werfen im hessischen Birstein 30 Grabsteine auf dem jüdischen Friedhof um.

Dezember 1950: In Augsburg wird der jüdische Friedhof von Unbekannten geschändet.

1950: Im brandenburgischen Perleberg werden auf dem jüdischen Friedhof Grabsteine umgeworfen.

1950: Auf dem jüdischen Friedhof in Quedlinburg (Sachsen-Anhalt) werden Grabsteine umgestoßen.

1951

April 1951: Auf dem jüdischen Friedhof in Gießen werden alle Grabsteine umgeworfen.

August 1951: In Salzwedel werden auf dem jüdischen Friedhof neun Grabsteine umgestoßen.

September 1951: Unbekannte werfen auf dem jüdischen Friedhof in Castrop-Rauxel 25 Grabsteine um.

10. Oktober 1951: Im niedersächsischen Imbshausen werden Grabsteine des jüdischen Friedhofs entwendet und zum Hausbau benutzt.

25. September 1951: Im hessischen Großkrotzenburg werfen Schulkinder auf dem jüdischen Friedhof Grabsteine um.

1951: Auf dem jüdischen Friedhof in Berlin-Weißensee wird ein Grabstein umgeworfen.

1951: In Oschersleben (Sachsen-Anhalt) wird der Neue Jüdische Friedhof verwüstet, Grabsteine werde entwendet.

1952

März 1952: Unbekannte werfen auf dem jüdischen Friedhof in Stuttgart 13 Grabsteine um.

April 1952: In Worms werden auf dem jüdischen Friedhof 13 Grabsteine umgeworfen.

Juni 1952: Jugendliche werfen auf dem jüdischen Friedhof in Stuttgart 15 Grabsteine um.

Juli 1952: Im rheinland-pfälzischen Niederzissen zerstören Unbekannte auf dem jüdischen Friedhof sieben Gräber.

28. November 1952: Auf dem jüdischen Friedhof in Stuttgart werfen Jugendliche sechs Grabsteine um.

1953

Januar 1953: Unbekannte zerstören auf dem jüdischen Friedhof im hessischen Bad Vilbel 24 Grabsteine.

16. April 1953: Im baden-württembergischen Breisach werfen Unbekannte auf dem jüdischen Friedhof 22 Grabsteine um.

April/Mai 1953: Im nordrhein-westfälischen Drove werden auf dem jüdischen Friedhof Grabsteine umgeworfen und zerschlagen.

September 1953: Im baden-württembergischen Tauberbischofsheim werden auf dem jüdischen Friedhof 24 Grabsteine umgeworfen.

Oktober 1953: Im nordrhein-westfälischen Iserlohn werden auf dem jüdischen Friedhof 13 Gräber beschädigt.

Oktober 1953: Jugendliche werfen auf dem jüdischen Friedhof in Stuttgart sechs Grabsteine um.

Oktober 1953: In Mönchengladbach wird das Ehrenmal für die jüdischen Gefallenen 1914–1918 von Unbekannten beschädigt.

9. November 1953: Im rheinland-pfälzischen Niederhochstadt werfen Unbekannte auf dem jüdischen Friedhof 25 Grabsteine um.

9. November 1953: Täter, die laut der Polizei noch Kinder waren, werfen im nordrhein-westfälischen Rees auf dem jüdischen Friedhof 20 Grabsteine um.

28. November 1953: Unbekannte werfen auf dem jüdischen Friedhof in Breisach (Baden-Württemberg) drei Grabsteine um.

November 1953: Im hessischen Groß-Gerau beschmieren Unbekannte das Ehrenmal für NS-Opfer.

1953: In Berlin wird der jüdische Friedhof an der Schönhauser Allee geschändet.

1953: Auf dem jüdischen Friedhof in Schleusingen (Thüringen) werden Grabsteine umgeworfen.

1953: In Rostock werden auf dem jüdischen Friedhof 17 Grabsteine umgestoßen.

1954

März 1954: Unbekannte werfen auf dem jüdischen Friedhof in Frankfurt am Main acht Grabsteine um.

April 1954: Der jüdische Friedhof im hessischen Heusenstamm wird von Unbekannten geschändet.

Juni 1954: Der jüdische Friedhof im brandenburgischen Eberswalde wird geschändet. Sämtliche Grabsteine werden umgeworfen und zerstört.

1954: Im thüringischen Bad Frankenhausen werden alle Grabsteine vom jüdischen Friedhof entfernt.

1954: Auf dem jüdischen Friedhof in Rostock werden acht Grabsteine umgeworfen.

1955

März 1955: In Bernburg (Sachsen-Anhalt) werden 60 Grabsteine auf dem jüdischen Friedhof umgestoßen und zum Teil zertrümmert, die Glasscheiben der Leichenhalle werden zerschlagen.

April 1955: Im niedersächsischen Bückeburg werfen Unbekannte auf dem jüdischen Friedhof 48 Grabsteine um.

April 1955: Unbekannte werfen auf dem jüdischen Friedhof in Bernburg (Sachsen-Anhalt) 82 Grabsteine um.

6. Juli 1955: Im hessischen Dieburg werfen Unbekannte auf dem jüdischen Friedhof Grabsteine um.

1955: Auf dem jüdischen Friedhof in Berlin an der Schönhauser Allee werden alle Grabsteine umgestoßen.

1955: Im thüringischen Marisfeld wird auf dem jüdischen Friedhof der Großteil der Grabsteine umgestoßen.

1956

21. April 1956: Unbekannte werfen im nordrhein-westfälischen Preußisch Oldendorf auf dem jüdischen Friedhof elf Grabsteine um.

April 1956: Täter, die laut der Polizei noch Kinder waren, schänden 38 Gräber auf dem jüdischen Friedhof in Hamburg-Ohlsdorf.

April 1956: Auf dem jüdischen Friedhof in Braunschweig werfen Täter, die laut der Polizei noch Kinder gewesen seien, 56 Grabsteine um.

Juli 1956: In Beckum (Nordrhein-Westfalen) schänden Täter den jüdischen Friedhof.

Juli 1956: Der jüdische Friedhof in Egeln (Sachsen-Anhalt) wird geschändet.

Juli 1956: Auf dem jüdischen Friedhof im sächsischen Zittau werden drei Grabsteine umgeworfen.

Juli 1956: Unbekannte werfen auf dem jüdischen Friedhof in Rostock 20 Grabsteine um.

August 1956: Im niedersächsischen Hohenberge werden auf dem jüdischen Friedhof elf Grabsteine umgeworfen.

August 1956: Auf dem jüdischen Friedhof im niedersächsischen Hoya werden 14 Grabsteine geschändet.

Oktober 1956: Unbekannte werfen auf dem jüdischen Friedhof in Köln-Mülheim Grabsteine um.

Oktober 1956: Der jüdische Friedhof im brandenburgischen Eberswalde wird vollständig zerstört.

Oktober 1956: Im thüringischen Schleusingen werfen Unbekannte auf dem jüdischen Friedhof 20 Grabsteine um.

9. November 1956: Im niedersächsischen Stadthagen werden auf dem jüdischen Friedhof elf Grabsteine zerstört.

9. November 1956: Unbekannte werfen auf dem jüdischen Friedhof im niedersächsischen Neustadt am Rübenberge 16 Grabsteine um.

Dezember 1956: In Gelsenkirchen werden auf dem jüdischen Friedhof 31 Grabsteine umgeworfen.

1956: Der jüdische Friedhof in Berlin-Köpenick wird geschändet.

1956: Auf dem jüdischen Friedhof in Burg bei Magdeburg werden Grabsteine umgestoßen.

1956: In Oschersleben (Sachsen-Anhalt) werden auf dem jüdischen Friedhof sieben Grabsteine zerstört.

1957

März 1957: Unbekannte schänden in Braunschweig vier Grabsteine auf dem jüdischen Friedhof.

März 1957: Im rheinland-pfälzischen Dierdorf werfen Schüler auf dem jüdischen Friedhof Grabsteine um.

20. April 1957: Auf dem »Ausländerfriedhof Jammertal« in Salzgitter-Lebenstedt, auf dem Zwangsarbeiter und KZ-Häftlinge beerdigt sind, werden 78 jüdische Grabsteine umgeworfen und teilweise zerschlagen. Vor einem Grab liegt eine Strohpuppe mit der Aufschrift »Deutschland erwache, Israel verrecke«.

April 1957: Auf dem jüdischen Friedhof in Lübeck werden 32 Gräber zerstört.

April 1957: Im schwäbischen Harburg schänden Unbekannte Gräber auf dem jüdischen Friedhof.

Mai 1957: Im saarländischen Tholey werfen Unbekannte auf dem jüdischen Friedhof 26 Grabsteine um.

Juni 1957: Unbekannte schänden einen Gedenkstein auf dem jüdischen Friedhof im bayerischen Landsberg.

Juli 1957: Auf dem jüdischen Friedhof im bayerischen Kleinbardorf werfen Unbekannte 47 Grabsteine um.

1957: In Brandshagen (Mecklenburg-Vorpommern) werden auf dem jüdischen Friedhof Grabsteine umgeworfen und zerstört.

1957: Auf dem jüdischen Friedhof in Gotha werden neun Gräber beschädigt.

1957: In Haldensleben und Quedlinburg (beide Sachsen-Anhalt) werden Grabsteine von den jüdischen Friedhöfen entwendet.

1957: Auf dem jüdischen Friedhof im thüringischen Vacha werden Grabsteine umgestürzt.

1958

1. Februar 1958: Unbekannte werfen auf dem jüdischen Friedhof in Stuttgart 15 Grabsteine um.

25. Mai 1958: Im nordrhein-westfälischen Büren werfen Unbekannte auf dem jüdischen Friedhof Grabsteine um.

Juli 1958: Unbekannte werfen auf dem jüdischen Friedhof in Saarlouis Grabsteine um.

Juni/Juli 1958: Der jüdische Friedhof in Egeln (Sachsen-Anhalt) wird geschändet. Es werden mehrere Grabsteine umgeworfen und dabei ein Grabmal vollständig zertrümmert.

1959

30. Januar 1959: Unbekannte beschmieren auf dem jüdischen Friedhof in Freiburg fünf Grabsteine mit NS-Emblemen.

12. April 1959: Jugendliche schänden auf dem jüdischen Friedhof in Berlin-Weißensee zehn Grabsteine.

April 1959: Auf dem jüdischen Friedhof in Dinslaken werfen Unbekannte 35 Grabsteine um.

21. Mai 1959: Im thüringischen Meiningen werden auf dem jüdischen Friedhof vier Grabsteine umgestoßen.

16. Juli 1959: Im nordrhein-westfälischen Rheda beschädigen Unbekannte auf dem jüdischen Friedhof 16 Grabsteine.

Oktober 1959: Auf einem jüdischen Friedhof in Aschenhausen (Thüringen) werden mehrere Grabsteine umgestoßen. Während einige Quellen von 25 umgeworfenen Grabsteinen sprechen, wird der Vorfall von der Polizei offiziell nicht als Friedhofsschändung eingeordnet. Es seien fünf Steine, bedingt durch Witterung und Hanglage, umgefallen.

25. Dezember 1959: Zwei Mitglieder der Deutschen Reichspartei (DRP) beschmieren die Synagoge von Köln mit den Worten »Deutsche fordern Juden raus« sowie mit Hakenkreuzen. Es schließt sich eine »Schmierwelle« über das gesamte Bundesgebiet an: Das Bundesamt für Verfassungsschutz zählt bis zum 28. Januar 1960 685 Vorkommnisse.

27. Dezember: Ein 22 Jahre alter Schreiner wirft ein Plakat mit der Aufschrift »Nieder mit den Juden! In die Gaskammer!« in das Café eines jüdischen Inhabers im fränkischen Kitzingen.

Ein 23 Jahre alter Angestellter schmiert Hakenkreuze und die Worte »Juden raus« an das Haus eines jüdischen Ehepaars in Berlin-Charlottenburg.

30. Dezember 1959: In Kitzingen wird ein Jude mit einem anonymen Brief aufgefordert, »am Neuen Friedhof zwecks Erschießung« zu erscheinen.

1960

Januar 1960: In einigen Fällen werden Arbeitgeber durch anonyme Schreiben aufgefordert, namentlich genannte jüdische Angestellte zu entlassen. Vorwiegend in West-Berlin werden jüdische Familien durch anonyme Briefe und nächtliche Telefonanrufe beleidigt und beunruhigt.

9. Januar 1960: Ein ehemaliger SS-Mann in Darmstadt sagt zu einem Juden: »Judenschwein, von euch haben sie auch noch zu wenig vergast.«

9. Januar 1960: In Hamburg macht ein Kraftfahrer antisemitische Bemerkungen und singt ein nazistisches Lied vor einer Frau, die ein jüdisches Kind adoptiert hat.

22. Januar 1960: Auf dem jüdischen Friedhof in Schortens (Kreis Friesland) stoßen Täter 23 Grabsteine um und hängen ein Plakat mit Hakenkreuzen und NS-Parolen auf.

12. April 1960: Im hessischen Assenheim werfen Unbekannte auf dem jüdischen Friedhof 26 Grabsteine um.

April 1960: In Fürth zerschlagen Jugendliche 30 Grabsteine auf dem jüdischen Friedhof.

Juli 1960: Im nordrhein-westfälischen Bad Driburg werfen Unbekannte Grabsteine auf dem jüdischen Friedhof um und beschädigen sie.

1960: In Dreißigacker und Mühlhausen (beide Thüringen) werden auf den jüdischen Friedhöfen jeweils sechs Grabsteine umgestürzt.

1961

28. März 1961: Unbekannte beschmieren im hessischen Breitenbach auf dem jüdischen Friedhof Grabsteine mit NS-Emblemen.

20. April 1961: Im thüringischen Sondershausen werfen Unbekannte auf dem jüdischen Friedhof 17 Grabsteine um.

6. August 1961: Unbekannte beschmieren 19 Grabsteine auf dem jüdischen Friedhof im bayerischen Kleinheubach mit NS-Emblemen.

November 1961: Im niedersächsischen Barsinghausen werden auf dem jüdischen Friedhof nahezu alle Grabsteine umgeworfen und zerstört.

1961: Der jüdische Friedhof in Dresden wird mit NS-Symbolen beschmiert.

1962

April 1962: Unbekannte Täter werfen auf dem jüdischen Friedhof in Aachen-Haaren Grabsteine um.

Oktober 1962: Im schwäbischen Fellheim werfen Jugendliche auf dem jüdischen Friedhof 25 Grabsteine um.

Oktober 1962: Auf dem jüdischen Friedhof in Krefeld werden Grabsteine von Jugendlichen umgeworfen.

1962: In Chemnitz wird auf dem jüdischen Friedhof eine Urne geöffnet und die Asche durchwühlt.

1962: Auf dem jüdischen Friedhof in Hoym (Sachsen-Anhalt) wird ein Grabstein umgestoßen.

Juni 1962: Auf dem jüdischen Friedhof in Groß-Gerau (Hessen) werfen Jugendliche 37 Grabsteine um.

1963

Juni 1963: Ein laut Polizei psychisch kranker Täter wirft auf dem jüdischen Friedhof Groß-Bieberau (Hessen) 27 Grabsteine um.

Juli 1963: Unbekannte beschädigen auf dem jüdischen Friedhof in Celle mehrere Grabsteine.

11. November 1963: Jugendliche werfen auf dem jüdischen Friedhof im hessischen Alsbach 101 Grabsteine um.

1964

April 1964: In Köln werfen Unbekannte zahlreiche Grabsteine auf dem jüdischen Friedhof um.

Juli 1964: Auf dem jüdischen Friedhof in Frankfurt am Main werfen Unbekannte 11 Grabsteine um.

Juli 1964: In Gießen und Darmstadt werfen Unbekannte Grabsteine auf den jüdischen Friedhöfen um.

November 1964: Unbekannte werfen auf dem jüdischen Friedhof in Saarbrücken 20 Grabsteine um.

Dezember 1964: Auf dem jüdischen Friedhof in Chemnitz werden Grabsteine umgeworfen.

Dezember 1964: Auf dem jüdischen Friedhof in Fürth werden 39 Grabsteine von Jugendlichen umgeworfen.

1964: In Beeskow (Brandenburg) werden auf dem jüdischen Friedhof Grabsteine umgestoßen.

1964: Auf dem jüdischen Friedhof in Demmin (Mecklenburg-Vorpommern) werden Grabsteine umgestoßen.

1964: In Feldberg (Mecklenburg-Vorpommern) werden auf dem jüdischen Friedhof drei Grabsteine umgeworfen.

1964: Im thüringischen Heiligenstadt werden auf dem jüdischen Friedhof 16 Grabsteine umgeworfen.

1964: Auf dem jüdischen Friedhof in Neubrandenburg (Mecklenburg-Vorpommern) werden zwei Grabsteine umgestoßen.

1965

Januar 1965: Im hessischen Sickenhofen werfen auf dem jüdischen Friedhof Jugendliche 25 Grabsteine um.

Januar 1965: Auf dem jüdischen Friedhof im hessischen Gelnhausen werden Grabsteine mit NS-Symbolen beschmiert.

Januar 1965: Unbekannte werfen auf dem jüdischen Friedhof in Hamburg elf Grabsteine um.

Januar 1965: Im nordrhein-westfälischen Havixbeck werfen Jugendliche zwei Grabsteine auf dem jüdischen Friedhof um.

Februar 1965: Unbekannte Täter zerstören Grabsteine auf dem jüdischen Friedhof im niedersächsischen Delmenhorst.

März 1965: Auf dem jüdischen Friedhof im hessischen Londorf werden 50 Grabsteine umgeworfen.

April 1965: Unbekannte werfen auf dem jüdischen Friedhof in Wiesbaden 63 Grabsteine um.

April 1965: In Egeln (Sachsen-Anhalt) werden auf dem jüdischen Friedhof 22 Grabsteine umgeworfen, einige sind in der Mitte zerbrochen.

Juni 1965: Im thüringischen Vacha werden auf dem jüdischen Friedhof 67 der insgesamt 93 Grabsteine umgeworfen. Als vermeintlichen Täter benennt die Polizei ein strafunmündiges, zehn Jahre altes Kind.

Juni/Juli 1965: Es ereignet sich eine ganze Serie antisemitischer Friedhofsschändungen im Bundesgebiet, unter anderem in Memmingen, Bamberg, Koblenz, Nieder-Ohmen, Echzell und Erpfting. »Raus mit den Juden«, »Heil Hitler, der große Führer« steht auf Grabsteinen.

13. Juni 1965: Der Gedenkstein für die 1938 zerstörte Synagoge in Bamberg wird vor seiner Einweihung mit der Parole »Judas verrecke« beschmiert.

Oktober 1965: Vier Schüler werfen auf dem jüdischen Friedhof in Hildesheim 92 Grabsteine um.

Oktober 1965: Auf dem jüdischen Friedhof in Wiesbaden werfen Schüler 55 Grabsteine um.

Oktober 1965: In Dortmund werfen Unbekannte auf dem jüdischen Friedhof Grabsteine um.

Dezember 1965: Im baden-württembergischen Efringen-Kirchen werfen Unbekannte sieben Grabsteine um.

1965: In Quedlinburg (Sachsen-Anhalt) werden neun, in Mühlhausen (Thüringen) zahlreiche Grabsteine auf den jüdischen Friedhöfen umgestoßen.

1966

22. Februar 1966: Jugendliche werfen auf dem jüdischen Friedhof in München 40 Grabsteine um.

Februar 1966: Im baden-württembergischen Haigerloch schänden vermutlich Rechte den jüdischen Friedhof.

März 1966: In Cochem/Mosel, Mönchengladbach, Haigerloch, Ottweiler und Osnabrück werden jeweils zwischen vier und 60 Grabsteine auf den jüdischen Friedhöfen umgeworfen.

April 1966: Unbekannte werfen auf dem jüdischen Friedhof in Konstanz Grabsteine um.

Mai 1966: Auf dem jüdischen Friedhof in Dortmund-Brakel beschmieren Unbekannte 31 Grabsteine.

Juni 1966: Unbekannte werfen auf dem jüdischen Friedhof in Mannheim 100 Grabsteine um.

Juli 1966: Auf den jüdischen Friedhöfen in Lübeck-Moisling werden 44, auf dem jüdischen Friedhof in Krefeld 23 Grabsteine umgeworfen; im baden-württembergischen Forbach-Hundsbach wird ein Sarg aufgebrochen.

August 1966: Rechte werfen auf dem jüdischen Friedhof in Leverkusen neun Grabsteine um und beschmieren sie mit NS-Symbolen. In Lübeck werden auf dem jüdischen Friedhof Grabsteine zerstört.

September 1966: Auf den jüdischen Friedhöfen in Essen-Werden, Hamm, Freistett und Krefeld werden zahlreiche Grabsteine umgeworfen.

November 1966: In Dachau wird ein Mahnmal beschmiert, in Kalkar werden 16 Grabsteine auf dem jüdischen Friedhof umgeworfen.

1966: Auf dem jüdischen Friedhof in Berlin-Weißensee werden neun Grabsteine umgestürzt.

1966: In Mühlhausen (Thüringen), Boizenburg und Neustrelitz (beide Mecklenburg-Vorpommern) werden auf den jüdischen Friedhöfen mehrere Grabsteine umgeworfen.

1967

Februar 1967: Unbekannte beschmieren Grabsteine auf dem jüdischen Friedhof in Düren mit NS-Symbolen.

März 1967: In Glehn (Nordrhein-Westfalen) und Neuenkirchen-Rietberg (Nordrhein-Westfalen) werden auf den jüdischen Friedhöfen Grabsteine umgeworfen, in Frechen (Nordrhein-Westfalen) wird ein Grab aufgebrochen.

1. Mai 1967: Täter beschmieren einen Gedenkstein in Dachau mit NS-Symbolen.

Mai 1967: In Neustadt am Rübenberge und im niedersächsischen Salzhemmendorf werden auf den jüdischen Friedhöfen zahlreiche Grabsteine umgeworfen und mit NS-Symbolen beschmiert.

Juli 1967: In Großkrotzenburg (Hessen) werfen Rechtsextreme 20 Grabsteine auf dem jüdischen Friedhof um.

2. Oktober 1967: Ein Betrunkener wirft auf dem jüdischen Friedhof in Frankfurt am Main zwei Grabsteine um.

November 1967: Rechtsextreme werfen im hessischen Langenselbold Grabsteine auf dem jüdischen Friedhof um.

1967: Auf dem jüdischen Friedhof in Anklam (Mecklenburg-Vorpommern) werden zwei Grabsteine umgestoßen.

1967: In Bauerbach (Thüringen) werden auf dem jüdischen Friedhof 15 Grabsteine umgeworfen und Tafeln zerschlagen.

1967: Auf dem jüdischen Friedhof im sächsischen Delitzsch werden 15 Grabsteine umgestoßen und zwei Grabeinfriedungen herausgerissen.

1968

Februar 1968: Auf dem jüdischen Friedhof in Würzburg werfen unbekannte 20 Grabsteine um.

Februar 1968: In Dresden werden auf dem jüdischen Friedhof 23 Grabsteine umgestoßen, die dabei zum Teil zerbrechen.

21. März 1968: Im niedersächsischen Einbeck werden auf dem jüdischen Friedhof 22 Grabsteine umgeworfen.

31. Mai 1968: In Lippstadt (Nordrhein-Westfalen) werfen Unbekannte auf dem jüdischen Friedhof 30 Grabsteine um.

Mai 1968: Im nordrhein-westfälischen Geilenkirchen stürzen Unbekannte drei Grabsteine auf dem jüdischen Friedhof um und beschmieren sie mit NS-Symbolen; in Oberheimbach (Rheinland-Pfalz) werfen vermutlich Jugendliche Grabsteine auf dem jüdischen Friedhof um.

Juni 1968: Auf den jüdischen Friedhöfen in Würzburg, Gießen, Gehaus (Thüringen) und Essen werden zahlreiche Grabsteine umgeworfen und teilweise zerstört.

1968: In Mühlhausen (Thüringen) werden auf dem jüdischen Friedhof mehrere Grabsteine umgeworfen.

1968: Auf dem jüdischen Friedhof in Quedlinburg (Sachsen-Anhalt) werden zehn Grabsteine umgestoßen und vier entwendet.

1968: Im thüringischen Sondershausen werden auf dem jüdischen Friedhof 26 Grabsteine umgeworfen.

1968: In Stadtlengsfeld (Thüringen) werden auf dem jüdischen Friedhof mehrere Grabplatten zerschlagen.

1968: In Meiningen-Walldorf (Thüringen) werden auf dem jüdischen Friedhof etwa 40 umgestoßene Grabsteine entdeckt.

1968: Auf dem jüdischen Friedhof in Zerbst (Sachsen-Anhalt) werden mehrere Grabsteine umgeworfen.

1969

Januar 1969: In Halle werfen Unbekannte auf dem jüdischen Friedhof 15 Grabsteine um.

Februar 1969: Der jüdische Friedhof in Magdeburg wird geschändet.

April 1969: In Berlin-Weißensee werden 42 Grabsteine auf dem jüdischen Friedhof von unbekannten Tätern umgeworfen.

Mai 1969: In Stendal (Sachsen-Anhalt) werden auf dem jüdischen Friedhof zwölf Grabsteine umgeworfen.

Juni 1969: Auf dem jüdischen Friedhof in Berlin-Weißensee werden erneut Grabsteine umgestoßen, dieses Mal acht.

26. August 1969: Jugendliche werfen auf dem jüdischen Friedhof in Essen 31 Grabsteine um.

4. September 1969: Auf dem jüdischen Friedhof in Köln-Deutz werfen vier Jugendliche 150 Grabsteine um.

24. Oktober 1969: In Heusenstamm (Hessen) werfen unbekannte Täter auf dem jüdischen Friedhof 13 Grabsteine um.

9. November 1969: Bei einem Gedenkakt zu den Novemberpogromen im Jüdischen Gemeindehaus in Berlin mit 250 Gästen platziert die Gruppe Tupamaros West-Berlin eine Bombe mit Zeitzünder, die jedoch nicht explodiert.

Dezember 1969: Unbekannte werfen im rheinland-pfälzischen Guntersblum auf dem jüdischen Friedhof 45 Grabsteine um.

1969: In Gehaus (Thüringen) werden auf dem jüdischen Friedhof mehrere Grabstätten beschädigt und Grabeinfassungen entwendet.

1970

10. Februar 1970: Drei Terroristen versuchen, ein Flugzeug der israelischen Fluglinie El Al auf dem Flughafen München-Riem zu entführen. Dabei wird ein israelischer Staatsbürger getötet, der sich auf eine Handgranate wirft, um seine Mitreisenden zu schützen.

13. Februar 1970: Bei einem Brandanschlag auf ein jüdisches Altenheim in München werden sieben Menschen getötet. Bis heute sind die Täter nicht ermittelt.

Februar 1970: Unbekannte werfen im baden-württembergischen Schwetzingen 22 Grabsteine auf dem jüdischen Friedhof um.

März 1970: In Jöhlingen (Baden-Württemberg) und Bad Sobernheim (Rheinland-Pfalz) werden Grabsteine auf jüdischen Friedhöfen umgeworfen und beschmiert.

April 1970: Unbekannte werfen auf dem jüdischen Friedhof in Frankfurt am Main acht Grabsteine um, auf dem jüdischen Friedhof in Bottrop werden alle Grabsteine umgeworfen.

April/Mai 1970: Im thüringischen Suhl-Heinrichs werden auf dem jüdischen Friedhof bis zu 47 Grabsteine umgestoßen, die Polizei gibt die Verantwortung Kindern, die noch nicht strafmündig sind.

15. Mai 1970: Auf dem jüdischen Friedhof in Paderborn werden Grabsteine umgeworfen.

1. Juni 1970: Auf dem jüdischen Friedhof im hessischen Lindheim werfen Unbekannte elf Grabsteine um.

12. Juli 1970: Betrunkene Soldaten werfen auf dem jüdischen Friedhof in Celle vier Grabsteine um.

Juli 1970: Im thüringischen Bleicherode werden auf einem jüdischen Friedhof 35 bis 40 umgeworfene Grabsteine entdeckt. Innerhalb kurzer Zeit wird der Friedhof dreimal geschändet.

August 1970: Unbekannte werfen in Xanten und Neudenau (Baden-Württemberg) Grabsteine auf den jüdischen Friedhöfen um.

Oktober 1970: Im hessischen Höchst im Odenwald werfen Kinder auf dem jüdischen Friedhof Grabsteine um.

November 1970: Jugendliche werfen 62 Grabsteine auf dem jüdischen Friedhof in Großkrotzenburg (Hessen) um.

1970: Auf dem jüdischen Friedhof in Berlin-Weißensee werden Grabsteine umgestoßen und zerstört.

1970: In Grabow (Mecklenburg-Vorpommern) werden auf dem jüdischen Friedhof Grabsteine umgestoßen.

1970: Auf dem jüdischen Friedhof in Marisfeld (Thüringen) werden mehrere Grabsteine umgeworfen.

1970: In Plaue (Thüringen) wird auf dem jüdischen Friedhof ein Grabstein umgestoßen.

1970: Auf dem jüdischen Friedhof in Rostock werden 20 Grabsteine umgestoßen.

1971

Januar 1971: Unbekannte werfen auf dem jüdischen Friedhof in Haaren bei Aachen Grabsteine um.

März 1971: Auf dem jüdischen Friedhof in Gießen werden mehrere Grabsteine zerstört, im niedersächsischen Fürstenau mehrere umgeworfen.

2. April 1971: Unbekannte stoßen mehrere Grabsteine auf dem jüdischen Friedhof in Remseck am Neckar um.

23. April 1971: Im baden-württembergischen Baisingen werfen Jugendliche auf dem jüdischen Friedhof acht Grabsteine um.

April 1971: Auf dem jüdischen Friedhof in Bernburg (Sachsen-Anhalt) zerschlagen Unbekannte die Scheiben der Leichenhalle, demolieren Türen und Mauern und stoßen acht Grabsteine um.

Mai 1971: Jugendliche schänden in Neunkirchen (Saarland) den jüdischen Friedhof, in Stuttgart werden fünf Grabsteine auf dem jüdischen Friedhof umgeworfen.

9. Juni 1971: Auf dem jüdischen Friedhof in Gelsenkirchen-Bulmke werfen Jugendliche 18 Grabsteine um.

September 1971: In München werfen Unbekannte 76 Grabsteine auf dem jüdischen Friedhof um.

Oktober 1971: Jugendliche werfen auf dem jüdischen Friedhof im hessischen Hanau 26 und in Wiesloch (Baden-Württemberg) zahlreiche Grabsteine um.

18. Dezember 1971: In Stuttgart werden 20 Grabsteine auf dem jüdischen Friedhof von Unbekannten umgeworfen und mit NS-Symbolen beschmiert.

1971: Auf dem jüdischen Friedhof in Berlin-Weißensee werden zahlreiche Grabsteine umgestoßen.

1971: Sämtliche Grabsteine auf dem jüdischen Friedhof in Delitzsch (Sachsen) werden umgestoßen.

1971: In Dreißigacker (Thüringen) werden auf dem jüdischen Friedhof sechs Grabsteine umgestoßen.

1971: 20 Grabsteine werden auf dem jüdischen Friedhof in Gehaus (Thüringen) umgeworfen.

1971: Auf dem jüdischen Friedhof in Schleusingen (Thüringen) wird ein Grab geöffnet.

1971: Im thüringischen Sondershausen werden auf dem jüdischen Friedhof Grabsteine umgestoßen.

1972

Februar 1972: Im nordrhein-westfälischen Geldern werfen Jugendliche auf dem jüdischen Friedhof 26 Grabsteine um und beschädigen sie erheblich, in Haaren bei Aachen werfen Unbekannte Grabsteine auf dem jüdischen Friedhof um.

März 1972: Nachdem im brandenburgischen Eberswalde regelmäßig auf dem jüdischen Friedhof Grabsteine durch unbekannte Personen umgestoßen werden, sichert sie die Friedhofsaufsicht an einem extra befestigten Eisenband.

März 1972: In Hahnstätten, Wittlich (beide Rheinland-Pfalz) und Ermershausen (Bayern) werden jeweils bis zu 62 Grabsteine auf jüdischen Friedhöfen umgeworfen. In Stuttgart werden auf dem jüdischen Friedhof zwei Grabsteine umgeworfen und neun mit NS-Symbolen beschmiert.

April 1972: In Lübeck-Moisling werden 30 Grabsteine auf dem jüdischen Friedhof umgeworfen, in Bergen-Belsen wird ein Mahnmal beschmiert.

Mai 1972: In Ulm wird eine Gedenktafel beschmiert.

12. Juni 1972: In Offenbach werfen Unbekannte auf dem jüdischen Friedhof 38 Grabsteine um.

August 1972: In Mainz werden 30, in Neuss 50 und in Köln-Deutz 150 Grabsteine auf den jüdischen Friedhöfen umgeworfen.

5. September 1972: Acht palästinensische Terroristen nehmen während der Olympischen Spiele in München die israelische Mannschaft als Geiseln. Insgesamt sterben 17 Menschen.

September 1972: Im hessischen Oldendorf werden sieben Grabsteine, in Frankfurt am Main 70 Grabsteine auf den jüdischen Friedhöfen umgeworfen.

Oktober 1972: In Paderborn werden 70 Grabsteine auf dem jüdischen Friedhof geschändet.

1972: Der jüdische Friedhof im thüringischen Bleicherode wird geschändet.

1972: Auf dem jüdischen Friedhof in Dresden werden Grabsteine umgeworfen.

1972: In Gehaus (Thüringen) werden zwischen 40 und 60 Grabsteine umgestoßen.

1972: Auf dem jüdischen Friedhof in Leipzig wird ein Grabstein umgeworfen.

1972: In Mühlhausen (Thüringen) werden auf dem jüdischen Friedhof Grabsteine umgestoßen.

1972: Vom jüdischen Friedhof in Neustrelitz (Mecklenburg-Vorpommern) werden Grabsteine entwendet.

1972: In Quedlinburg (Sachsen-Anhalt) werden auf dem jüdischen Friedhof 13 Grabsteine umgestoßen.

1973

23. Februar 1973: Auf dem jüdischen Friedhof von Burgkunstadt (Bayern) werden etwa 550 Grabsteine geschändet.

28. März 1973: Unbekannte werfen auf dem jüdischen Friedhof in Frankfurt am Main vier Grabsteine um.

April 1973: Auf dem jüdischen Friedhof in Gießen werden mehrere Grabsteine zerstört.

Juni 1973: In Witten (Nordrhein-Westfalen), Bad Soden (Hessen) und Waibstadt (Baden-Württemberg) werden auf den jüdischen Friedhöfen Grabsteine umgeworfen.

4. Juli 1973: In Wetzlar (Hessen) werfen Unbekannte auf dem jüdischen Friedhof mehrere Grabsteine um.

21. August 1973: Unbekannte werfen auf dem jüdischen Friedhof in Offenbach fünf Grabsteine um.

Oktober 1973: In Xanten (Nordrhein-Westfalen), Langenselbold (Hessen) und Diefflen (Saarland) werden jüdische Grabsteine umgeworfen und geschändet.

November 1973: Unbekannte werfen auf dem jüdischen Friedhof in Großkrotzenburg (Hessen) 15 Grabsteine um.

1973: Die jüdischen Friedhöfe in Erfurt und Aschenhausen (beide Thüringen) werden geschändet.

1973: Vom jüdischen Friedhof in Calvörde (Sachsen-Anhalt) werden Grabsteine entwendet.

1973: Im brandenburgischen Eberswalde werden auf dem jüdischen Friedhof Grabsteine umgeworfen.

1973: Auf dem jüdischen Friedhof in Havelberg (Sachsen-Anhalt) werden Grabsteine umgestoßen.

1973: Im thüringischen Marisfeld werden auf dem jüdischen Friedhof 23 Grabsteine umgestoßen und teilweise zerschlagen.

1973: In Suhl-Heinrichs (Thüringen) werden mindestens drei Grabsteine auf dem jüdischen Friedhof umgestoßen.

1974

Februar 1974: Jugendliche randalieren auf einem jüdischen Friedhof in Schwerin. Sie stoßen mehrere Grabsteine um, reißen die Wasserleitung heraus und legen drei Feuer.

3. März 1974: Unbekannte schänden in Diefflen (Saarland) den jüdischen Friedhof.

April 1974: Rechte verwüsten in Göttingen 108 jüdische Grabstellen, in Mainz beschmieren sie etwa 100 Grabsteine auf dem jüdischen Friedhof mit NS-Symbolen. In Hannover und Xanten werden auf den jüdischen Friedhöfen mehrere Grabsteine umgeworfen.

Mai 1974: Auf dem jüdischen Friedhof in Gonnesweiler (Saarland) werfen Unbekannte Grabsteine um.

Dezember 1974: Unbekannte werfen auf dem jüdischen Friedhof in Laudenbach (Baden-Württemberg) 58 Grabsteine um.

1974: Vom jüdischen Friedhof in Angermünde (Brandenburg) werden mehrere Grabsteine entwendet.

1974: Im thüringischen Arnstadt werden zehn Grabsteine auf dem jüdischen Friedhof umgestoßen.

1975

20. Januar 1975: Unbekannte stoßen auf dem Neuen Jüdischen Friedhof in Leipzig 29 Grabsteine um.

27. Januar 1975: In Stadthagen (Niedersachsen) werfen Unbekannte auf dem jüdischen Friedhof 16 Grabsteine um.

Februar 1975: Unbekannte werfen auf dem jüdischen Friedhof im rheinland-pfälzischen Rhaunen 20 Grabsteine um.

31. März 1975: Auf zwei jüdischen Friedhöfen im Stadtgebiet von Frankfurt am Main werden insgesamt 222 Grabsteine mit NS-Symbolen beschmiert.

10. April 1975: Unbekannte zertrümmern auf dem jüdischen Friedhof in Großkrotzenburg (Hessen) 62 Grabsteine.

Juni 1975: Auf dem jüdischen Friedhof in Herne werden 41 Grabsteine umgeworfen.

16. Juli 1975: Unbekannte werfen auf dem jüdischen Friedhof in Köln-Mülheim 24 Grabsteine um und beschädigen sie.

August 1975: In Ludwigshafen werden sechs, in Barsinghausen (Niedersachsen) 23 und in Gehrden (ebenfalls Niedersachsen) neun Grabsteine auf jüdischen Friedhöfen umgeworfen.

August 1975: Heinz Galinski, KZ-Überlebender und Vorsitzender der jüdischen Gemeinde in Berlin, überlebt einen Paketbombenanschlag.

3. September 1975: In Frankfurt am Main werden auf einem jüdischen Friedhof 46 Grabsteine umgeworfen und beschädigt.

1. Oktober 1975: In Magdeburg werden auf dem jüdischen Friedhof 23 Gräber, angeblich durch Kinder, geschändet.

November 1975: In Freiburg wird ein Mahnmal mit NS-Symbolen beschmiert, in Schwetzingen (Baden-Württemberg) 51 jüdische Grabsteine.

1975: Der jüdische Friedhof in Berlin an der Schönhauser Allee wird geschändet.

1975: In Potsdam wird der jüdische Friedhof geschändet.

1976

März 1976: Im hessischen Babenhausen werden 28, in Frankfurt am Main insgesamt 43 und in Höxter (Nordrhein-Westfalen) mehrere jüdische Grabsteine umgeworfen.

März 1976: Im thüringischen Suhl-Heinrichs werden auf dem jüdischen Friedhof etwa 18 Grabsteine umgeworfen, auf einem jüdischen Friedhof in Berlin-Ost zehn.

29. Mai 1976: Unbekannte werfen in Bergen-Belsen 18 Grabsteine um.

Juni 1976: In Gelsenkirchen, Bad Windsheim und Uehlfeld (beide Bayern) werden zahlreiche Grabsteine auf jüdischen Friedhöfen umgestoßen.

11. August 1976: In Frankfurt am Main wird ein Gedenkstein von Unbekannten beschädigt.

September 1976: In Dieburg (Hessen) und Jüchen-Hochneukirch (Nordrhein-Westfalen) werden mehrere Gräber auf jüdischen Friedhöfen geschändet.

Oktober 1976: Unbekannte werfen in Offenbach drei, in Michelbach (Rheinland-Pfalz) 23 und in Lippstadt-Lipperode zahlreiche Grabsteine auf jüdischen Friedhöfen um.

9. November 1976: In Krefeld werden 14 Grabsteine auf dem jüdischen Friedhof umgeworfen und mit NS-Symbolen beschmiert.

14. November 1976: In Witten (Nordrhein-Westfalen) und Nohfelden-Sötern (Saarland) werden jüdische Friedhöfe geschändet.

Dezember 1976: In Hanau (Hessen) werfen Unbekannte 23 Grabsteine auf dem jüdischen Friedhof um.

1976: In Bleicherode (Thüringen) werden etwa 40 Grabsteine umgestoßen, ein Großteil zertrümmert.

1976: Auf dem jüdischen Friedhof in Schleusingen (Thüringen) werden Grabsteine umgeworfen.

1976: In Schönebeck (Sachsen-Anhalt) werden auf dem jüdischen Friedhof Grabsteine umgestoßen und zerstört.

1976: Mehrere Grabsteine werden auf dem jüdischen Friedhof in Stendal (Sachsen-Anhalt) umgeworfen.

1977

Januar 1977: Im hessischen Pohl-Göns werden sechs Grabsteine auf dem jüdischen Friedhof umgeworfen.

Februar 1977: In Würselen und Xanten (beide Nordrhein-Westfalen) werfen Jugendliche zahlreiche Grabsteine auf jüdischen Friedhöfen um.

März 1977: Rechte beschmieren einen Gedenkstein in Newel-Butzweiler (Rheinland-Pfalz) mit NS-Symbolen.

April 1977: In Hamburg-Ohlsdorf werden 40, in Cham (Bayern) 62 und in Norden (Niedersachsen) zahlreiche Grabsteine auf jüdischen Friedhöfen umgestoßen und beschädigt. In Hannover-Bothfeld beschmieren Rechte 160 jüdische Grabsteine mit NS-Symbolen.

Mai 1977: Im saarländischen Sötern und in Dresden werden mehrere Grabsteine u. a. mit NS-Symbolen geschändet.

Juni 1977: Die KZ-Gedenkstätten in Wetterfeld (Hessen), Flossenbürg und Cham (beide Bayern) werden durch Rechte verwüstet und geschändet.

Juli 1977: Auf dem jüdischen Friedhof in Affaltrach (Baden-Württemberg) werfen Unbekannte 20 Grabsteine um.

August 1977: In Billerbeck und Havixbeck (beide Nordrhein-Westfalen) schänden Rechte jüdische Friedhöfe.

September 1977: Unbekannte werfen auf dem jüdischen Friedhof in München 63 Grabsteine um und beschädigen 13.

September 1977: Auf dem Alten Jüdischen Friedhof in Dresden werden etwa 25 Grabsteine umgestoßen und mehrere Symbole und Ornamente abgebrochen.

Oktober 1977: Rechte werfen auf dem jüdischen Friedhof in Weisweiler (Nordrhein-Westfalen) Grabsteine um und beschmieren sie.

Dezember 1977: In Münster werden auf dem jüdischen Friedhof fünf Grabsteine zerstört.

1977: Auf dem jüdischen Friedhof in Berlin-Weißensee werden 200 Grabsteine umgestoßen.

1977: In Leipzig werden auf dem jüdischen Friedhof neun Grabsteine umgeworfen.

1977: Vom jüdischen Friedhof in Quedlinburg (Sachsen-Anhalt) werden Grabsteine entwendet.

1977: Auf dem jüdischen Friedhof in Zittau (Sachsen) werden sieben Grabsteine umgestoßen.

1978

13. Januar 1978: Rechte schänden einen jüdischen Friedhof in Friedrichstadt (Schleswig-Holstein) und beschmieren ihn mit NS-Symbolen.

21. Januar 1978: Ein jüdischer Friedhof in Kiel wird von Rechten mit NS-Symbolen beschmiert.

Januar 1978: In Hagenbach (Rheinland-Pfalz) werden auf einem jüdischen Friedhof fünf Grabsteine umgeworfen und ein Grabstein mit NS-Symbolen beschmiert.

März 1978: In Herne, Braunschweig, Fürth, Berlin und Willmars (Bayern) werden auf jüdischen Friedhöfen jeweils bis zu 85 Grabsteine umgeworfen und unter anderem mit Hakenkreuzen beschmiert.

6. März 1978: Im hessischen Heusenstamm werfen Unbekannte auf einem jüdischen Friedhof acht Grabsteine um.

13. März 1978: Auf dem Neuen Jüdischen Friedhof in Leipzig stoßen Unbekannte neun Grabsteine um.

24. März 1978: Auf dem jüdischen Friedhof in Höchst (Hessen) werfen vermutlich Kinder 50 Grabsteine um.

3. April 1978: Rechte beschmieren ein Denkmal in Bergen-Belsen mit NS-Parolen.

24. April 1978: In Laudenbach (Baden-Württemberg) und Karlstadt (Bayern) werden jeweils etwa 30 Grabsteine auf den jüdischen Friedhöfen umgeworfen.

Mai 1978: In Oberwesel (Rheinland-Pfalz) und Neudenau (Baden-Württemberg) werden auf den jüdischen Friedhöfen mehrere Grabsteine umgeworfen.

Mai 1978: Im thüringischen Suhl-Heinrichs werden auf dem jüdischen Friedhof 16 Gedenksteine umgestoßen.

Juni 1978: In Königswinter (Nordrhein-Westfalen), Sohren, Jugenheim, Alzey (alle Rheinland-Pfalz), Herne und Bad Homburg (Hessen) werden auf den jüdischen Friedhöfen jeweils mehrere Grabsteine umgeworfen und teilweise beschmiert.

Juli 1978: In Darmstadt werden 36, in Einbeck (Niedersachsen) 15 jüdische Grabsteine umgeworfen.

August 1978: Unbekannte werfen in Lahn acht, in Heidelberg 21 Grabsteine auf jüdischen Friedhöfen um.

11. September 1978: Auf dem jüdischen Friedhof in Neudenau (Baden-Württemberg) werfen Unbekannte neun Grabsteine um.

13. Oktober 1978: Vermutlich Rechte werfen auf dem jüdischen Friedhof in Bad Rappenau (Baden-Württemberg) vier Grabsteine um.

20. Oktober 1978: Auf dem jüdischen Friedhof in Stendal (Sachsen-Anhalt) werden zehn Grabsteine mit Hakenkreuzen beschmiert.

21. November 1978: In Neckarsulm (Baden-Württemberg) beschädigen unbekannte Täter mehrere Grabsteine auf dem jüdischen Friedhof.

Dezember 1978: Auf dem jüdischen Friedhof in Kippenheim (Baden-Württemberg) werfen Unbekannte 18 Grabsteine um, in Freiburg werden jüdische Grabsteine mit NS-Parolen beschmiert.

1978: Auf dem jüdischen Friedhof in Rostock werden Grabsteine umgestoßen.

1979

18\. Januar 1979: Während der deutschen Erstausstrahlung der Fernsehserie »Holocaust – die Geschichte der Familie Weiss« sprengt eine rechtsextreme Gruppe je eine Fernseh-Sendeanlage bei Koblenz und bei Münster.

Februar 1979: Täter mit NS-Bezug beschmieren auf einem jüdischen Friedhof in Obernzenn-Egenhausen (Bayern) Grabsteine mit NS-Parolen.

April 1979: In Aschaffenburg (Bayern) schänden Rechte einen jüdischen Friedhof, in Steinheim (Nordrhein-Westfalen) Unbekannte.

März 1979: Im hessischen Hungen werfen Jugendliche 104 Grabsteine auf einem jüdischen Friedhof um.

April 1979: Auf dem jüdischen Friedhof in Höchst (Hessen) werfen Unbekannte 59 Grabsteine um.

Mai 1979: In Krumbach (Bayern) werden 94, in Frankfurt am Main 60 jüdische Grabsteine umgeworfen. In Kiel schänden Rechte einen Friedhof.

Mai 1979: In Eberswalde (Brandenburg) wird der jüdische Friedhof geschändet. Neun Grabsteine werden umgeworfen, vier sind mit Hakenkreuzen beschmiert und zwei mit brauner Farbe übergossen.

4\. Juli 1979: In Berlin wird ein jüdischer Friedhof von Rechten geschändet und mit NS-Symbolen beschmiert.

September 1979: Auf dem jüdischen Friedhof in Steinbach am Glan (Rheinland-Pfalz) werfen Unbekannte mehr als 100 Grabsteine um.

23\. Oktober 1979: Der jüdische Friedhof in Dorsten (Nordrhein-Westfalen) wird von Rechten geschändet.

November 1979: Auf einem jüdischen Friedhof in Frankfurt am Main schänden Unbekannte mehrere Gräber, in Goslar beschmieren Rechte 40 jüdische Grabsteine mit NS-Parolen.

22. November 1979: Unbekannte werfen auf dem jüdischen Friedhof in Groß-Bieberau (Hessen) sämtliche Grabsteine um.

1979: Der jüdische Friedhof in Bad Frankenhausen (Thüringen) wird geschändet, es wird ein Hakenkreuz aus Gips angebracht.

1980

Januar 1980: In Freiburg und Hannoversch Münden werfen Rechte Grabsteine auf den jüdischen Friedhöfen um und beschmieren sie mit NS-Symbolen.

Februar 1980: In München werfen Jugendliche auf einem jüdischen Friedhof 270 Grabsteine um; in Meinerzhagen (Nordrhein-Westfalen) schänden Rechte den jüdischen Friedhof.

März 1980: In Berlin-Charlottenburg schänden Rechte, in Gießen und Bayreuth Unbekannte den jüdischen Friedhof.

18. April 1980: Rechte schänden den jüdischen Friedhof in Jugenheim (Rheinland-Pfalz).

Mai 1980: Auf dem jüdischen Friedhof in Egeln (Sachsen-Anhalt) werden neun Grabsteine umgestoßen.

18. Juni 1980: Unbekannte werfen auf dem jüdischen Friedhof in Emden 100 Grabsteine um.

Juli 1980: Im hessischen Reichelsheim werden mehr als 20 Grabsteine auf dem jüdischen Friedhof umgeworfen.

10. August 1980: Unbekannte zerstören in Gießen etwa 20 Grabsteine auf dem jüdischen Friedhof.

September 1980: Rechte schänden die jüdischen Friedhöfe in Worms und Herford (Nordrhein-Westfalen).

Oktober 1980: Ein jüdischer Friedhof in Frankfurt am Main wird mehrfach geschändet. Insgesamt werden 60 Grabsteine mit NS-Parolen beschmiert.

Oktober 1980: Auf dem jüdischen Friedhof in Bleicherode (Thüringen) werden etwa zwölf Grabsteine umgestoßen.

Oktober 1980: Der jüdische Friedhof in Potsdam wird geschändet. Die Täter beschmieren acht Grabsteine mit Hakenkreuzen und zehn mit SS-Runen. Auf einem Grabstein steht: »Wir sind wieder da«, dahinter ist ein Hakenkreuz geschmiert.

November 1980: In Jugenheim (Rheinland-Pfalz) und Bad Hersfeld (Hessen) wird der jüdische Friedhof geschändet.

19. Dezember 1980: Der Rechtsextremist Uwe Behrendt, Anhänger der verbotenen paramilitärischen Wehrsportgruppe Hoffmann, erschießt den jüdischen Verleger Shlomo Lewin und dessen Lebensgefährtin Frida Poeschke in ihrer Wohnung in Erlangen.

22. Dezember 1980: Rechte schänden den jüdischen Friedhof in Landau (Rheinland-Pfalz).

26. Dezember 1980: Unbekannte werfen zwölf Grabsteine auf dem jüdischen Friedhof in Offenbach (Hessen) um.

1980: Auf dem jüdischen Friedhof in Leipzig wird ein Grabstein umgeworfen.

1980: In Sondershausen (Thüringen) werden auf dem jüdischen Friedhof vier Grabsteine umgestoßen.

1981

Februar 1981: Rechte schänden den jüdischen Friedhof in Salzgitter-Engelnstedt (Niedersachsen).

März 1981: In Hachenburg (Rheinland-Pfalz) wird der jüdische Friedhof von Rechten geschändet.

April 1981: Auf dem jüdischen Friedhof in Ulm werden elf Gräber verwüstet und mehrere Grabsteine zerstört.

30. April 1981: Auf dem jüdischen Friedhof in Leipzig werfen Jugendliche etwa 20 Grabsteine um, von denen etliche zertrümmert werden.

Juli 1981: Unbekannte beschädigen in Karbach acht, in Rödelsee (beide Bayern) zehn Grabsteine auf dem jüdischen Friedhof.

20. Juli 1981: Auf einem jüdischen Friedhof in Frankfurt am Main

brechen rechte Täter das Friedhofsportal auf und verwüsten sechs Gräber.

August 1981: Rechte schänden den jüdischen Friedhof in Brühl (Nordrhein-Westfalen) und Darmstadt.

Oktober 1981: In Gießen werden auf dem jüdischen Friedhof 102 Grabsteine mit NS-Parolen beschmiert, in Fulda (Hessen) zehn.

21. November 1981: Rechte beschmieren in Frankfurt am Main einen jüdischen Friedhof mit NS-Parolen und schänden mindestens zwölf Grabsteine.

1981: In Berlin wird auf dem Adass-Jisroel-Friedhof ein Gedenkstein umgestoßen.

1981: Auf dem jüdischen Friedhof in Gotha (Thüringen) werden 20 Grabsteine umgeworfen.

1981: Im thüringischen Plaue werden auf dem jüdischen Friedhof mindestens vier Grabsteine umgestoßen.

1981: Auf dem jüdischen Friedhof in Sondershausen (Thüringen) werden drei Grabsteine umgeworfen.

1982

15. Januar 1982: Anschlag auf das israelische Restaurant »Mifgash« in Berlin-Wilmersdorf. 14 Menschen werden zum Teil schwer verletzt, unter ihnen ein 14 Monate altes Mädchen, das seinen Verletzungen erliegt.

Januar 1982: In Lübeck-Moisling werden auf dem jüdischen Friedhof 16 Grabsteine mit NS-Parolen beschmiert.

21. Februar 1982: In Salzgitter (Niedersachsen) wird der jüdische Friedhof geschändet.

29. März 1982: Der jüdische Friedhof in Hachenburg (Rheinland-Pfalz) wird geschändet.

16. April 1982: In Chemnitz werden 50 Grabsteine auf dem jüdischen Friedhof umgeworfen.

Mai 1982: In Chemnitz werden auf dem jüdischen Friedhof erneut Grabsteine umgeworfen; in Gießen werden jüdische Grabsteine mit NS-Symbolen beschmiert; in Mönchengladbach stoßen Unbekannte 30 jüdische Grabsteine um.

Juli 1982: In Gießen werden 50 Grabsteine auf dem jüdischen Friedhof umgestoßen, in Gotha werden mehrere jüdische Grabsteine umgeworfen.

2. September 1982: Unbekannte werfen auf dem jüdischen Friedhof in Groß-Bieberau (Hessen) Grabsteine um.

2. Oktober 1982: Rechte werfen in Eppingen (Baden-Württemberg) 44 Grabsteine auf dem jüdischen Friedhof um.

10. Oktober 1982: Auf mehreren Friedhöfen in Gießen, darunter einem jüdischen, werfen Schüler insgesamt 68 Grabsteine um.

8. November 1982: In Frankenberg/Eder (Hessen) schänden Unbekannte jüdische Grabsteine mit NS-Symbolen.

9. November 1982: In Würzburg und im baden-württembergischen Bad Buchau werden auf dem jüdischen Friedhof zahlreiche Grabsteine umgestoßen.

16. November 1982: Auf dem jüdischen Friedhof in Dieburg (Hessen) werfen angeblich Kinder 30 Grabsteine um.

November 1982: Auf dem jüdischen Friedhof in Suhl-Heinrichs (Thüringen) werden zahlreiche Grabsteine umgerissen. Auf einige Grabsteine wird mit einem spitzen Gegenstand »Juden-Sau raus«, »Jude« sowie ein Davidstern geritzt.

1982: Auf dem jüdischen Friedhof in Gehaus (Thüringen) werden etliche Grabsteine umgestoßen.

1982: In Magdeburg werden auf dem jüdischen Friedhof Grabsteine umgestoßen und Gräber beschädigt.

1982: Auf dem jüdischen Friedhof in Tessin (Mecklenburg-Vorpommern) werden drei Grabsteine umgeworfen und zerstört.

1983

16. Januar 1983: In Konstanz werfen auf dem jüdischen Friedhof unbekannte Täter 45 Grabsteine um.

Januar 1983: Rechte schänden jüdische Friedhöfe in Hildesheim (Niedersachsen) und Offenbach. Auf dem jüdischen Friedhof in Kirn (Rheinland-Pfalz) werden vier Grabsteine umgestoßen.

28. Februar 1983: Auf einem jüdischen Friedhof in Aschaffenburg werfen Rechte sechs Grabsteine um und beschmieren weitere mit NS-Symbolen.

März 1983: In Simmern (Rheinland-Pfalz) wird der jüdische Friedhof von Rechten geschändet, im hessischen Babenhausen werfen Unbekannte mehrere jüdische Grabsteine um.

April 1983: Rechte schänden jüdische Friedhöfe in Kassel und Lübeck und beschmieren eine Gedenkstätte in Flossenbürg (Bayern) mit NS-Symbolen.

Mai 1983: In Mainz-Bretzenheim und Frankfurt am Main werden jüdische Gräber geschändet.

Juni 1983: Rechte schänden den jüdischen Friedhof in Offenbach.

9. Juli 1983: In Erfurt ritzen Unbekannte auf dem jüdischen Friedhof in 23 Grabsteine Hakenkreuze, SS-Runen und Parolen wie »Juden raus«. Weiterhin werfen sie zwei Grabsteine um.

Juli 1983: Der jüdische Friedhof in Kassel wird von Rechten geschändet, ebenso in Halle (Sachsen-Anhalt).

Oktober: Der jüdische Friedhof in Köln-Deutz wird von Unbekannten geschändet. Es werden 62 Grabsteine umgeworfen und beschädigt.

12. November 1983: Der jüdische Friedhof in Limburg (Hessen) wird von Rechten geschändet.

1983: Im thüringischen Berkach werden 28 Grabsteine auf dem jüdischen Friedhof umgestoßen.

1983: Auf dem jüdischen Friedhof in Calvörde (Sachsen-Anhalt) öffnen Unbekannte Gräber.

1983: Bis zu zehn Grabsteine werden auf dem jüdischen Friedhof in Eisleben (Sachsen-Anhalt) umgestoßen, weitere Grabstellen werden beschädigt.

1983: Im thüringischen Mühlhausen werden auf dem jüdischen Friedhof mehrere Grabsteine umgeworfen.

1983: Zwei Grabsteine werden auf dem jüdischen Friedhof im sächsischen Plauen umgestoßen.

1983: In Potsdam werden auf dem jüdischen Friedhof mehrere Grabsteine umgeworfen.

1984

Februar 1984: In Stolberg bei Aachen schänden Rechte den jüdischen Friedhof, in Mönchengladbach wird ein Denkmal von Unbekannten beschmiert.

März 1984: Rechte schänden den jüdischen Friedhof in Nordhorn (Niedersachsen).

Mai 1984: Der jüdische Friedhof in Berlin-Weißensee wird geschändet. Drei Gräber werden mit einem Spaten geöffnet, ein Schädel wird freigelegt.

Juli 1984: Auf dem jüdischen Friedhof im niedersächsischen Wagenfeld werfen unbekannte Täter zahlreiche Grabsteine um.

Oktober 1984: Im hessischen Ebersburg-Weyhers werfen Unbekannte 90 Grabsteine auf dem jüdischen Friedhof um.

November 1984: Der jüdische Friedhof in Wagenfeld (Niedersachsen) wird erneut geschändet.

Dezember 1984: Rechte schänden den jüdischen Friedhof in Kirchheim bei Marburg.

1984: Im thüringischen Berkach werden auf dem jüdischen Friedhof zahlreiche Grabsteine umgestoßen und zum Teil zerschlagen.

1984: Auf dem jüdischen Friedhof im thüringischen Mühlhausen werden mehrere Grabsteine umgestoßen.

1985

5. April 1985: Auf einem jüdischen Friedhof in Frankfurt am Main werfen Unbekannte 36 Grabsteine um.

Mai 1985: Rechte beschmieren in Bergen-Belsen die Gedenkstätte mit NS-Symbolen und werfen auf jüdischen Friedhöfen in Köln, Aachen und Bad Soden (Hessen) zahlreiche Grabsteine um.

Juli 1985: In Kronsberg im Taunus werfen vermutlich Rechte 18 Grabsteine auf dem jüdischen Friedhof um und schmieren Hakenkreuze und weitere Nazi-Parolen.

August 1985: Rechte beschmieren auf einem jüdischen Friedhof in Frankfurt am Main etwa 60 Grabsteine mit NS-Parolen und werfen zahlreiche um; in Aschaffenburg werfen sie 42 jüdische Grabsteine um und beschmieren sie.

Oktober 1985: In Bayreuth stoßen Unbekannte 27 Grabsteine auf dem jüdischen Friedhof um.

November 1985: Rechte schänden jüdische Friedhöfe in Bad Soden (Hessen), Vaihingen (Baden-Württemberg), Bad Homburg (Hessen) und Falkenstein (Bayern).

1985: Auf dem jüdischen Friedhof in Erfurt werden 31 Grabsteine umgestoßen.

1986

1. März 1986: Auf einem jüdischen Friedhof in Frankfurt am Main beschmieren vermutlich Rechte zahlreiche Grabsteine.

31. März 1986: Jugendliche werfen auf einem jüdischen Friedhof in Düsseldorf-Gerresheim 14 Grabsteine um und zerstören sie.

April 1986: Unbekannte Täter werfen in Mönchengladbach vier jüdische Grabsteine um und beschmieren sie; in Flehingen (Baden-Württemberg) werden 62 jüdische Grabsteine umgestoßen und zerstört.

Mai 1986: Rechte beschmieren die Gedenkstätte in Bergen-Belsen mit NS-Parolen.

Mai/Juni 1986: Unbekannte schänden die jüdischen Friedhöfe in Dormagen (Nordrhein-Westfalen) und Celle (Niedersachsen).

August 1986: In Werther (Nordrhein-Westfalen) und Osnabrück werfen Rechte zahlreiche Grabsteine um und beschmieren sie mit NS-Parolen.

9. August 1986: In Bielefeld schänden Schüler den jüdischen Friedhof.

Oktober 1986: Vermutlich rechte Täter werfen auf dem jüdischen Friedhof in Gailingen (Baden-Württemberg) zehn Grabsteine um.

9. November 1986: Ein rechter 17-jähriger Schüler schändet in Bielefeld etwa 50 jüdische Grabsteine mit antijüdischen und NS-Parolen.

November 1986: Unbekannte schänden die jüdischen Friedhöfe in Chemnitz, Altena (Nordrhein-Westfalen) und Mauerstetten-Steinholz (Bayern).

1986: In Bernburg (Sachsen-Anhalt) werden auf dem jüdischen Friedhof mehrere Grabsteine umgestoßen.

1986: Im thüringischen Bleicherode werden 13 Grabsteine auf dem jüdischen Friedhof umgestoßen.

1986: Auf dem jüdischen Friedhof in Gröbzig (Sachsen-Anhalt) werden 14 Grabsteine umgeworfen.

1987

5. Januar 1987: Rechte Täter schänden den jüdischen Friedhof im nordrhein-westfälischen Anrath.

März 1987: Rechte schänden jüdische Friedhöfe in Bochum und Steinheim an der Murr (Baden-Württemberg).

April 1987: In Schmitten (Hessen), Waibstadt (Baden-Württemberg) und Mönchengladbach-Rheydt werden die jüdischen Friedhöfe geschändet, Grabsteine umgestoßen und Grabplatten zerstört.

Mai 1987: Rechte Täter schänden den jüdischen Friedhof in Bremen und werfen in Preußisch Oldendorf (Nordrhein-Westfalen) 16 jüdische Grabsteine um. Unbekannte werfen auf einem jüdischen Friedhof in Frankfurt am Main 22 Grabsteine um und zerstören sie.

Juni 1987: Rechte schänden den jüdischen Friedhof in Buxtehude (Niedersachsen), werfen in Wittlich (Rheinland-Pfalz) 108 jüdische Grabsteine um und zerschlagen sie.

13. Juli 1987: In Beselich-Niedertiefenbach (Hessen) stürzen Rechte 28 jüdische Grabsteine um und beschmieren sie mit NS-Parolen.

August 1987: In Höchst (Hessen), Schwerte-Ergste (Nordrhein-Westfalen) und Rödelsee (Bayern) werfen rechte Täter zahlreiche jüdische Grabsteine um und beschmieren sie teilweise mit NS-Parolen.

11. Oktober 1987: In Altena (Nordrhein-Westfalen) beschädigen Unbekannte zahlreiche Grabsteine auf dem jüdischen Friedhof.

29. Oktober 1987: Der jüdische Friedhof in Schwedt (Brandenburg) wird geschändet. Es werden Hakenkreuze, SS-Runen, »Hitler«, »SA« und ein Davidstern geschmiert.

November 1987: In Hamm (Nordrhein-Westfalen), Hermeskeil und Winnweiler (beide Rheinland-Pfalz) werfen Rechte zahlreiche jüdische Grabsteine um und beschmieren sie mit NS-Parolen. In Bielefeld und Werther (Nordrhein-Westfalen) beschmieren Schüler jüdische Grabsteine mit NS-Parolen.

1987: Auf dem Adass-Jisroel-Friedhof in Berlin-Weißensee werden vier Grabsteine umgestoßen.

1987: In Grabow (Mecklenburg-Vorpommern) werden auf dem jüdischen Friedhof mehrere Grabsteine umgestoßen und zerstört.

1987: Auf dem jüdischen Friedhof in Nordhausen (Thüringen) werden drei Grabsteine umgeworfen.

1988

27. Februar 1988: Rechte schänden den jüdischen Friedhof in Hildesheim (Niedersachsen).

Februar 1988: Auf dem jüdischen Friedhof in Eisenach (Thüringen) wird ein Grab mit einem Hakenkreuz beschmiert.

März 1988: In Berlin haben fünf Jugendliche über Monate 222 Grabmale auf dem jüdischen Friedhof an der Schönhauser Allee zerstört.

18. April 1988: Vor dem Jüdischen Gemeindezentrum in Frankfurt am Main explodiert eine Autobombe. In dem Gebäude sind auch eine Schule und ein Kindergarten untergebracht. Verletzt wird niemand, es wird aber ein gewaltiger Sachschaden verursacht. Täter werden nicht ermittelt.

Mai 1988: Rechte Täter schänden jüdische Friedhöfe in Lübeck, Mühlhausen (Thüringen) und Obrigheim (Baden-Württemberg).

Juli 1988: Auf dem jüdischen Friedhof in Potsdam werfen Rechte 18 Grabsteine um.

24. Juli 1988: Rechte schänden den jüdischen Friedhof in Nienburg (Niedersachsen).

August 1988: Im bayerischen Burgreppach schänden rechte Täter den jüdischen Friedhof und beschmieren 15 Grabmale mit NS-Parolen.

September 1988: In Osterode (Niedersachsen) und Lage (Nordrhein-Westfalen) zerstören Rechte zahlreiche jüdische Gräber und beschmieren sie.

14. Oktober 1988: Rechte schänden den jüdischen Friedhof in Hildesheim (Niedersachsen).

November 1988: In Hanau (Hessen) und Memmingen (Bayern) schänden Rechte jüdische Friedhöfe; in Bad Buchau (Baden-Württemberg) werfen sie 17 jüdische Grabsteine um, zerschlagen sie und beschmieren sie mit NS-Parolen. In den brandenburgischen Städten Müncheberg und Fürstenwalde werden Hakenkreuzschmierereien auf den jüdischen Friedhöfen entdeckt.

10. Dezember 1988: Rechte schänden den jüdischen Friedhof im hessischen Mücke.

Dezember 1988: Ein jüdischer Friedhof in Berlin-Ost wird geschändet. Es werden sieben Grabsteine umgestoßen.

1988: Auf Grabsteine auf einem jüdischen Friedhof in Beeskow (Brandenburg) werden Hakenkreuze geschmiert.

1988: Im brandenburgischen Eberswalde werden auf dem jüdischen Friedhof mehrere Grabsteine umgestoßen.

1988: Auf dem jüdischen Friedhof in Neustrelitz (Mecklenburg-Vorpommern) werden sieben Grabsteine zerstört und Grabungen vorgenommen.

1988: In Rostock wird auf dem jüdischen Friedhof ein Grabstein umgestoßen, und es finden sich mehrere Schmierereien.

1988: Auf dem jüdischen Friedhof in Schleusingen (Thüringen) wird ein Grabstein umgestoßen.

1989

7. Januar 1989: In Berlin werden drei Gedenkstätten geschändet. An der Gedenkstätte Plötzensee, vor dem Denkmal an der Putlitzbrücke und an dem Denkmal zur Erinnerung an die Ermordung Rosa Luxemburgs werden Schweinekopfhälften abgelegt und teilweise Hakenkreuze geschmiert.

Februar 1989: Rechte Täter schänden jüdische Friedhöfe in Hungen (Hessen), Recklinghausen, Hildesheim (Niedersachsen), Wuppertal und Illingen (Saarland).

9. März 1989: Auf dem Gelände der Ausstellung »Topographie des Terrors« in Berlin wird ein Brandsatz gezündet, zwei von vier Scheiben zersplittern.

1. April 1989: Im hessischen Wetter stürzen Rechte 17, in Gießen 62 jüdische Grabsteine um und beschmieren sie mit NS-Symbolen.

Mai 1989: In Mülheim an der Ruhr und Bad Soden am Taunus (Hessen) schänden rechte Täter jüdische Friedhöfe.

15. Juni 1989: Rechte beschmieren auf einem jüdischen Friedhof in Hannoversch Münden sämtliche Grabsteine mit NS-Parolen.

29. August 1989: An dem Denkmal an der Putlitzbrücke in Berlin-Moabit wird ein Schweinekopf aufgehängt.

Oktober 1989: Unbekannte schänden einen jüdischen Friedhof in Berlin. Sie beschmieren die Friedhofsmauern mit rechten Parolen und werfen ein mit Maden durchsetztes Stück Schweinefleisch auf den Friedhof.

Dezember 1989: Rechte schänden jüdische Friedhöfe in Flörsheim, Spangenberg (beide Hessen) und Berlin.

1989: Auf dem jüdischen Friedhof in Potsdam wird ein Grabstein umgeworfen und zerbrochen sowie eine Glasplatte an einem Grabstein zerschlagen.

1990

1. Januar 1990: In Wankheim (Baden-Württemberg) werden auf dem jüdischen Friedhof 15 Grabsteine mit antisemitischen sowie PLO-Parolen beschmiert.

20. Januar 1990: Unbekannte randalieren auf dem jüdischen Friedhof in Rostock und werfen unter anderem sechs Grabsteine um.

16. März 1990: An das Denkmal an der Putlitzbrücke in Berlin-Moabit wird erneut ein Schweinekopf gehängt. In der Schnauze steckt eine antisemitische Schmähschrift mit Hakenkreuzen.

März 1990: Rechte Täter schänden jüdische Friedhöfe in Rottweil (Baden-Württemberg) und Bad Soden (Hessen).

7. April 1990: Rechte beschmieren auf dem jüdischen Friedhof in Kronberg (Hessen) 40 Grabsteine mit Hakenkreuzen, SA- und SS-Symbolen.

Mai 1990: Rechte Täter schänden die KZ-Gedenkstätte in Türkheim sowie jüdische Friedhöfe in Harburg (beide Bayern), Holzhausen und Lüxheim (Nordrhein-Westfalen).

Juli 1990: In Tübingen-Wankheim wird die Gedenkstätte für NS-Opfer geschändet, in Stuttgart beschmieren Rechte jüdische Grabsteine mit antisemitischen Parolen.

5. August 1990: Rechte Täter stoßen auf dem jüdischen Friedhof im hessischen Babenhausen 42 Grabsteine um und beschmieren elf mit antisemitischen Parolen.

12. August 1990: Unbekannte stoßen 20 Grabsteine auf dem jüdischen Friedhof in Paderborn um.

26. August 1990: In Ihringen (Baden-Württemberg) stoßen rechte Täter 177 Grabsteine um, zerstören sie teilweise und beschmieren den Friedhof mit NS-Symbolen.

31. August 1990: Rechte Täter stürzen auf dem jüdischen Friedhof in Hechingen (Baden-Württemberg) 200 Grabsteine um und beschmieren 90 Grabsteine mit Hakenkreuzen. Auf das Friedhofsportal schmieren sie »Auschwitz-Lüge«.

September 1990: Im hessischen Sickenhofen, in Peine-Telgte (Niedersachsen), Pulheim (Nordrhein-Westfalen) und Bad Sobernheim (Rheinland-Pfalz) schänden rechte Täter jüdische Friedhöfe; in Berlin-Weißensee werden zwölf jüdische Grabsteine umgestoßen und zerschlagen.

13. Oktober 1990: Im baden-württembergischen Vaihingen werden 138 jüdische Grabsteine mit Hakenkreuzen und SS-Runen beschmiert, in Unterriexingen bei Ludwigsburg werden Friedhofseingang und -mauern beschmiert.

1990: In Sondershausen (Thüringen) werden mindestens 14 Grabsteine auf dem jüdischen Friedhof umgeworfen.

1990: Auf dem jüdischen Friedhof im thüringischen Berkach werden zwischen 18 und 25 Grabsteine umgestoßen.

1991

15. Januar 1991: Rechte Täter werfen in Ihringen (Baden-Württemberg) jüdische Grabsteine um und beschmieren sie.

16. Januar 1991: In Freiburg verwüsten rechte Täter zahlreiche Grabstellen und beschmieren sie.

17. Januar 1991: In Mehlingen (Rheinland-Pfalz) schänden rechte Täter den jüdischen Friedhof.

10. Februar: Rechte schänden den jüdischen Friedhof in Dresden.

März 1991: Die jüdischen Friedhöfe in Dortmund und Kempten (Bayern) werden von Rechten geschändet.

Juli 1991: Rechte zerschlagen 36 Grabsteine auf dem jüdischen Friedhof in Zittau (Sachsen).

August 1991: Die jüdischen Friedhöfe in Nienburg (Niedersachsen) und Dörzbach (Baden-Württemberg) werden von Rechten geschändet.

6. November 1991: An dem Denkmal an der Putlitzbrücke in Berlin-Moabit wird eine Plastiktüte mit einem Schweinekopf, einem Hakenkreuz und einer Schmähschrift unter anderem gegen Heinz Galinski befestigt.

November 1991: Rechte schänden jüdische Friedhöfe in Weiden (Rheinland-Pfalz), Willich-Schiefbahn (Nordrhein-Westfalen), Düsseldorf und Aachen.

1992

22. Februar 1992: Der schwedische Rechtsterrorist John Ausonius (»Lasermann«) ermordet die jüdische, anhand einer Tätowierung als Holocaust-Überlebende erkennbare Garderobiere Blanka Zmigrod in Frankfurt am Main.

12. April 1992: Auf dem jüdischen Friedhof in Berlin-Weißensee werden 30 Gräber verwüstet.

20. April 1992: Ein 24-Jähriger wirft einen Beutel mit Fäkalien gegen das jüdische Denkmal an der Putlitzbrücke in Berlin-Moabit.

26. April 1992: Auf dem jüdischen Friedhof in Berlin-Weißensee werden 55 Grabsteine umgestoßen oder beschädigt.

Mai 1992: In Kiel werden auf dem jüdischen Friedhof 30 Grabsteine umgestoßen.

19. Juli 1992: Auf dem Gelände der jüdischen Landesgemeinde Thüringen in Erfurt werden zwei Schweineköpfe gefunden. Auf sie ist geschmiert: »Schweine müssen sterben, der Galinski auch. Es müssen noch mehr Juden sein«.

19. August 1992: In Hamburg werden auf dem Platz der Deportierten sämtliche Tafeln mit Parolen und Hakenkreuzen beschmiert.

26. August 1992: Auf einem jüdischen Friedhof in München werden 15 Grabsteine umgestoßen.

29. August 1992: Sprengstoffanschlag auf das jüdische Mahnmal an der Putlitzbrücke in Berlin.

12. September 1992: In Rhens (Rheinland-Pfalz) werden auf dem jüdischen Friedhof etwa 17 Gräber verwüstet.

September 1992: Der jüdische Friedhof in Berlin-Weißensee wird mehrfach geschändet, es werden unter anderem Hakenkreuze gesprüht.

September 1992: Brandanschlag auf die jüdische Baracke in der Gedenkstätte des ehemaligen Konzentrationslagers Sachsenhausen.

Oktober 1992: Nachdem im ehemaligen Konzentrationslager Ravensbrück versucht wurde, das Krematorium in Brand zu setzen, wird ein weiterer Brandanschlag auf die Gedenkstätte verübt.

3. November 1992 : Zerstörung von 90 Grabmälern und -steinen auf dem jüdischen Friedhof in Wuppertal.

21. November 1992: In Wülfrath (Nordrhein-Westfalen) stirbt ein 92-jähriger Jude an einem Herzinfarkt, nachdem er in einem Altersheim von einem Alt-Nazi geschlagen und antisemitisch beleidigt wurde.

1992 werden im gesamten Bundesgebiet 59 jüdische Friedhöfe geschändet.

1993

5. Januar 1993: Auf dem jüdischen Friedhof in Schleusingen (Thüringen) werden vier Grabsteine demoliert.

5. Januar 1993: Im hessischen Flörsheim werden auf dem jüdischen Friedhof vier Grabsteine umgestoßen.

12. Januar 1993: In Berlin-Mitte wird ein Schweinekopf vor einem Architekturbüro befestigt, das für den Bau der Synagoge in der Oranienburger Straße verantwortlich ist.

Februar 1993: In Lutzerath (Rheinland-Pfalz) werden auf dem jüdischen Friedhof mehrere Grabsteine beschädigt.

März 1993: Der jüdische Friedhof in Eisenhüttenstadt wird mehrfach geschändet, es werden Hakenkreuze sowie andere NS-Symbole gesprüht und Grabsteine umgeworfen.

21. April 1993: In Frankfurt am Main werden auf einem jüdischen Friedhof acht Grabsteine von Neonazis umgeworfen.

24. April 1993: Auf dem jüdischen Friedhof in Winnweiler (Rheinland-Pfalz) werden Hakenkreuze geschmiert.

27. Juli 1993: Auf dem jüdischen Friedhof in Hechingen (Baden-Württemberg) werden 15 Grabsteine zerstört.

18. August 1993: Das Denkmal an die Deportation von Juden am Bahnhof Berlin-Grunewald wird geschändet. Unbekannte legen zwei Schweineköpfe vor dem Denkmal ab.

August 1993: In Bausendorf und Trier (beide Rheinland-Pfalz) werden auf den jüdischen Friedhöfen mehrere Grabsteine umgestoßen. In Worms (ebenfalls Rheinland-Pfalz) werden mit schwarzem Lack 100 jüdische Grabsteine mit NS-Symbolen besprüht.

8. September 1993: Im brandenburgischen Wriezen werden auf dem jüdischen Friedhof 40 Grabsteine mit NS-Symbolen beschmiert.

28. September 1993: Auf einem jüdischen Friedhof in Dresden werden vier Grabsteine zerstört und die Friedhofsmauer über eine Strecke von 60 Metern mit NS-Parolen beschmiert.

19. Dezember 1993: In Worms (Rheinland-Pfalz) werden auf dem jüdischen Friedhof 40 Grabsteine umgestoßen.

1993 werden im gesamten Bundesgebiet 52 jüdische Friedhöfe geschändet.

1994

5. Februar 1994: Auf dem jüdischen Friedhof in Mainz-Ebersheim werden mehrere Grabsteine beschädigt.

25. März 1994: Vier Rechtsextremisten verüben einen Brandanschlag auf die von sechs Familien bewohnte Lübecker Synagoge. Erstmals seit der NS-Zeit steht eine Synagoge in Flammen.

20./21. April 1994: In der Nacht wird das Mahnmal zum Gedenken an die Verfolgung der Juden in Berlin-Tiergarten geschändet.

1. Mai 1994: In Kirn (Rheinland-Pfalz) werden fünf Grabsteine auf dem jüdischen Friedhof beschädigt.

Mai 1994: Auf dem jüdischen Friedhof in Wachenheim (Rheinland-Pfalz) werden Grabsteine beschädigt.

14. Juni 1994: In Bendorf (Rheinland-Pfalz) werden auf dem jüdischen Friedhof zehn Grabsteine beschädigt und einer gestohlen.

29. Juni 1994: Auf dem jüdischen Friedhof in Selters (Rheinland-Pfalz) werden 25 Grabsteine umgestoßen und drei Grabschriftplatten zerschlagen.

23. Juli 1994: Auf dem Gelände der Gedenkstätte Buchenwald randalieren 23 Skinheads, an der »Jüdischen Baracke« wird Feuer gelegt.

8. November 1994: Auf dem jüdischen Friedhof in Ober-Olm (Rheinland-Pfalz) werden Grabsteine beschädigt und mit Hakenkreuzen beschmiert.

1994 werden im gesamten Bundesgebiet 66 jüdische Friedhöfe geschändet.

1995

Februar 1995: Anschlag auf die Anne-Frank-Ausstellung in Berlin, Ausstellungsgegenstände werden zerstört.

7. Mai 1995: Bei einem erneuten Brandanschlag auf die Lübecker Synagoge brennt ein in Brand gesetzter Anbau vollständig aus.

Oktober 1995: Anschlag auf das erst kurz zuvor aufgestellte Holocaust-Mahnmal am Anhalter Bahnhof in Berlin, fünf von 16 Skulpturen werden zerstört.

1995 werden im gesamten Bundesgebiet 43 jüdische Friedhöfe geschändet.

1996

Mai 1996: In der Gedenkstätte des Konzentrationslagers Sachsenhausen randalieren junge Nazis, es werden Schüsse in die Luft gefeuert, das Gästebuch wird beschmiert.

Mai 1996: Auf dem jüdischen Friedhof in Düren (Nordrhein-Westfalen) werden 20 Grabsteine umgestoßen.

2. Juli 1996: Im niedersächsischen Moringen werden 20 Grabsteine auf dem jüdischen Friedhof umgeworfen.

Juli 1996: Im nordrhein-westfälischen Drove werfen Neonazis auf dem jüdischen Friedhof zwölf Grabsteine um.

3. Oktober 1996: In Köln werden auf zwei jüdischen Friedhöfen insgesamt 14 Grabsteine umgestoßen und zahlreiche mit NS-Parolen beschmiert.

1996 werden im gesamten Bundesgebiet 33 jüdische Friedhöfe geschändet.

1997

April 1997: Im hessischen Rimbach werden auf dem jüdischen Friedhof zehn Grabsteine umgestoßen.

April 1997: Auf dem jüdischen Friedhof im thüringischen Sondershausen werden sechs Grabsteine umgeworfen.

8. Mai 1997: In Busenberg (Rheinland-Pfalz) werden auf dem jüdischen Friedhof 25 Grabsteine umgestoßen und 65 mit NS-Parolen beschmiert.

Mai 1997: Auf einem jüdischen Friedhof bei Aachen werden 20 Grabsteine umgeworfen.

26. August 1997: Im bayerischen Floß werden auf dem jüdischen Friedhof 24 Grabsteine umgeworfen.

15. September 1997: Auf dem jüdischen Friedhof an der Schönhauser Allee in Berlin werden 28 Grabsteine umgeworfen und zerschlagen.

9. Oktober 1997: Auf dem jüdischen Friedhof in Boizenburg (Mecklenburg-Vorpommern) werden 26 Grabsteine beschädigt und mit NS-Parolen beschmiert.

Oktober 1997: Auf dem jüdischen Friedhof in Berlin-Weißensee werden Grabsteine umgestürzt.

9. November 1997: In Chemnitz werden auf dem jüdischen Friedhof Hakenkreuze geschmiert.

10. November 1997: Auf dem jüdischen Friedhof in Oranienburg werden Grabsteine umgeworfen.

10. November 1997: Im bayerischen Landsberg werden Gedenksteine beschmiert.

1997 werden im gesamten Bundesgebiet 42 jüdische Friedhöfe geschändet.

1998

1. Januar 1998: In Berlin wird ein Gedenkstein für die ermordeten Juden zerstört.

Februar 1998: Auf dem jüdischen Friedhof im hessischen Bad Hersfeld werden 18 Grabsteine umgestürzt.

10. März 1998: In Neustadt bei Marburg werden auf dem jüdischen Friedhof 49 Grabsteine mit NS-Emblemen beschmiert.

Juli 1998: Auf einem jüdischen Friedhof in Bodenfelde (Niedersachsen) werden 25 Grabsteine zerstört.

Juli 1998: In München werden auf einem jüdischen Friedhof mehr als 25 Gräber verwüstet.

28. September 1998: Unbekannte sprengen die Umfassung des Grabes von Heinz Galinski, dem langjährigen Präsidenten des Zentralrats der Juden, in Berlin-Charlottenburg.

9. November 1998: Auf dem jüdischen Friedhof in Neustrelitz (Mecklenburg-Vorpommern) werden 16 Grabsteine mit NS-Parolen beschmiert.

19. Dezember 1998: In Berlin-Charlottenburg wird das Grab von Heinz Galinski erneut Ziel eines Sprengstoffanschlags. Durch die Explosion zerbirst der Grabstein. Die Detonation hat eine Streuwirkung von 40 Metern.

1998 werden im gesamten Bundesgebiet 34 jüdische Friedhöfe geschändet.

1999

17. Januar 1999: Auf dem jüdischen Friedhof in Göttingen werden Hakenkreuze geschmiert.

20. April 1999: In Nürnberg werden auf dem jüdischen Friedhof 85 Grabsteine umgeworfen.

Juni 1999: Auf dem jüdischen Friedhof in Fulda (Hessen) werden ein Grabstein umgestoßen und sieben Namensschilder zerstört.

31. August 1999: In Augsburg werden auf dem jüdischen Friedhof acht Grabsteine umgeworfen und beschmiert.

September 1999: Im bayerischen Fischbach werden acht Grabsteine auf dem jüdischen Friedhof umgestoßen.

2. Oktober 1999: Auf dem jüdischen Friedhof in Berlin-Weißensee werden 103 Grabsteine umgestoßen.

11. Oktober 1999: Der jüdische Friedhof in Berlin-Weißensee wird erneut attackiert, dieses Mal mit mehreren Brandsätzen.

19. Oktober 1999: Auf dem jüdischen Friedhof in Alsheim bei Mainz werden 30 Grabsteine umgestoßen und teilweise mit Hakenkreuzen beschmiert.

1999 kommt es im Bundesgebiet zu 36 Schändungen jüdischer Friedhöfe.

2000

20. April 2000: Brandanschlag auf eine bewohnte Synagoge in Erfurt. Das Feuer kann rechtzeitig gelöscht werden.

27. Juli 2000: Bombenanschlag am S-Bahnhof Wehrhahn in Düsseldorf. Zehn Menschen werden durch eine Splitterbombe teils schwer verletzt, die Hälfte der Verletzten gehört der jüdischen Gemeinde an. Bis heute sind die Hintergründe nicht aufgeklärt.

3. Oktober 2000: Zwei junge Männer werfen drei selbst gebastelte Molotowcocktails auf die Düsseldorfer Synagoge. Einer der beiden Täter beteiligt sich wenige Tage später an einem Angriff auf die Essener Synagoge.

7. Oktober 2000: Etwa 250 randalierende libanesische Palästinenser greifen nach einer Demonstration mit Steinen und Schreckschusspistolen die Alte Synagoge in Essen an. Es werden Scheiben an mehr als 30 Fenstern zerstört.

2001

19. Februar 2001: Nachdem ein anonymer Anrufer gegenüber der Polizei einen Bombenanschlag auf die Synagoge in Lübeck angedroht hat, wird dort eine Bombenattrappe gefunden.

2002

27. Januar 2002: In Dresden beschmieren Unbekannte fünf Gedenkstelen auf dem Heidefriedhof mit roter Farbe und antisemitischen Parolen wie »Tod den jüdischen Mördern«. Die Tat wird vom Oberbürgermeister als »Dummejungenstreich« abgetan.

30. Januar 2002: Auf dem jüdischen Friedhof in Boizenburg (Mecklenburg-Vorpommern) werden alle 31 Grabsteine umgeworfen, die meisten zerschlagen sowie ein Davidstern herausgeschnitten.

25. Februar 2002: In Boizenburg werden zwei Gedenkstätten sowie der jüdische Friedhof geschändet. An den drei Tatorten werden Schweineköpfe gefunden. In Wöbbelin (ebenfalls Mecklenburg-Vorpommern) wird eine Gedenktafel beschädigt und mit Hakenkreuzen beschmiert, in Boizenburg werden das Eingangstor des jüdischen Friedhofs und ein Grabstein mit Hakenkreuzen beschmiert.

7. März 2002: Der jüdische Friedhof in Rostock wird geschändet. Vier rechte Jugendliche geraten in Verdacht, sieben Gräber beschädigt und mit antisemitischen Parolen beschmiert zu haben.

13. März 2002: Unbekannte Täter beschmieren eine jüdische Gedenktafel am Hansa-Ufer in Berlin mit einem Hakenkreuz.

16. März 2002: Eine selbst gebastelte Rohrbombe wird auf den jüdischen Friedhof in Berlin-Charlottenburg geworfen. Sieben Fenster der Trauerhalle werden zerstört.

31. März 2002: Zwei amerikanische orthodoxe Juden werden in Berlin-Charlottenburg von einer Gruppe junger Männer beschimpft, geschlagen und getreten.

2. April 2002: Das jüdische Mahnmal an der Moabiter Putlitzbrücke in Berlin wird mit einem Hakenkreuz beschmiert.

10. April 2002: Auf einem Friedhof im sächsischen Drebach wird das einzige jüdische Grab geschändet: Der Grabstein wird umgestoßen, die Bepflanzung herausgerissen.

14. April 2002: Zwei jüdische Frauen werden in Berlin-Neukölln angegriffen. Einer Frau wird eine Davidstern-Kette vom Hals gerissen und ihr ins Gesicht geschlagen, die zu Hilfe eilende Mutter wird ebenfalls geschlagen.

28. April 2002: Die Synagoge in Berlin-Kreuzberg wird Ziel eines Brandanschlags.

30. Juni 2002: Auf dem jüdischen Friedhof in Strasburg (Mecklenburg-Vorpommern) werden elf Grabsteine umgestoßen.

12. Juli 2002: In Potzlow (Brandenburg) wird ein 15-Jähriger misshandelt, der wegen seines Erscheinungsbildes als Hip-Hopper ins Visier dreier rechter Täter geraten ist. Die Täter fordern, er solle zugeben, ein Jude zu sein. Als er das schließlich tut, ändert sich das Ziel ihrer Attacken. Jetzt geht es um Tötung. Das Opfer wird gezwungen, in die Kante eines Futtertrogs zu beißen. Durch einen Tritt mit einem Springerstiefel auf seinen Kopf wird er ermordet. Die Leiche wird in eine Jauchegrube geworfen.

4. September 2002: Auf eine Gedenkstätte an den Todesmarsch der KZ-Häftlinge in Below (Mecklenburg-Vorpommern) wird ein Brandanschlag verübt. Der Ausstellungsraum brennt aus, und Erinnerungsstücke an Häftlinge werden zerstört. Die Täter schmieren ein Hakenkreuz, SS-Runen und antisemitische Parolen.

5. September 2002: In Grevesmühlen (Mecklenburg-Vorpommern) wird ein jüdischer Gedenkstein mit Hakenkreuzen besprüht, zwei angrenzende Bäume werden gefällt.

7. September 2002: Auf dem jüdischen Friedhof in Bützow (Mecklenburg-Vorpommern) werden zehn Grabsteine mit einem Vorschlaghammer zerstört und mit Hakenkreuzen und SS-Runen besprüht.

11. Oktober 2002: Ein jüdisches Denkmal in Berlin-Tiergarten wird mit einem Hakenkreuz beschmiert.

8. November 2002: In Bochum wird die Gedenktafel an die ehemalige Synagoge mit einem antisemitischen Schriftzug beschmiert.

15. November 2002: Eine jüdische Gedenktafel in Berlin-Moabit wird beschmiert.

2003

16. Januar 2003: In Hannover wird ein Hakenkreuz in eine Gedenkplatte vor einem Mahnmal geritzt.

8. Februar 2003: Im hessischen Bensheim wird die Gedenkstätte an die zerstörte Synagoge mit Steinen beschädigt.

23. März 2003: Ein Rabbinatsstudent wird von einer Gruppe junger Männer in Berlin-Charlottenburg geschlagen.

30. März 2003: Das Mahnmal an die ehemalige Synagoge in Gelsenkirchen wird mit »Arbeit macht frei« beschmiert.

21. April 2003: Auf dem jüdischen Friedhof in Zwickau werden 52 Grabsteine umgerissen, sechs werden dabei vollständig zerstört.

4. Mai 2003: In Neustadt (Schleswig-Holstein) wird der jüdische Friedhof geschändet. Auf einen Grabstein wird »C18« (Combat 18) geschmiert, ein aufgeschlitztes Ferkel wird zurückgelassen.

6. Mai 2003: In der Gedenkstätte Belsen wird ein Gedenkstein umgestoßen und beschädigt.

8. Mai 2003: Auf dem Hauptfriedhof in Gotha (Thüringen) werden mehrere Gedenkstätten mit Hakenkreuzen und Davidsternen beschmiert.

11. Mai 2003: In Berlin wird ein Mann von einer Gruppe als »Drecksjude« beschimpft und mit Tritten ins Gesicht angegriffen, weil er eine Davidstern-Kette trägt.

12. Mai 2003: Auf dem jüdischen Friedhof in Bad-Kreuznach (Rheinland-Pfalz) werden 13 Grabsteine mit Hakenkreuzen, SS-Runen und antisemitischen Parolen beschmiert.

7. Juni 2003: In Berlin-Mitte wird ein jüdisches Mahnmal beschädigt, Steinstücke werden herausgeschlagen.

19. Juni 2003: In Berlin-Wedding werden einen Tag nach ihrer Verlegung drei Stolpersteine herausgerissen.

Juni 2003: Der jüdische Friedhof in Zittau (Sachsen) wird verwüstet: Es werden 31 Grabsteine umgerissen, wobei zehn vollständig zerstört werden.

1. Juli 2003: Wegen ihrer Davidstern-Kette wird ein 14-jähriges Mädchen in einem Linienbus in Berlin-Schöneberg beleidigt und angegriffen.

4. Juli 2003: Im niedersächsischen Beverstedt wird ein Grabstein auf einem jüdischen Friedhof beschädigt.

5. Juli 2003: In Norderstedt (Schleswig-Holstein) wird die Erinnerungstafel an der KZ-Gedenkstätte Wittmoor beschädigt. In dem Satz »Wir gedenken der 6 Millionen Juden, die in deutschen Konzentrationslagern ermordet wurden« wird die Zahl »6« herausgemeißelt.

9. Juli 2003: Ein jüdisches Mahnmal in Berlin-Tiergarten wird mit Pflastersteinen beworfen und beschädigt.

23. Juli 2003: Auf dem KZ-Friedhof in Vaihingen/Enz (Baden-Württemberg) werden Hakenkreuze und SS-Runen auf Gedenktafeln geschmiert.

27. Juli 2003: In der KZ-Gedenkstelle Langenstein-Zwieberge in Halberstadt (Sachsen-Anhalt) werden antisemitische Plakate, Kopien aus der NS-Zeit, geklebt.

Juli 2003: In Löcknitz (Mecklenburg-Vorpommern) wird massiv auf einen jüdischen Gedenkstein aus Granit eingeschlagen, sodass eine Ecke abbricht.

19. August 2003: Auf einem jüdischen Friedhof in Kassel (Hessen) werden mehr als 50 Gräber geschändet, die Grabsteine werden umgestoßen und teilweise zerbrochen.

Anfang September 2003: Das Mahnmal für die Zwangsarbeiter des KZ Sachsenhausen in Leegebruch (Brandenburg) wird geschändet, aus Steinen wird vor dem Mahnmal ein Hakenkreuz geformt.

7. September 2003: Auf dem jüdischen Friedhof in Dortmund-Wickede werden zahlreiche Grabsteine umgestoßen und ein Mahnmal zerstört.

14. September 2003: Zum dritten Mal in diesem Jahr wird der jüdische Friedhof in Staßfurt (Sachsen-Anhalt) geschändet; es werden die noch stehenden Grabsteine umgestoßen, sodass nun alle Gräber verwüstet sind.

16. September 2003: Auf dem jüdischen Friedhof in Dessau (Sachsen-Anhalt) werden drei Grabsteine aus der Verankerung gestemmt.

17. September 2003: In Efringen-Kirchen (Baden-Württemberg) werden auf dem jüdischen Friedhof 45 Grabsteine mit Hakenkreuzen und »Heil Hitler« beschmiert.

24. September 2003: Einen Tag nach ihrer Verlegung werden in Berlin-Kreuzberg zwei Stolpersteine aus dem Pflaster gerissen.

27. September 2003: Das Denkmal an der Rosenstraße in Berlin-Mitte zur Erinnerung an die Proteste von Angehörigen inhaftierter Juden wird geschändet, die Gesichter der Figuren werden zerkratzt.

28. September 2003: Vom Gedenkstein für Moses Mendelssohn auf dem jüdischen Friedhof in der Großen Hamburger Straße in Berlin-Mitte werden zwei Stücke herausgeschlagen.

28. September 2003: Der jüdische Friedhof in Alfter (Nordrhein-Westfalen) wird geschändet, mehrere Grabsteine und Statuen sind mit Hakenkreuzen beschmiert.

2. Oktober 2003: Zwei russisch sprechende Jüdinnen werden in Potsdam in der Straßenbahn beleidigt und geschlagen.

3. Oktober 2003: In Berlin-Neukölln wird die Tafel zum Gedenken an den Vorsitzenden der jüdischen Gemeinde bis 1942 mit Hakenkreuzen beschmiert.

12. Oktober 2003: Ein Denkmal vor der KZ-Gedenkstätte in Ravensbrück (Brandenburg) wird mit rechtsextremen und antisemitischen Parolen beschmiert.

13. Oktober 2003: Im hessischen Gudensberg werden auf dem jüdischen Friedhof auf 42 Grabsteine Hakenkreuze, SS-Runen, »Heil Hitler« und »Sieg Heil« geschmiert.

16. Oktober 2003: Auf mehrere Grabsteine auf dem jüdischen Friedhof in Beeskow (Brandenburg) werden Hakenkreuze und »Sieg Heil« geschmiert.

23. Oktober 2003: Eine Hinweistafel und ein Grabstein auf dem ehemaligen jüdischen Friedhof in Fehrbellin (Brandenburg) werden mit Hakenkreuzen und SS-Runen beschmiert.

5. November 2003: Eine Gedenkstätte an ermordete Juden in Extertal-Bösingfeld (Nordrhein-Westfalen) wird beschädigt.

6. November 2003: In Berlin-Mitte wird ein jüdischer Gedenkstein mit roter Farbe beschmiert.

6. November 2003: Das jüdische Mahnmal an der Putlitzbrücke in Berlin-Tiergarten wird beschmiert, und es wird ein Hakenkreuz eingeritzt.

9. November 2003: Noch vor der Einweihung wird das Mahnmal an eine jüdische Familie in Sprockhövel (Nordrhein-Westfalen) zerstört. Die in einer Mauer befestigte Metalltafel wird abgebrochen.

17. November 2003: In Löcknitz (Mecklenburg-Vorpommern) wird ein jüdisches Denkmal beschädigt, indem die Täter Ecken abschlagen, Symbole zerstören und niedergelegte Kränze in Böschungen werfen.

18. November 2003: Am Mahnmal an der Putlitzbrücke in Berlin-Tiergarten werden niedergelegte Kränze beschädigt.

21. November 2003: In Hagen (Nordrhein-Westfalen) werden die Synagoge und das jüdische Gemeindehaus mit antisemitischen und antiamerikanischen Parolen beschmiert.

November 2003: Ein geplanter Angriff von Rechtsextremisten auf die Veranstaltung zur Grundsteinlegung eines jüdischen Gemeindezentrums in München kann vereitelt werden.

4. Dezember 2003: In Dortmund werden sechs von sieben Grabsteinen einer jüdischen Gedenkstätte mit Hakenkreuzen und SS-Runen beschmiert.

4. Dezember 2003: Eine jüdische Gedenktafel am Rathaus von Nienburg (Niedersachsen) wird zerstört und mit Farbe beschmiert.

9. Dezember 2003: Auf dem jüdischen Friedhof in Achim (Niedersachsen) werden vier Grabsteine mit Hakenkreuzen, SS-Zeichen und Parolen beschmiert.

17. Dezember 2003: Aus einem fahrenden Auto werfen Täter Farbbeutel auf das jüdische Mahnmal an der Putlitzbrücke in Berlin-Tiergarten.

31. Dezember 2003: Auf dem jüdischen Friedhof in Brockum (Niedersachsen) wird ein Grabstein umgeworfen und beschädigt.

2004

8. Januar 2004: Ein jüdisches Ehrenmal in Northeim (Niedersachsen) wird mit Farbe beschmiert.

Januar 2004: Auf dem jüdischen Friedhof in Nickenich (Rheinland-Pfalz) werden zehn Grabsteine umgestoßen, vier weitere mit antisemitischen Parolen beschmiert.

27. Januar 2004: Die Inschrift des Synagogendenkmals in Duderstadt (Niedersachsen) wird zerschlagen, und ein Hakenkreuz wird eingeritzt.

2. Februar 2004: In Gotha (Thüringen) werden auf dem jüdischen Friedhof 14 Grabsteine umgestoßen, zwei weitere werden beschädigt.

16. Februar 2004: In Berlin Steglitz-Zehlendorf wird ein Gedenkstein für die Opfer des Holocaust mit Hakenkreuzen beschmiert.

17. Februar 2004: Die KZ-Gedenkstätte in Kaltenkirchen (Schleswig-Holstein) wird mit Farbe beschmiert, es werden Hakenkreuze und SS-Runen geschmiert.

21. Februar 2004: Ein Gedenkstein für KZ-Opfer in Berlin-Lichterfelde wird mit Hakenkreuzen beschmiert.

26. Februar 2004: Der jüdische Friedhof in Grabow (Mecklenburg-Vorpommern) wird geschändet, Gedenktafeln werden beschmiert.

7. März 2004: In Neuruppin und Fehrbellin (beide Brandenburg) wird jeweils ein jüdischer Gedenkstein mit SS-Runen und Parolen wie »Arbeit macht frei« und »Jedem das Seine« beschmiert.

23. März 2004: In der KZ-Gedenkstätte Sachsenhausen kommt es zu einem Rasenbrand über eine 150 Quadratmeter große Fläche, nachdem Jugendliche gezündelt hatten.

28. März 2004: Die KZ-Gedenkstätte Springhirsch und die Gräberstätte Moorkaten in Kaltenkirchen (Schleswig-Holstein) werden geschändet. Scheiben werden mit einem Holzknüppel zerschlagen, Bänke aus dem Boden gerissen und Pflanzen zerstört.

29. März 2004: In Walldorf (Thüringen) werden auf dem jüdischen Friedhof 91 der 200 Grabstellen verwüstet.

10. April 2004: Auf ein Mahnmal der Jüdischen Gemeinde zu Berlin werden ein Hakenkreuz und SS-Runen geschmiert.

13. April 2004: Das Mahnmal für jüdische Zwangsarbeiter auf dem Westfriedhof in Köln wird beschädigt.

18. April 2004: Auf dem jüdischen Friedhof in Bausendorf (Rheinland-Pfalz) werden Grabsteine mit Nazi-Symbolen beschmiert.

20. April 2004: In Osnabrück wird eine jüdische Gedenktafel beschmiert.

7. Mai 2004: In Halle (Sachsen-Anhalt) werden einen Tag nach ihrer Verlegung Stolpersteine aus dem Pflaster gerissen.

17. Mai 2004: Eine Gedenktafel für ermordete Juden in Berlin-Spandau wird mit antisemitischen Parolen beschmiert.

24. Mai 2004: Gedenksteine an den Todesmarsch von KZ-Häftlingen in Pinnow (Mecklenburg-Vorpommern) werden mit NS-Symbolen beschmiert.

3. Juni 2004: Weil er eine Kippa trägt, wird ein israelischer Tourist in Berlin verprügelt.

7. Juni 2004: Auf dem jüdischen Friedhof in Alsbach-Hähnlein (Hessen) werden zwei Grabmale umgestoßen, in weitere sieben werden Hakenkreuze geritzt.

19. Juni 2004: In Wildeshausen (Niedersachsen) wird ein Gedenkstein an die Synagoge zerbrochen.

28. Juni 2004: Auf einem jüdischen Friedhof in Düsseldorf beschmieren Rechtsextreme 41 Grabsteine mit Hakenkreuzen, SS-Runen und Hassparolen wie »Der Jude muss sterben«.

9. Juli 2004: In Düsseldorf greifen Nazis das Haus einer Familie an, deren Eltern politisch aktiv sind. Die Wohnungstür wird unter »Juden raus«-Rufen eingetreten.

14. Juli 2004: Ein Stolperstein in Düsseldorf-Bilk wird mit Teer übergossen.

24. Juli 2004: Im ehemaligen KZ-Außenlager Klinkerwerk in Oranienburg wird eine Skulptur beschädigt.

15. August 2004: In Berlin-Tiergarten wird ein jüdisches Mahnmal mit einem Hakenkreuz beschmiert.

17. August 2004: In Nordhausen (Thüringen) wird die KZ-Gedenkstätte mit antisemitischen Parolen beschmiert, zudem werden Transparente mit Hetzparolen angebracht.

17. August 2004: Auf dem jüdischen Friedhof in Schwarza (Thüringen) werden 22 Grabsteine umgerissen, mindestens drei davon zerbrechen.

24. August 2004: Auf einem jüdischen Friedhof in Bochum werden Rudolf-Heß-Aufkleber auf Grabsteine geklebt.

25. August 2004: In Berlin-Kreuzberg wird ein Tourist auf dem Weg zum Jüdischen Museum angegriffen, weil er eine Kippa trägt.

31. August 2004: In Frankfurt am Main wird ein orthodoxer Jude mit »Man hat wohl deine Eltern und Großeltern vergessen zu vergasen!« beschimpft und anschließend zu Boden geschubst.

7. September 2004: Auf dem jüdischen Friedhof in Neunkirchen (Saarland) werden 19 Grabstellen verwüstet, wobei die Täter die Grabsteine aus der Verankerung reißen und teilweise zerbrechen.

26. September 2004: Vier rechtsextreme Jugendliche verwüsten mehrere Grabstellen auf dem jüdischen Friedhof in Perleberg (Brandenburg).

13. Oktober 2004: Auf dem jüdischen Friedhof in Wickede (Nordrhein-Westfalen) werden in acht Grabsteine Hakenkreuze geritzt, ein weiterer wird komplett zerstört.

16. Oktober 2004: In Jülich (Nordrhein-Westfalen) werden zahlreiche jüdische Grabsteine unter anderem mit Hakenkreuzen beschmiert.

30. Oktober 2004: Zwei Tage nach ihrer Verlegung werden in Berlin-Wilmersdorf Stolpersteine aus dem Pflaster gerissen.

21. November 2004: Das jüdische Denkmal an der Putlitzbrücke in Berlin wird beschmiert.

28. November 2004: Auf dem jüdischen Friedhof in Bocholt (Nordrhein-Westfalen) werden Grabsteine mit rechten Parolen beschmiert.

2005

1. Januar 2005: An einer jüdischen Gedenkstätte in Detmold (Nordrhein-Westfalen) werden von zwei der vier Säulen die Symboltafeln gewaltsam entfernt.

8. Januar 2005: Eine jüdische Gedenkstätte auf einem Friedhof in Dortmund wird mit rechten Parolen beschmiert.

14. Januar 2005: Auf einem jüdischen Friedhof in Kehl (Baden-Württemberg) werden 13 Gräber mit Hakenkreuzen und »Hitler lebt« beschmiert.

17. Januar 2005: Ein Gedenkstein auf dem Gelände des ehemaligen Außenlagers des Konzentrationslagers Sachsenhausen in Falkensee (Brandenburg) wird mit dem Wort »Jude« beschmiert.

1. Februar 2005: In Berlin-Hohenschönhausen wird ein Hakenkreuz in die Gedenktafel der Synagoge geritzt.

4. Februar 2005: Zwei Männer pöbeln in der Fußgängerzone von Landau (Rheinland-Pfalz) »Scheißjuden, die gehören alle vergast!«. Ein Passant, der in ihre Richtung schaut, wird mit einem Kopfstoß verletzt. Ein weiterer Passant, der einschreiten möchte, wird ebenfalls angegriffen.

26. Februar 2005: Im bayerischen Mellrichstadt wird ein jüdisches Denkmal umgestoßen.

19. März 2005: In Berlin-Tiergarten wird ein jüdisches Mahnmal mit antijüdischen Parolen und Hakenkreuzen beschmiert.

27. April 2005: Auf dem jüdischen Friedhof in Babenhausen (Hessen) werden 13 Grabsteine aus ihrer Verankerung gerissen.

4. Mai 2005: Der Gedenkstein für die Synagoge in Nordhausen (Thüringen) wird mit Farbe beschmiert.

4. Mai 2005: Ein Schüler des jüdischen Gymnasiums wird in Berlin-Mitte antisemitisch beleidigt und angegriffen.

4. Mai 2005: In Berlin-Mitte wird ein kanadischer Tourist, der als Jude erkennbar ist, antisemitisch beleidigt, und ihm wird ins Gesicht gespuckt.

15. Mai 2005: Nach einem Zweitliga-Fußballspiel wird in Trier eine Person als »Scheißjude« beleidigt und zur Herausgabe ihres Fan-Schals aufgefordert. Danach wird die Person mehrfach geschlagen und, während sie schon am Boden liegt, getreten.

1. Juni 2005: In Berlin werden am Denkmal für die ermordeten Juden Europas Hakenkreuz-Schmierereien entdeckt.

3. August 2005: Die erst zwei Tage zuvor verlegten Stolpersteine in Pasewalk (Mecklenburg-Vorpommern) werden herausgerissen, Gedenktafeln mit Hakenkreuzen beschmiert.

3. August 2005: Eine Stele zum Gedenken an die Opfer der Judenverfolgung in Stralsund (Mecklenburg-Vorpommern) wird mit Altöl beschmiert.

14. August 2005: In Blankenhain (Thüringen) werden 15 Gräber von Opfern des NS-Regimes verwüstet, darunter sieben jüdische Gräber.

23. September 2005: Der jüdische Friedhof in Altenkirchen im Westerwald (Rheinland-Pfalz) wird geschändet: Mehrere Grabsteine werden zerschlagen und mit Hakenkreuzen beschmiert.

27. September 2005: In Berlin-Hellersdorf wird ein Antifaschist von zwei Nazis erkannt und, nachdem er vor ihnen flieht und sich versteckt, mit den Worten »Komm raus, du Bastard! Komm doch raus, du Judenfreund!« bedroht.

23. Oktober 2005: Auf dem jüdischen Friedhof in Neu-Eichenberg (Hessen) werden acht Grabsteine umgerissen.

6. November 2005: Ein Mahnmal in Dessau (Sachsen-Anhalt) wird mit der Parole »60 Jahre danach immer noch schuldig?? Nein!!!« beschmiert.

9. November 2005: In Brandenburg/Havel wird der jüdische Friedhof mit mehreren Hakenkreuzen und SS-Runen geschändet.

10. November 2005: Das Synagogen-Mahnmal in Hildesheim (Niedersachsen) wird mit roter Farbe überschüttet, es wird eine beschmierte Israel-Fahne gefunden.

18. November 2005: Die Gräber von Bertolt Brecht und Thomas Mann auf dem Dorotheenstädtischen Friedhof in Berlin-Mitte werden mit Davidsternen beschmiert.

2006

1. Februar 2006: Auf dem jüdischen Friedhof in Brandenburg/Havel werden mehrere Ehrenmäler mit Hakenkreuzen und SS-Runen übersprüht.

12. März 2006: Zwei jüdische Mahnmale in Berlin werden beschädigt und mit nationalsozialistischen Symbolen beschmiert.

22. März 2006: Auf dem jüdischen Friedhof in Obernkirchen (Niedersachsen) werden mehrere Gräber mit Hakenkreuzen beschmiert.

6. April 2006: Im saarländischen Merzig werden auf dem jüdischen Friedhof 15 Grabsteine umgeworfen oder zerschlagen.

26. April 2006: Im hessischen Bebra werden 28 Grabsteine und der Eingang mit schwarzer Farbe und Hakenkreuzen übersprüht.

15. Mai 2006: Auf einem Friedhof in Birnau bei Uhldingen-Mühlhofen (Baden-Württemberg) wird ein Gedenkstein für KZ-Opfer mit einem Hakenkreuz besprüht.

23. Mai 2006: Auf dem jüdischen Friedhof im hessischen Hasselbach werden fünf Grabsteine mit Hakenkreuzen und Schmähparolen beschmiert.

7. Juni 2006: Im niedersächsischen Beverstedt werden drei Grabmale aus der Verankerung gerissen.

9. Juni 2006: Drei Personen grölen in Zwickau (Sachsen) antisemitische Parolen und fordern eine unbeteiligte Person zum Mitgrölen auf, indem sie den Unbeteiligten mit einem Griff an den Hals gegen eine Wand drücken.

19. Juni 2006: In Eisenach (Thüringen) wird der Gedenkstein an der ehemaligen Synagoge beschädigt und ein Hakenkreuz in die Synagoge geritzt.

25. Juni 2006: Auf dem jüdischen Friedhof in Horb (Baden-Württemberg) werden 20 Grabsteine umgeworfen.

30. Juni 2006: Im hessischen Alsbach-Hähnlein werden auf einem jüdischen Friedhof Hakenkreuze auf Schilder gesprüht.

30. Juni 2006: Weil sie Punk-Musik hören, wird eine dreiköpfige Gruppe in Berlin-Prenzlauer Berg von zehn Personen als »Scheißjuden« beleidigt und mit Fußtritten und Schlägen gegen Kopf und Körper angegriffen.

14. Juli 2006: Auf dem jüdischen Friedhof im niedersächsischen Steinfurt werden mehrere Grabsteine umgestoßen.

13. August 2006: Im niedersächsischen Bunde werden auf zehn Gräbern des jüdischen Friedhofs die Steine umgeworfen oder zerbrochen.

17. September 2006: Ein jüdischer Gedenkstein im bayerischen Höchberg wird mit einem Hakenkreuz und antisemitischen Parolen beschmiert.

26. Oktober 2006: Brandanschlag auf das Dokumentationszentrum für NS-Zwangsarbeiter in Berlin-Schöneweide.

7. November 2006: Brandanschlag auf ein jüdisches Mahnmal im niedersächsischen Osterholz-Scharmbeck.

15. November 2006: In Cottbus (Brandenburg) werden fünf Stolpersteine gestohlen, ein weiterer mit Teer übergossen und mit einem Hakenkreuz beschmiert; zudem wird eine jüdische Gedenktafel mit einem Hakenkreuz besprüht.

12. Dezember 2006: In der KZ-Gedenkstätte Langenstein-Zwieberge in Halberstadt (Sachsen-Anhalt) werden mehrere Hakenkreuze in die Stützstange einer Gedenkkiefer gekratzt.

16. Dezember 2006: In Oranienburg (Brandenburg) wird ein Gedenkstein geschändet.

21. Dezember 2006: In Forst (Brandenburg) wird ein jüdischer Gedenkstein mit einem Hakenkreuz und »Judas« in roter Farbe beschmiert.

2007

1. Januar 2007: In Obernkirchen (Niedersachsen) werden auf dem jüdischen Friedhof fünf Grabplatten beschädigt.

3. Januar 2007: Ein jüdisches Mahnmal in Berlin-Moabit wird mit einem unlesbaren Schriftzug beschmiert.

3. Januar 2007: In Brandenburg/Havel werden an acht Standorten, darunter der jüdische Friedhof, eine Gedenktafel und mehrere Kirchen, Hakenkreuze, SS-Runen und weitere Nazi-Parolen geschmiert.

27. Januar 2007: In Stralsund (Mecklenburg-Vorpommern) werden drei von vier Stolpersteinen mit Beton zugegossen.

27. Januar 2007: In Verden (Niedersachsen) brennt ein als Mahnmal genutzter historischer Eisenbahnwaggon nieder, mit dem Menschen deportiert wurden.

Januar 2007: Fünf Personen schlagen in Berlin einem Menschen ins Gesicht, den sie zuvor als »Juden« und »Judenpack« bezeichnet haben.

Januar 2007: In Cottbus (Brandenburg) stört ein unbekannter Täter einen Gedenk-Gottesdienst in Erinnerung an die Opfer des Nationalsozialismus und leugnet den Holocaust.

19. Februar 2007: Auf dem jüdischen Friedhof in Nienburg (Niedersachsen) zerstören Unbekannte mehrere Grabmale.

22. Februar 2007: In Bad Neustadt an der Saale (Bayern) werden auf einem jüdischen Friedhof zwölf Grabstellen mit rechten Parolen beschmiert.

25. Februar 2007: Eine jüdische Kindertagesstätte in Berlin-Charlottenburg wird Opfer eines Anschlags: Parolen wie »Juden raus« und Hakenkreuze werden an die Fassade geschmiert, eine Rauchbombe wird in das Innere geworfen.

1. März: In Berlin-Moabit wird ein jüdisches Mahnmal und in Berlin-Prenzlauer Berg die Mauer eines jüdischen Friedhofs beschmiert.

3. März 2007: Im bayerischen Diespeck werden auf dem jüdischen Friedhof 60 Grabsteine umgeworfen, etwa die Hälfte wird unwiederbringlich zerstört.

6. März 2007: In eine am Synagogenplatz-Mahnmal in Tübingen angebrachte Stahlplatte wird ein Hakenkreuz geritzt. Wenige Tage später wird am selben Platz ein Hakenkreuz mit Kreide geschmiert.

24. März: Nazis beleidigen eine Frau in Berlin-Köpenick als »Judenschlampe« und bewerfen sie mit einer Flasche.

9. April 2007: Bei einem Brandanschlag auf das einem jüdischen und in Auschwitz ermordeten Künstler gewidmete Museum in Osnabrück (Niedersachsen) entsteht ein hoher Sachschaden.

22. April 2007: In Berlin-Moabit wird erneut ein jüdisches Mahnmal mit einem Hakenkreuz beschmiert.

April 2007: In Northeim (Niedersachsen) ruft ein Mann antisemitische Parolen wie »Judenschweine«. Als er von einem anderen Mann angesprochen wird, schlägt er diesem mit der Faust ins Gesicht.

14. Mai 2007: Eine Gedenkstele in Dessau (Sachsen-Anhalt) in Erinnerung an die deportierten Juden wird mit Hakenkreuzen und SS-Runen besprüht.

20. Mai 2007: Ein 16-Jähriger, der eine Kippa trägt, wird in Berlin in der S-Bahn antisemitisch beleidigt und geschlagen.

8. Juni 2007: Auf einem jüdischen Friedhof im bayerischen Aschbach werden 49 Grabsteine umgeworfen, von denen mehrere zerbrechen.

15. Juni 2007: Auf dem jüdischen Friedhof in Lohheide (Niedersachsen) wird ein Hakenkreuz in einen Grabstein geritzt.

22. Juni 2007: Nachdem er einer jüdischen Frau zu Hilfe kam, die zuvor antisemitisch beleidigt wurde, wird ein junger Mann in Berlin-Schöneberg mit einem Messer bedroht und mit einem Auto angefahren.

11. Juli 2007: Die einen Tag zuvor verlegten elf Stolpersteine in Bautzen (Sachsen) werden mit Teer übergossen.

11. Juli 2007: Eine Gedenkstätte in Berlin-Grunewald wird beschädigt. Mehrere Gedenkkerzen werden umgestoßen und eine Israel-Flagge verbrannt.

12. August 2007: Auf einem jüdischen Friedhof in Ihringen (Baden-Württemberg) werden 70 Grabsteine umgestoßen und teils erheblich beschädigt.

19. August 2007: In Varel (Niedersachsen) werden auf dem jüdischen Friedhof zwei Grabanlagen beschädigt.

22. August 2007: Auf einem jüdischen Friedhof in Heilbronn-Sontheim (Baden-Württemberg) werden acht Grabsteine umgeworfen und mit Hakenkreuzen beschmiert.

27. August 2007: In Bückeburg (Niedersachsen) werden auf dem jüdischen Friedhof vier Grabsteine beschädigt.

10. September 2007: Ein Rabbiner wird in Frankfurt am Main mit »Scheißjude, ich bringe dich um« beschimpft und bedroht. Anschließend sticht ihm der Täter mit einem Messer in den Bauch.

15. September 2007: Unbekannte beschmieren ein jüdisches Mahnmal in Hannover mit der Aufschrift »Judengrab«.

2. Oktober 2007: Die Mauer eines jüdischen Friedhofs in Freudental (Baden-Württemberg) wird über drei Meter zum Einsturz gebracht. Grabsteine werden umgetreten und mit Farbe beschmiert.

18. Oktober 2007: Am Eingang zum jüdischen Kindergarten in Berlin-Charlottenburg wird eine Sporttasche abgestellt, die mit Laub und Silberfolie gefüllt ist. Es wird von einer gezielten Provokation ausgegangen.

5. November 2007: In Hamburg wird eine bronzene Gedenktafel auf einem jüdischen Friedhof aus der Verankerung gerissen und gestohlen.

8. November 2007: In Ribnitz-Damgarten (Mecklenburg-Vorpommern) werden mehrere Grabsteine, die Friedhofsmauer sowie eine Gedenktafel mit Hakenkreuzen besprüht.

9. November 2007: In Obernkirchen (Niedersachsen) wird ein jüdischer Gedenkstein mit Farbe beschmiert.

19. November 2007: In Berlin werden am Denkmal für die ermordeten Juden Europas auf zwei Stelen antisemitische Schriftzüge entdeckt.

19. November 2007: In Berlin-Lichtenberg werden zwei Stolpersteine mit einer grauen Flüssigkeit beschädigt.

12. Dezember 2007: Zwei junge Rechtsextreme beleidigen in einem Bus in Berlin-Spandau zwei andere Männer antisemitisch, bespucken und schubsen sie.

23. Dezember 2007: In Berlin-Lichtenberg wird ein Mann in einer Begegnungsstätte antisemitisch beleidigt, und ihm wird gegen den Kopf geschlagen.

28. Dezember 2007: Ein Jordanier wird in einem Zug in Berlin-Schöneberg von drei Männern antisemitisch beleidigt und angegriffen. Ihm wird eine Glasflasche auf den Hinterkopf geschlagen.

2008

29. Januar 2008: Mindestens sechs Nazis beleidigen zwei junge Männer in Berlin antisemitisch und greifen sie auf dem Weg zur S-Bahn an. Beim Versuch, in eine S-Bahn zu fliehen, werden sie von den Tätern getreten.

30. Januar 2008: In Hannover wird ein jüdisches Mahnmal mit Farbe beschmiert.

Januar 2008: In Oranienburg (Brandenburg) wird die Gedenktafel für die Opfer des Todesmarsches mit »6 Mill« und »Lüge« sowie einem Davidstern und Hakenkreuz beschmiert.

14. Februar 2008: In Berlin-Charlottenburg wird ein Mann geschlagen, nachdem er antisemitisch beleidigt wurde.

19. Februar 2008: In Osterholz-Scharmbeck (Niedersachsen) wird ein jüdisches Mahnmal mit Farbe beschmiert.

24. Februar 2008: In Köthen (Sachsen-Anhalt) wird der jüdische Friedhof geschändet. Eine Gedenktafel wird beschädigt, und auf eine Mauer wird »Wir pissen auf dein Judengrab« gesprüht.

Februar 2008: In München wird an einem Bahnsteig ein Mensch als »Saujude« und »Scheißjude« beschimpft und anschließend geschlagen.

15. März 2008: In Tübingen wird eine Gedenktafel für einen Pfarrer, der Jüdinnen und Juden während des Nationalsozialismus versteckte, mit dem Wort »Jude« beschmiert.

April 2008: Bei einem Kreisliga-Fußballspiel in Brandenburg wird ein Mensch mit den Worten »Ihr Judenschweine, früher hätte euch Hitler vergast« beleidigt und anschließend geschlagen.

3. Mai 2008: In Hannover wird ein jüdisches Mahnmal mit Farbe beschmiert.

23. August 2008: Das Mahnmal für die ermordeten Juden Europas in Berlin wird mit elf Hakenkreuzen beschmiert.

August 2008: Innerhalb weniger Wochen wird auf dem jüdischen Friedhof in Cottbus (Brandenburg) mehrmals ein Marmorgrabstein umgestoßen.

Oktober 2008: In Eisleben (Sachsen-Anhalt) greift ein Täter einen Menschen körperlich an, zu dem er zuvor sagt: »Wenn ich wiederkomme, hast du die Mütze nicht mehr auf, du siehst aus wie ein Jude.«

2. November 2008: Ein Rabbiner, der mit acht Rabbinerschülern in einem Kleinbus fährt, wird in Berlin-Charlottenburg ausgebremst. Die Täter werfen einen brennenden Gegenstand auf den Kleinbus.

9. November 2008: In Wetter bei Marburg (Hessen) werden auf dem jüdischen Friedhof 25 Grabsteine umgeworfen.

17. November 2008: Die Eingangstür der ehemaligen Synagoge in Görlitz (Sachsen) wird mit der Parole »Keine staatlichen Gelder für Juden« und einem Hakenkreuz beschmiert.

November 2008: In Demmin (Mecklenburg-Vorpommern) zerstören Unbekannte auf dem jüdischen Friedhof acht Grabsteine und in Erinnerung an die Pogromnacht abgelegte Blumenkränze.

12. Dezember 2008: Ein junger Mann wird in einem Bus in Berlin-Marzahn antisemitisch beleidigt und durch Schläge und Tritte gegen den Kopf schwer verletzt.

2009

26. Januar 2009: In Schwerin (Mecklenburg-Vorpommern) werden 15 Stolpersteine in Erinnerung an deportierte Juden mit Beton übergossen.

Januar 2009: In Ballenstedt (Sachsen-Anhalt) wird einem Menschen mehrfach ins Gesicht geschlagen, nachdem der Täter zu ihm gesagt hat: »Du Judensau gehörst in die Gaskammer.«

1. Februar 2009: In Celle (Niedersachsen) werden Stolpersteine mit Farbe beschmiert.

Februar 2009: In Düsseldorf wird einem Mann von unbekannten Tätern ins Gesicht geschlagen und in den Bauch getreten, nachdem sie ihn mit »Jude, Jude, hast du Geld, gib Geld« ansprechen.

4. März 2009: In Peine (Niedersachsen) wird die Gedenkstätte der ehemaligen Synagoge mit Farbe beschmiert und eine Schautafel beschädigt.

11. April 2009: Nachdem er antisemitisch beleidigt worden ist, wird einem Taxifahrer in Berlin-Lichtenberg ins Gesicht geschlagen.

12. April 2009: In Berlin-Schöneberg wird ein Mann unter anderem antisemitisch beleidigt, zusammengeschlagen und beraubt.

1. Juni 2009: In Dransfeld (Niedersachsen) werden auf dem jüdischen Friedhof vier Grabsteine beschädigt.

7. Juni 2009: Auf dem jüdischen Friedhof in Wolfenbüttel (Niedersachsen) werden fünf Grabsteine umgestoßen und zwei weitere beschädigt.

22. August 2009: In Berlin-Treptow wird ein Mann von fünf Jugendlichen antisemitisch beleidigt und angespuckt, weil er russisch spricht.

23. August 2009: An einer Badestelle in Berlin-Zehlendorf wird ein junger Mann von neun Männern antisemitisch beleidigt und mit Bierflaschen beworfen.

25. August 2009: In Nordhorn (Niedersachsen) werden Hakenkreuze in eine Gedenktafel für jüdische Opfer des Faschismus geritzt.

27. August 2009: Auf dem jüdischen Friedhof in Norden (Niedersachsen) werden mehrere Grabsteine beschädigt.

September 2009: Ein Journalist wird in Buchholz (Niedersachsen) als »Judenschwuchtel« und »Judenpisse« beschimpft, anschließend zu Boden geworfen und getreten.

22. Oktober 2009: In Berlin-Charlottenburg wird ein Mann antisemitisch beleidigt und geschlagen.

Oktober 2009: Eine Tafel zum Gedenken an die Synagoge in Stralsund (Mecklenburg-Vorpommern) wird gestohlen.

12. November 2009: Ein jüdischer Gedenkstein in Laatzen (Niedersachsen) wird beschmiert und beschädigt.

13. Dezember 2009: Ein älterer Mann iranischer Herkunft wird in Berlin-Zehlendorf gefragt, ob er Jude oder Ausländer sei, und anschließend niedergeschlagen und mit Flaschen beworfen.

31. Dezember 2009: Drei Personen werden in Arnstadt (Thüringen) durch eine Gruppe Nazis als »Judensäue« beschimpft und körperlich angegriffen.

2010

23. Januar 2010: Brandanschlag auf das Haus der Demokratie im brandenburgischen Zossen, in dem eine Ausstellung zum Thema jüdisches Leben gezeigt wird. Ein Neonazi wird verurteilt.

5. Februar 2010: Im Anne-Frank-Zentrum in Berlin werden Hakenkreuze und antisemitische Parolen entdeckt.

14. März 2010: Der Verkäufer einer Obdachlosenzeitung, der im Gesicht ein Tattoo hat, das dem Davidstern ähnelt, wird in Berlin-Charlottenburg antisemitisch beleidigt, geschlagen und ausgeraubt.

26. März 2010: Zwei zehnjährige Mädchen werden in Berlin antisemitisch beleidigt und mit einer Flasche bedroht.

26. März 2010: Drei Personen werden in Berlin-Wilmersdorf in einem U-Bahnhof antisemitisch beleidigt, bedrängt und mit einer Flasche und Fäusten geschlagen.

10. April 2010: In der KZ-Gedenkstätte Hamburg-Wandsbek, die am 8. Mai in Anwesenheit von Überlebenden eröffnet werden soll, werden antisemitische Parolen entdeckt.

10. April 2010: In Berlin-Neukölln wird ein Mann antisemitisch beleidigt, und ihm wird ins Gesicht geschlagen.

16. April 2010: Ein gebürtiger Israeli wird in Laucha (Sachsen-Anhalt) als »Judenschwein« beschimpft und von einem ortsbekannten Rechten zusammengeschlagen und getreten, als er schon am Boden liegt.

19. April 2010: In Berlin-Wedding wird eine Gruppe kippatragender Kinder in der U-Bahn antisemitisch beleidigt und bespuckt.

April 2010: In Chemnitz werden innerhalb weniger Tage das jüdische Restaurant »Schalom« und die Synagoge beschädigt.

April 2010: Im sächsischen Delitzsch werden auf dem jüdischen Friedhof alle Grabsteine umgestoßen und eine Gedenktafel zerstört.

17. Mai 2010: Brandanschlag auf die Synagoge in Worms (Rheinland-Pfalz). An verschiedenen Stellen wird Feuer gelegt, durch ein Fenster wird ein Brandsatz geworfen. Die Feuerwehr kann rechtzeitig löschen.

15. Juli 2010: Vor einem Krankenhaus in Berlin-Kreuzberg wird eine im Rollstuhl sitzende Frau von zwei Frauen und deren Kindern antisemitisch beleidigt und mit einem Stein beworfen.

28. Juni 2010: In einer Diskothek in Berlin-Friedrichshain wird ein junger Tourist wegen seiner israelischen Herkunft antisemitisch beleidigt und geschlagen.

Juli 2010: In Bocholt (Nordrhein-Westfalen) werden auf dem jüdischen Friedhof zehn Grabsteine mit den Schriftzügen »Chriss ist ein Jude«, »Hure« und »Jude« beschmiert.

29. August 2010: Brandanschlag auf eine Totenhalle des jüdischen Friedhofs in Dresden.

30. Oktober 2010: Brandanschlag auf die Synagoge in Mainz; der geworfene Molotowcocktail bleibt allerdings in einem Baum hängen.

November 2010: In Bochum-Wattenscheid werden die Gedenktafel an der Synagoge sowie eine Stele für Opfer der Shoah mit Hakenkreuzen beschmiert. Der jüdische Friedhof wird geschändet, indem die Täter etwa 25 Grabsteine mit Hakenkreuzen und anderen NS-Symbolen beschmieren.

2011

23. Januar 2011: Brandanschlag auf das Haus eines Israelis im brandenburgischen Gosen. Die Fassade wird mit einem roten Davidstern und »raus« beschmiert.

31. März 2011: Nachdem ein Wirt antisemitisch beleidigt wird, wird er in seinem Restaurant in Berlin-Prenzlauer Berg angegriffen.

20. April 2011: Auf einem Friedhof in Essen werden 30 jüdische Grabsteine mit NS-Parolen beschmiert.

10. Mai 2011: Auf dem jüdischen Friedhof in Twistringen (Niedersachsen) wird ein Grabstein abgebrochen.

17. Juni 2011: In Berlin-Charlottenburg werden eine Frau und ein Mann von einer fünfköpfigen Gruppe antisemitisch beleidigt und angespuckt. Anschließend wird dem Mann mit einer gefüllten Tüte auf den Kopf geschlagen.

19. Juni 2011: In Berlin-Neukölln wird ein Mann in der Ringbahn von mehreren Rechtsextremen unter anderem antisemitisch beleidigt und geschlagen.

5. August 2011: Auf dem jüdischen Friedhof in Twistringen (Niedersachsen) wird ein Grabstein beschädigt.

7. August 2011: Ein 13-jähriger Junge wird in Berlin antisemitisch beleidigt und mit einer Kunststoffstange geschlagen.

25. August 2011: Ein 15-jähriger jüdischer Junge wird in Stuttgart antisemitisch beleidigt und brutal verletzt.

12. September 2011: An einer Bushaltestelle in Berlin-Neukölln wird ein 13-Jähriger antisemitisch beleidigt und geschlagen.

6. November 2011: In einer Gaststätte in Berlin-Wedding wird ein junger Mann antisemitisch beleidigt, zu Boden gestoßen, und ihm wird gegen den Kopf getreten.

2012

4. Januar 2012: In Berlin-Friedrichshain werden drei Jugendliche antisemitisch beleidigt und mit Steinen beworfen. Einem Jugendlichen wird ins Gesicht geschlagen.

21. Januar 2012: Der Eingang des Jüdischen Friedhofs in Wuppertal wird mit antisemitischen Parolen und Hakenkreuzen beschmiert.

25. Juni 2012: Der Hausmeister eines Lebensmittelgeschäfts beleidigt in Berlin-Wedding einen Mann antisemitisch und schlägt ihn.

28. August 2012: In Berlin-Schöneberg wird ein Rabbiner in Begleitung seiner Tochter von Jugendlichen antisemitisch beleidigt, und ihm wird gegen den Kopf geschlagen.

26. September 2012: Ein Mann, der eine Kippa trägt, wird in Begleitung seiner beiden Töchter in Berlin-Charlottenburg antisemitisch beleidigt und bedroht.

1. Oktober 2012: In Berlin-Schöneberg wird ein Obdachloser antisemitisch beleidigt und besprüht.

29. Oktober 2012: Eine Frau und ihre Tochter werden nachts durch Schläge gegen die Wohnungstür geweckt, es wird versucht, die Tür aufzubrechen. Erst als die Polizei gerufen ist, ziehen sich die Täter zurück. Einer ruft: »Ich kriege euch alle.« In dem Haus in Berlin-Steglitz wohnen vorwiegend jüdische Familien.

9. November 2012: In Greifswald (Mecklenburg-Vorpommern) werden sämtliche Stolpersteine gewaltsam herausgerissen und gestohlen.

2013

7. Januar 2013: Das Gebäude der KZ-Gedenkstätte Moringen (Niedersachsen) wird beschmiert mit den Parolen »Alles Lüge« und »Es war kein KZ hier«.

7. Januar 2013: In der Justizvollzugsanstalt Plötzensee in Berlin-Charlottenburg wird ein jüdischer Mann wegen seines Glaubens angegriffen und verletzt.

10. Februar 2013: In einem Bus in Berlin-Zehlendorf wird ein Mann antisemitisch beleidigt, weil er zuvor Hebräisch gesprochen hat. Einer der Täter schlägt mit einem Baseball-Schläger nach ihm.

13. März 2013: In Berlin-Schöneberg wird ein Mann antisemitisch beleidigt, angegriffen und beraubt.

2. Mai 2013: Auf dem jüdischen Friedhof in Neustadt im Kreis Ostholstein (Schleswig-Holstein) werden mehrere Gräber geschändet.

10. Mai 2013: Auf ein jüdisches Denkmal in Berlin-Mitte wird ein antisemitischer Schriftzug geschmiert.

12. Mai 2013: In Berlin-Schöneberg werden antisemitische Parolen an die Wohnungstür einer Frau geschmiert, die sich in einer Stolperstein-Initiative engagiert. Ihr Briefkasten wird gesprengt.

26. Mai 2013: Ein junger Mann wird in Berlin-Mitte vor einer Diskothek aus antisemitischen Gründen geschlagen.

2. Juni 2013: Ein Rabbiner wird in einem Einkaufszentrum in Offenbach (Hessen) von einer Gruppe Jugendlicher antisemitisch mit »Scheißjude« beschimpft, bedrängt und geschubst. Der Sicherheitsdienst kommt ihm nicht zu Hilfe, sondern zwingt ihn, die aufgenommenen Fotos der Täter zu löschen.

6. Juni 2013: In Berlin-Neu-Hohenschönhausen werden sieben Birken beschädigt, die aus der Umgebung von Auschwitz-Birkenau stammen und als »Ort des Erinnerns« gepflanzt wurden.

6. Juni 2013: In Berlin-Friedenau werden insgesamt 49 Stolpersteine mit Farbe beschmiert.

10. Juni 2013: Ein Mahnmal zur Erinnerung an deportierte Juden in Düsseldorf-Derendorf wird mit Hakenkreuzen und antisemitischen Parolen beschmiert.

10. Juli 2013: In Berlin-Lichtenberg wird ein Mann antisemitisch beleidigt und angegriffen.

7. November 2013: Einen Tag nachdem sie verlegt wurden, werden sieben Stolpersteine in Weiterstadt (Hessen) gestohlen.

9. November 2013: In Siegen sowie Bad Berleburg (beide Nordrhein-Westfalen) werden in einer koordinierten Aktion jüdische Friedhöfe geschändet. Es wird jeweils ein Transparent mit der Aufschrift »Die ewige Lüge lebt weiter« angebracht.

2. Dezember 2013: Eine Frau wird in Berlin-Pankow antisemitisch beleidigt, und ihr wird ins Gesicht geschlagen.

2014

13. Januar 2014: Ein Haus in Berlin-Schöneberg, in dem überwiegend jüdische Familien wohnen, wird mit einem israelfeindlichen Schriftzug beschmiert.

22. Februar 2014: Gefährliche Körperverletzung aus antisemitischen Motiven in Rangsdorf (Brandenburg).

15. März 2014: In Berlin-Neukölln wird ein Mann durch Schläge und Tritte verletzt. Die Täter rufen zuvor antisemitische Parolen und zeigen den Hitlergruß.

März 2014: Das Shoah-Denkmal in Herne wird mehrfach beschädigt.

1. April 2014: In Berlin-Mitte wird eine Frau antisemitisch beleidigt. Als ein Passant eingreift, wird dieser geschlagen.

11. April 2014: Vor seinem Geschäftsstand in einem Einkaufscenter in Berlin-Mitte wird ein junger Mann israelischer Herkunft antisemitisch beleidigt und geschlagen.

25. April 2014: In Berlin-Kreuzberg wird ein Mann antisemitisch beleidigt, und ihm wird ins Gesicht geschlagen.

5. Juli 2014: Das Anne-Frank-Bildungszentrum in Frankfurt am Main wird mit Parolen wie »Heil Hitler« und »Der Russe ist ein Jude« sowie Hakenkreuzen beschmiert.

7. Juli 2014: In Berlin-Tiergarten wird ein älterer Mann, der auf einer Parkbank sitzt, antisemitisch beleidigt, geschlagen und getreten.

24. Juli 2014: In Berlin-Charlottenburg wird einem jungen Mann, der eine Kippa trägt, ins Gesicht geschlagen.

28. Juli 2014: In Aachen wird der jüdische Friedhof geschändet. Eine Gedenktafel und ein Grabstein werden beschädigt.

29. Juli 2014: In Wuppertal greifen drei Männer die Synagoge mit mehreren Molotowcocktails an.

8. August 2014: Eine Jugendliche wird in Berlin-Mitte aus antisemitischen Motiven daran gehindert, aus der U-Bahn auszusteigen.

Im August 2014 werfen in Frankfurt am Main Unbekannte in der Nacht eine volle Bierflasche in das Badezimmerfenster der bekannten Frankfurter Jüdin Elishewa Patterson und rufen lautstark »Judenschwein«. Sie hatte sich in der Vergangenheit immer wieder öffentlich gegen Antisemitismus geäußert.

2. September 2014: In Berlin-Hohenschönhausen wird ein Mann antisemitisch beleidigt. Der Täter versucht ihn zu schlagen.

25. September 2014: Im Görlitzer Park in Berlin-Kreuzberg wird ein Mann antisemitisch beleidigt. Ihm wird eine Davidstern-Halskette abgerissen.

2. November 2014: Der Schriftzug »Arbeit macht frei« wird aus der Gedenkstätte Dachau gestohlen.

3. November 2014: Eine junge Frau wird in Berlin-Moabit von fünf Personen antisemitisch beleidigt, angegriffen und beraubt.

12. November 2014: In Hannover wird eine jüdische Gedenktafel angezündet.

23. November 2014: Nach dem Besuch einer Synagoge wird ein junger Tourist in Berlin-Charlottenburg antisemitisch beleidigt und geschlagen.

2015

1. Januar 2015: In einer U-Bahn in Berlin-Mitte singen sieben Männer antisemitische Lieder. Als ein junger Mann eingreift, wird er bespuckt, geschlagen und getreten.

13. Februar 2015: Der jüdische Friedhof in Oldenburg (Niedersachsen) wird wiederholt mit Hakenkreuzen beschmiert.

15. März 2015: Weil er bei der Buchmesse in Leipzig eine Israel-Fahne bei sich trägt, wird ein Mann bedrängt und angegriffen.

30. März 2015: Der Besitzer eines jüdischen Lebensmittelgeschäfts in Berlin-Mitte erhält ein Schreiben, in dem er aufgefordert wird, sich an einem bestimmten Datum an einem bestimmten Platz zwecks Deportation einzufinden.

10. April 2015: Vor ihrer Wohnung in Berlin-Neukölln wird eine Frau von ihrer Nachbarin antisemitisch beleidigt und bespuckt.

17. April 2015: In der U-Bahn in Berlin-Wilmersdorf wird ein Mann antisemitisch beleidigt und gestoßen.

3. Juni 2015: In Berlin-Neukölln wird eine Person antisemitisch und homophob beleidigt und geschlagen.

21. Juni 2015: Sechs Personen beleidigen in Berlin-Neukölln einen Mann antisemitisch, bespucken und verfolgen ihn. Der Mann kann entkommen.

26. Juni 2015: Ein älterer Mann wird in Berlin-Reinickendorf aus antisemitischer Motivation gewürgt.

27. Juni 2015: In München wird eine Ausstellung zu jüdischem Leben beschädigt, auf die Abbildungen werden mit einer Zigarette Hitler-Bärte gesengt.

28. Juni 2015: Auf einem jüdischen Friedhof in Stuttgart werden ein Hakenkreuz und weitere Parolen (»Hitler«, »Judenbank«) auf die Außenmauern und den Weg gesprüht.

14. Juli 2015: Der jüdische Friedhof in Gleidingen bei Hannover wird mit Hakenkreuzen beschmiert.

30. Juli 2015: Eine Gruppe junger Männer wird in Berlin-Neukölln antisemitisch beleidigt und mit einem Gegenstand beworfen.

2. August 2015: Weil er eine Kippa trägt, wird ein Mann in Berlin-Charlottenburg von drei Männern antisemitisch beleidigt und mit Flaschen beworfen.

29. August 2015: Über längere Zeit wird ein Mann in Berlin-Friedrichshain von einem benachbarten Jugendlichen antisemitisch beleidigt, schließlich wird er angespuckt und angegriffen.

30. August 2015: In Berlin-Charlottenburg kommt es bei einem Fußball-Heimspiel des jüdischen Vereins TuS Makkabi zu antisemitischen Beleidigungen und Angriffen durch Angehörige des Gastvereins, das Spiel wird abgebrochen.

Ende August 2015: Auf die Synagoge in Münster wird mit einem Luftgewehr geschossen.

14. Oktober 2015: Ein Mann bedroht vor einer Bar in Berlin-Wedding mehrere Personen aus antisemitischen Motiven mit einem Messer und einem Elektroschocker.

18. Oktober 2015: In Berlin-Charlottenburg werden Spieler von TuS Makkabi III während eines Spiels antisemitisch beleidigt und verprügelt.

22. Oktober 2015: In Potsdam wird die Gedenktafel der ehemaligen Synagoge mit einem Hakenkreuz beschmiert.

25. Oktober 2015: Nach der Frage, ob er Jude sei, wird einem jungen Mann in Berlin-Kreuzberg, bevor er antworten kann, beim Aussteigen aus der U-Bahn in Berlin ins Gesicht geschlagen.

28. Oktober 2015: Beim Verlassen der U-Bahn wird in Berlin-Kreuzberg ein Mann antisemitisch beleidigt und angespuckt.

9. November 2015: In Berlin-Tiergarten werden Teilnehmer einer Gedenkdemonstration aus einer Wohnung heraus antisemitisch beleidigt und mit einem vollen Getränkekarton beworfen.

20. November 2015: Ein Mann bedroht vor der israelischen Botschaft in Berlin-Wilmersdorf zwei Wachmänner mit einem Messer. Er trägt eine Sprengstoffattrappe in seinem Rucksack.

4. Dezember 2015: Auf dem Weihnachtsmarkt in Berlin-Tiergarten beleidigen zwei Männer Besucher. Als ein anderer Mann einschreitet, wird er antisemitisch beleidigt und geschlagen.

19. Dezember 2015: Weil er einen »Gay Israel«-Button trägt, wird ein Mann in einem U-Bahnhof in Berlin-Kreuzberg antisemitisch beleidigt, geschubst und des Buttons beraubt.

2016

1. Januar 2016: In Nürnberg schubst ein Täter sein Opfer aus antisemitischen Motiven ins Gleisbett und tritt ihm mehrfach gegen den Kopf, um zu verhindern, dass das Opfer das Gleisbett verlässt.

24. Januar 2016: Ein Mann und eine Frau werden in der U-Bahn in Berlin-Charlottenburg antisemitisch beleidigt, und der Mann wird beim Aussteigen getreten.

8. Februar 2016: In Berlin-Prenzlauer Berg wird ein Mann antisemitisch beleidigt und bedroht. Einer der Täter versucht, ihm gegen den Kopf zu schlagen.

4. März 2016: Ein älterer Mann wird in Berlin-Schöneberg von einem Nazi antisemitisch beleidigt, und ihm wird mit einer Glasflasche auf den Kopf geschlagen.

5. März 2016: Spanische Touristen werden nach dem Besuch eines Denkmals in Berlin-Wilmersdorf antisemitisch beleidigt, bedroht und angespuckt.

18. März 2016: Auf einem jüdischen Friedhof in Bleckede (Niedersachsen) werden elf Grabsteine stark beschädigt.

19. April 2016: In Frankfurt am Main wird eine Gedenkstätte für ermordete Frankfurter Juden mit einem rechtsextremen Symbol besprüht.

21. April 2016: In Altenburg (Thüringen) wird eine jüdische Gedenktafel mit Farbe übersprüht; vor die Tafel wird ein Hakenkreuz gesprüht.

30. April 2016: Ein Mann, der den »Hitlergruß« zeigt, beleidigt mehrere Besucher einer Gaststätte in Berlin-Prenzlauer Berg antisemitisch und bewirft sie mit einer Glasflasche.

13. Mai 2016: In der Gedenkstätte eines KZ-Außenlagers bei Braunschweig werden 75 Infotafeln mit goldenem Lack übersprüht und unleserlich gemacht.

6. Juni 2016: Das Denkmal für die zerstörte Synagoge in Gotha (Thüringen) wird durch Schmierereien mit NS-Parolen geschändet.

21. Juni 2016: Drei Männer greifen in Berlin-Kreuzberg einen jungen Mann, der eine Kippa trägt, mit Schlägen und Tritten an und beleidigen ihn antisemitisch.

5. Juli 2016: In Lieberose (Brandenburg) wird eine Gedenktafel in der Gedenkstätte des KZ-Außenlagers Jamlitz mit Pyrotechnik beschädigt.

15. Juli 2016: Ein Mann, der sich antisemitisch äußert, bedroht in Berlin-Steglitz einen einschreitenden Dritten mit einem Messer.

13. August 2016: In der Straßenbahn in Berlin-Prenzlauer Berg wird einem Mann aus antisemitischer Motivation ins Gesicht geschlagen.

21. August 2016: In Berlin-Köpenick beleidigt ein Mann eine kleine Gruppe antisemitisch und greift einen Mann mit Schlägen und Tritten an.

29. August 2016: Ein 35-jähriger Mann wird in Berlin-Charlottenburg antisemitisch beleidigt und geschlagen.

3. September 2016: Die Kleine Synagoge in Erfurt wird mit rechten Parolen beschmiert.

20. September 2016: Weil er eine Kippa trägt, wird ein Jude in Bad Hersfeld (Hessen) angepöbelt (»Scheiß-Israel«, »Fuck Israel«, »Tod Israel«) und mit einer Flasche beworfen.

29. Oktober 2016: In Berlin-Kreuzberg wird ein Mann aus antisemitischer Motivation geschlagen.

6. November 2016: Die erst ein Jahr alte Synagogen-Gedenkstätte in Frankfurt am Main-Rödelheim wird unter anderem mit »Juden sind Verbrecher« beschmiert.

9. November 2016: In Berlin-Charlottenburg wird der Geschäftsführer eines Unternehmens antisemitisch beleidigt und angegriffen.

27. November 2016: In Roßwein (Mittelsachsen) wird eine Reanimationspuppe, die mit einem Davidstern und einem Hakenkreuz versehen ist, von einer Fußgängerbrücke gehängt.

13. Dezember 2016: In Berlin-Pankow wird ein Gedenkstein mit einem Hakenkreuz und Schriftzügen besprüht.

16. Dezember 2016: Nachdem sich SEK-Kräfte aufgrund eines richterlichen Durchsuchungsbeschlusses Zugang zur Wohnung eines Täters in Nürnberg verschafft haben, greift dieser die Einsatzkräfte mit einer angespitzten Metalllanze an. Als Motiv nennt er antisemitische Beweggründe.

31. Dezember 2016: In Berlin-Moabit wird die Wohnungstür einer Familie mit antisemitischen Parolen beschmiert.

2017

21. Januar 2017: Vor einer Bar in Berlin-Charlottenburg wird ein Mann antisemitisch beleidigt, getreten und geschlagen.

28. Januar 2017: In Eisenach (Thüringen) wird ein Gedenkstein für die ehemalige Synagoge mit einem Hakenkreuz beschmiert.

13. Februar 2017: In Dresden überkleben Nazis Stolpersteine mit Aufklebern mit Namen von bei alliierten Bombenangriffen Getöteten.

10. März 2017: In Berlin-Schöneberg wird ein Junge aus antisemitischer Motivation von zwei Jugendlichen in den Schwitzkasten genommen und mit einer Spielzeugpistole bedroht.

15. März 2017: Während einer Taxifahrt wird eine Frau in Berlin-Kreuzberg von einem anderen Fahrgast antisemitisch beleidigt. Nach dem Aussteigen wird ihr ins Gesicht geschlagen, und sie verliert kurz das Bewusstsein.

12. April 2017: Im Ostbahnhof in Berlin wird ein Mann von vier Personen antisemitisch beleidigt und mit einer Glasflasche beworfen und getroffen.

24. April 2017: Ein Grab auf einem jüdischen Friedhof in Bremen-Hastedt wird mit einem Hakenkreuz beschmiert.

30. April 2017: Während einer Kundgebung in Berlin-Mitte wird versucht, die Israel-Flagge einer Teilnehmerin anzuzünden, welche diese auf dem Rücken trägt.

2. Mai 2017: In Heilbronn (Baden-Württemberg) werden auf einem jüdischen Friedhof zehn Grabsteine umgestoßen.

4. Mai 2017: Weil sie den Täter auf seine antisemitischen Aussagen und Schilder anspricht, wird eine Frau in Berlin-Mitte geschlagen und verletzt.

15. Mai 2017: In Berlin-Mitte wird ein Teilnehmer einer Gegendemonstration aus einer Palästina-Solidaritätskundgebung angegriffen.

6. Juni 2017: Auf dem jüdischen Friedhof in Gotha (Thüringen) werden 20 Grabsteine unter anderem mit Hakenkreuzen und SS-Runen beschmiert.

2. Juli 2017: Ein Denkmal für ermordete Juden in Hamburg-Altona wird mit antisemitischen Parolen beschmiert.

3. Juli 2017: In Berlin-Wedding wird ein Mann, der auf einer Parkbank sitzt und liest, antisemitisch beleidigt und bedroht. Beim Versuch, sich zu entfernen, wird der Mann mit einem Kopfstoß zu Boden gebracht.

19. Juli 2017: Ein jüdisches Grab auf einem Friedhof in Jena wird mit Feuerlöscherschaum und Glasscherben bedeckt.

17. August 2007: Der Gedenkstein der Synagoge in Bremerhaven wird mit Hammerschlägen beschädigt.

30. Oktober 2017: Weil er eine Kippa trägt, wird einem Juden in Zeitz (Sachsen-Anhalt) mit einer Glasflasche, die dabei zerbricht, auf den Kopf geschlagen.

6. November 2017: Mindestens zwölf Stolpersteine werden in Berlin-Neukölln gestohlen.

28. November 2017: In Bremerhaven-Lehe wird eine Synagoge mit einem Hakenkreuz beschmiert.

21. Dezember 2017: Jugendliche werfen aus antisemitischer Motivation Feuerwerkskörper gegen ein Restaurant in Berlin-Schöneberg. Der Besitzer war wenige Tage zuvor antisemitisch beleidigt worden.

2018

9. Januar 2018: In Wittenberge (Brandenburg) schlägt ein Mann mehrfach auf jüdische Grabsteine ein und beschädigt diese zum Teil stark.

20. Januar 2018: Zwei Männer bedrohen aus antisemitischer Motivation einen Mann und eine Frau in der U-Bahn in Berlin-Kreuzberg mit abgebrochenen Glasflaschen.

13. März 2018: Ein Teilnehmer einer »Save Afrin«-Demonstration in Berlin-Mitte wird von einem Mann geschlagen, der antisemitische Plakate trägt.

28. März 2018: Die Wohnungstür einer Frau in Berlin-Köpenick wird mit einem Fadenkreuz und dem Wort »Jude« beschmiert.

3. April 2018: In Chemnitz werden mehrere Gedenktafeln an einer Erinnerungsstätte beschädigt.

5. April 2018: Nach einem Brandanschlag auf eine Kindertagesstätte in Chemnitz, die auch eine jüdische Kindergruppe beherbergt, brennt diese komplett nieder.

14. April 2018: Auf einer »Mietenstopp«-Demo in Berlin-Mitte wird ein Teilnehmer von einem Mann, der ein antisemitisches Plakat trägt, mit diesem geschlagen.

17. April 2018: Weil er eine Kippa trägt, wird ein junger Mann in Berlin-Prenzlauer Berg beleidigt und schließlich mit einem Gürtel angegriffen.

26. April 2018: In Berlin-Neukölln wird ein Schüler von einem Mitschüler antisemitisch beleidigt und massiv bedroht.

28. April 2018: Auf einer VIP-Party von Hertha BSC in Berlin-Charlottenburg wird ein junger Servicemitarbeiter von einem Gast, der auch versucht, ihn zu schlagen, antisemitisch beleidigt.

1. Mai 2018: Ein Mann, der in Berlin-Neukölln Plakate aufhängt, wird von einer Gruppe aus antisemitischer Motivation verfolgt und geschlagen.

1. Mai 2018: In Berlin-Neukölln wird ein Mann antisemitisch beleidigt, geschlagen und getreten, nachdem er versucht hat, ein Plakat zu entfernen.

6. Mai 2018: Eine Frau wird in Berlin-Reinickendorf antisemitisch beleidigt und angegriffen.

20. Mai 2018: Beim Karneval der Kulturen wird eine Frau in Berlin-Kreuzberg von einem Mann, der ein antisemitisches Schild trägt, mit diesem niedergeschlagen und getreten.

21. Mai 2018: Wegen einer Davidstern-Tätowierung wird ein Mann in Berlin-Kreuzberg antisemitisch beleidigt und mit einem Kopfstoß angegriffen.

30. Mai 2018: Einen Tag nachdem sie verlegt wurden, werden drei Stolpersteine in Moers (Nordrhein-Westfalen) mit schwarzer Farbe besprüht.

3. Juni 2018: Weil er israelische Musik auf seinem Handy hört, wird einem jüdischen Jugendlichen in Berlin-Charlottenburg mehrfach ins Gesicht schlagen.

9. Juni 2018: In Berlin-Charlottenburg wird ein Mann antisemitisch beleidigt, am Oberkörper gepackt und beraubt.

15. Juni 2018: Eine 18-jährige Schülerin wird in Berlin-Mitte während einer Führung im Nikolaiviertel von einem älteren Mann antisemitisch beleidigt. Als die Stadtführerin sich einmischt, wird ihr ins Gesicht gespuckt.

14. Juni 2018: In Hechingen (Baden-Württemberg) wird auf einem jüdischen Friedhof ein Grabstein umgestoßen und zerstört, ein anderer wird über die Friedhofsmauer geworfen.

25. Juni 2018: Ein Ehepaar liegt mit seinem Baby auf einem Spielplatz in Berlin-Prenzlauer Berg auf einer Decke, als es antisemitisch beleidigt und bedroht wird. Der Täter tritt mehrmals gegen den Kinderwagen.

26. Juni 2018: In Berlin-Tempelhof wird ein 26-jähriger Mann aus antisemitischen Motiven bedroht und bespuckt.

7. Juli 2018: Ein 25-jähriger Mann wird in Berlin-Mitte aus einer Gruppe Jugendlicher antisemitisch beleidigt, ihm wird eine Davidstern-Kette abgerissen und mit der Faust ins Gesicht geschlagen. Beim Versuch zu fliehen bricht er zusammen und wird am Boden liegend getreten und geschlagen.

12. Juli 2018: In Bonn wird ein jüdischer Professor antisemitisch beleidigt (»Kein Jude in Deutschland«) und körperlich angegriffen. Zudem wird ihm seine Kippa mehrfach vom Kopf geschlagen. Die eintreffenden Polizisten verwechseln Täter und Opfer und schlagen dem Professor ins Gesicht.

12. Juli 2018: Zwei Männer beleidigen in einem Lokal in Berlin-Wedding eine Angestellte und Gäste antisemitisch. Ein eingreifender Mann wird mit einem Knietritt verletzt.

24. Juli 2018: In Berlin-Mitte wird ein 29-jähriger Mann antisemitisch beleidigt. Der Täter springt über einen Tisch und greift dem Opfer an den Hals.

2. August 2018: Ein Fenster der Synagoge in Gelsenkirchen wird durch einen Steinwurf beschädigt.

5. August 2018: Ein 23-jähriger Mann wird auf dem Alexanderplatz in Berlin-Mitte antisemitisch beleidigt, und ihm wird ins Gesicht geschlagen.

27. August 2018: Vermummte und schwarz gekleidete Personen greifen in Chemnitz während der rassistischen Proteste im Zusammenhang mit einem Tötungsdelikt mit Steinen, Flaschen und Stahlrohren ein jüdisches Restaurant an und rufen antisemitische Parolen.

8. September 2018: Weil sie einen Davidstern-Anhänger an ihrem Schlüsselbund trägt, wird eine Frau in Berlin-Neukölln vom Ver-

käufer eines Spätverkaufs antisemitisch beleidigt, verfolgt und mit Müll beworfen.

11. September 2018: In Boizenburg (Mecklenburg-Vorpommern) wird der jüdische Friedhof geschändet. Es werden Hakenkreuze sowie weitere NS-Symbole gesprüht.

17. September 2018: Ein 20-Jähriger wird in Frankfurt am Main als »Scheißjude« beleidigt und zusammengeschlagen.

18. September 2018: In Berlin-Tiergarten wird eine 18-jährige Frau antisemitisch beleidigt und mehrmals bespuckt.

22. September 2018: Ein 28-Jähriger wird in Berlin-Charlottenburg antisemitisch beleidigt, und ihm wird mehrmals gegen Oberkörper und Kopf geschlagen.

26. September 2018: In Berlin-Tempelhof wird ein 26-Jähriger unter anderem antisemitisch beleidigt und bedroht. Ihm wird auch mit der Faust ins Gesicht geschlagen. Der Täter zeigt den Hitlergruß.

29. September 2018: Drei Männer und eine Frau werden in Berlin-Neukölln von einer größeren Gruppe geschlagen und getreten. Sie werden als »Juden« und »Scheißzecken« beschimpft.

29. September 2018: In Berlin-Mitte wird ein 31-jähriger Mann aus antisemitischer Motivation geschlagen und getreten.

8. Oktober 2018: Eine Gruppe Jugendlicher klebt Nazi-Aufkleber auf die Synagogen-Gedenkstätte in Eisenach (Thüringen).

7. November 2018: Als ein Mann, der an einem Bahnhof in Berlin-Mitte ein antisemitisches Schild hochhält, von einem Passanten kritisiert wird, schlägt er mit diesem Schild zu und ruft antisemitische Beleidigungen.

9. November 2018: In Chemnitz werden 13 Stolpersteine beschädigt.

13. November 2018: Wegen einer Pro-Israel-Tasche wird eine Frau in Berlin-Wedding von einem Mann auf einer Treppe im Bahnhof bespuckt.

28. November 2018: In Berlin-Wilmersdorf wird ein 33-jähriger Mann antisemitisch beleidigt und so geschlagen, dass er zu Boden fällt.

30. November 2018: In Berlin-Schöneberg bedroht ein 36-jähriger Mann einen anderen Mann und eine Frau aus antisemitischer Motivation. Er versucht, die beiden zu schlagen.

11. Dezember 2018: Die Fassade der Synagoge in Gelsenkirchen wird mit einem Hakenkreuz und SS-Runen aus Dreck beschmiert.

2019

8. Januar 2019: In einem Bus in Berlin-Wedding reißt ein Täter aus antisemitischen Motiven einer Frau die Mütze vom Kopf und zieht sie an den Haaren.

12. Januar 2019: Ein 19-jähriger Mann, der eine Kippa trägt, wird in Berlin-Zehlendorf antisemitisch beleidigt und mit einem Stein beworfen.

25. Januar 2019: Ein 48-Jähriger greift ein, als ein 80 Jahre alter Jude am Bahnsteig in Langen (Hessen) antisemitisch beleidigt und körperlich angegriffen wird. Bei der Verfolgung des Täters wird der couragierte Mann von hinten angegriffen und schwer verletzt.

8. Februar 2019: Auf dem Weg zu einer Beerdigung wird eine Gruppe Schüler, unter ihnen einer jüdischen Glaubens, in der Straßenbahn in Frankfurt am Main antisemitisch beleidigt. Der Täter versucht, einem Schüler ins Gesicht zu treten, scheitert aber und flieht.

13. Februar 2019: In Strasburg (Mecklenburg-Vorpommern) werden Stolpersteine geschändet.

14. Februar 2019: Ein 39-jähriger Mann wird in einem Wohnhaus in Berlin-Pankow von einem Nachbarn antisemitisch beleidigt, und ihm wird gegen den Kopf geschlagen.

18. Februar 2019: Unbekannte beschmieren in Bremen-Blumenthal ein Haus und ein Auto mit Hakenkreuzen und rufen: »Komm raus, oder ich stech dich ab, Jude, Jude.«

25. Februar 2019: Die Glasoberfläche einer Gedenkstele am Standort des ehemaligen Reichskommissariats in Berlin-Charlottenburg wird eingeschlagen.

11. März 2019: Eine Frau beleidigt einen Mann in Berlin-Charlottenburg antisemitisch und tritt ihm in die Kniekehle.

7. April 2019: In einem Lokal in Berlin-Charlottenburg beleidigt der Wirt zwei Gäste antisemitisch. Schließlich zeigt er den Hitlergruß und bespuckt einen der Gäste.

18. April 2019: Vor das Haus einer jüdischen Familie in Billerbeck (Nordrhein-Westfalen) wird ein großes Hakenkreuz gemalt.

4. Mai 2019: In Berlin-Neukölln wird ein 26-jähriger Mann auf dem Hermannplatz antisemitisch beleidigt und geschlagen.

10. Mai 2019: Neben dem Bild einer israelischen Ermordeten am Gedenkort am Breitscheidplatz in Berlin wird eine Israel-Flagge verbrannt.

14. Mai 2019: Vor dem Eingang zum Anne-Frank-Zentrum in Berlin-Mitte wird auf ein Wandbild von Anne Frank »Anne Frank nach Israel« und »Weg!« geschmiert.

18. Mai 2019: Im Hemmingen bei Hannover wird auf das Haus eines jüdischen Ehepaars ein Brandanschlag verübt. An die Haustür wird das Wort »Jude« gesprüht.

27. Mai 2019: Einem 17-jährigen Schüler wird in Berlin-Charlottenburg von einem Jugendlichen aus antisemitischer Motivation ins Gesicht geschlagen, ebenso einem zu Hilfe eilenden Mitschüler.

29. Mai 2019: Eine in Berlin-Tiergarten wohnende 61-jährige Jüdin erhält einen an sie adressierten Brief, der eine ascheähnliche Substanz enthält.

31. Mai 2019: Auf dem jüdischen Friedhof in Berlin-Weißensee werden sieben Grabsteine umgestoßen und fünf Familiengräber beschädigt.

3. Juni 2019: Ein Jude wird in Berlin verprügelt, weil er hebräische Musik hört.

17. Juni 2019: In Berlin-Prenzlauer Berg wird ein kippatragender Mann antisemitisch beleidigt und bespuckt.

18. Juni 2019: Ein 23-jähriger Mann wird in Berlin-Steglitz aus einer Gruppe heraus antisemitisch beleidigt und mit Schlägen angegriffen.

20. Juni 2019: In Bremen werden zwei ranghohe Vertreter der jüdischen Gemeinde auf dem Rathausmarkt beleidigt, bedroht und bespuckt.

23. Juni 2019: Ein 46-jähriger Mann wird in Berlin-Kreuzberg antisemitisch beleidigt und gestoßen.

13. Juli 2019: In Freiburg bedrängt ein Mann die Vorsitzende der jüdischen Gemeinde und bedroht sie mit »Mich wundert nicht, dass Hitler euch vergast hat, euch Idioten« und »Ab mit euch! Sonst schlag ich dich tot, du Hure«.

17. Juli 2019: Auf dem jüdischen Friedhof in Gangelt (Nordrhein-Westfalen) werden 30 Grabsteine umgeworfen und mit Nazisymbolen beschmiert.

26. Juli 2019: In Berlin-Wilmersdorf wird ein Rabbiner in Begleitung seiner Kinder von zwei Männern antisemitisch beleidigt und bespuckt.

3. August 2019: In München wird ein Rabbiner in Begleitung seiner Söhne antisemitisch beleidigt und bespuckt.

13. August 2019: Aus antisemitischer Motivation wird ein 55-jähriger Mann in Berlin-Charlottenburg in den Rücken gestoßen, sodass er fällt und sich verletzt.

7. September 2019: In der KZ-Gedenkstätte Buchenwald werden drei Gedenksteine mit Hakenkreuzen beschmiert.

9. September 2019: Weil er sich mit seinen Freunden auf Hebräisch unterhält, wird einem 21-jährigen Mann in Berlin-Friedrichshain vor einem Club ins Gesicht geschlagen.

2. Oktober 2019: Im bayerischen Massing wirft ein Mann mit einem Stein nach einer Jüdin und verletzt sie am Kopf.

4. Oktober 2019: In Berlin-Mitte zückt ein 23-jähriger Syrer ein Messer vor einer Synagoge und weicht auch nicht zurück, als Mitarbeiter des polizeilichen Objektschutzes ihn mit vorgehaltener

Waffe auffordern, das Messer niederzulegen. Schließlich wird er überwältigt.

9. Oktober 2019: Am höchsten jüdischen Feiertag Jom Kippur versucht ein schwer bewaffneter Rechtsextremer vergeblich, in eine Synagoge in Halle (Sachsen-Anhalt) einzudringen und die Gläubigen zu ermorden. Er wirft Sprengsätze auf den jüdischen Friedhof. Schließlich tötet er zwei nichtjüdische Menschen in der Umgebung.

17. Oktober 2019: In einem Lokal in Berlin-Kreuzberg beleidigt ein 29-Jähriger einen anderen Mann antisemitisch und greift ihn körperlich an.

28. Oktober 2019: Ein 70-jähriger Mann wird in Berlin-Weißensee antisemitisch beleidigt. Anschließend schlägt der Täter auf ihn ein, bis der Mann zu Boden stürzt.

18. November 2019: Ein 76-jähriger Mann wird in Berlin-Pankow von vier Jugendlichen antisemitisch beleidigt, und ihm wird ins Gesicht geschlagen, sodass er zu Boden fällt, wo weiter auf ihn eingeschlagen wird.

19. Dezember 2019: In Berlin-Tempelhof wird ein 14-jähriger Schüler von drei Mitschülern antisemitisch beleidigt, gefesselt und gewürgt.

2020

19. Januar 2020: Vor dem Eingang der KZ-Gedenkstätte Mittelbau-Dora in Thüringen wird in einem abgelegten Paket ein zündfähiger Sprengsatz gefunden.

Quellen und Literatur

Blaming the victims. Wie beim NSU

Teile dieses Kapitels beruhen auf Begegnungen mit Menschen aus Nürnberg und Erlangen, die mit mir über ihre Erinnerungen an die Vorgänge damals zu sprechen bereit waren. Die meisten, aber nicht alle, haben sich namentlich zitieren lassen. Josef Jakubowicz wurde am 7. Januar 2010 für ein Filmprojekt des Instituts für sozialwissenschaftliche Forschung, Bildung und Beratung (ISFBB e. V.) über den Mordfall interviewt, dieses Videomaterial konnte ich auswerten. Er ist 2013 verstorben.

Die Akten des Bundesinnenministeriums zum Mordfall Lewin/Poeschke liegen im Bundesarchiv Koblenz unter der Signatur B106 10700 10 II 2A U.2.05 256.

Die mehr als 30 000 Seiten umfassende Akte der Ermittler zum Mordfall Lewin/Poeschke liegt bei der Staatsanwaltschaft Nürnberg-Fürth unter dem Aktenzeichen 340 Js 40387/81. Das Urteil des Landgerichts Nürnberg-Fürth gegen Karl-Heinz Hoffmann vom 30. Juni 1986 trägt das Aktenzeichen 3Ks 340 Js 40387/81. Die Familiengeschichte und der berufliche Werdegang Lewins ergeben sich aus einem Schreiben der Israelitischen Kultusgemeinde Nürnberg an den Regierungspräsidenten von Mittelfranken vom 8. Januar 1976 sowie aus den Manuskripten der Trauerreden. Stadtarchiv Erlangen, Signatur III.181.L.1–1. Teil.

Artikel der *Erlanger Nachrichten* und anderer Lokalzeitungen zum Mordfall Lewin/Poeschke liegen in Kopie im Archiv des ISFBB in Nürnberg.

Chaussy, Ulrich: »Die vergessenen Morde an Shlomo Lewin und Frieda Poeschke«, in: Informationsstelle Wissenschaft und Frieden/Forschungsschwerpunkt Rechtsextremismus/Neonazismus der FH Düsseldorf (Hrsg.), *Rechter Terror in Deutschland*, Beilage zu *Wissenschaft und Frieden* 1/2015.

Ders.: *Oktoberfest. Das Attentat. Wie die Verdrängung des Rechtsterrors begann*, 2., aktualisierte und erweiterte Auflage, Berlin 2015.

Die tägliche Angst. Schulkinder, die Polizeischutz brauchen

Grundlage dieses Kapitels bilden Reisen und persönliche Gesprächen in Berlin, Frankfurt am Main, Halle an der Saale und München.

Heitmeyer, Nele und Nora Hertel: »Jüdische Normalität. Bewachter Alltag, bewachte Kultur«, in: Wilhelm Heitmeyer (Hrsg.), *Deutsche Zustände*, Folge 4, Frankfurt am Main 2006, S. 205–217.

Steinke, Ronen: »Mitten in Deutschland«, in: *Süddeutsche Zeitung*, 7. November 2019, S. 3.

Selbstverteidigung. Wenn Synagogen auf sich allein gestellt sind

Einige wenige Politiker und Sicherheitsbeamte, die sich meinen Fragen über die in diesem Kapitel beschriebenen Missstände gestellt haben, nenne ich im Text namentlich, viele weitere waren zu offenen Worten nur unter der Bedingung bereit, dass ihre Anonymität gewahrt bleibt. Daneben danke ich den vielen jüdischen Gemeinden, von der kleinen Hinterhofsynagoge bis zum Großstadtgotteshaus, die ich von Oktober 2019 bis Februar 2020 besuchen und mit deren Vertretern ich ebenfalls offen, aber aus Sicherheitsgründen anonym sprechen konnte.

Brief von Isaac Herzog an Bundeskanzlerin Angela Merkel, 10. Oktober 2019, Archiv des Autors.

Gefährdungslagebild Islamistischer Terrorismus sowie PMK – rechts – des Bundeskriminalamts, Stand 14. Oktober 2019, Archiv des Autors.

Protokoll der Sitzung des Innenausschusses des Landtags von Sachsen-Anhalt am 14. Oktober 2019 (nicht öffentlich), Niederschrift 7/INN/41.
Videoaufnahme aus der Überwachungskamera am Eingang der Synagoge von Halle an der Saale, 9. Oktober 2019, ca. 12.00 bis 12.22 Uhr, Archiv des Autors.

Mascolo, Georg/Florian Flade/Ronen Steinke: »Und alle schauen weg. Unmittelbar vor der Synagoge liegt eine Frau niedergeschossen auf dem Asphalt, aber Passanten gehen einfach weiter. Und auch die Reaktion der alarmierten Polizei wirft neue Fragen auf«, in: *Süddeutsche Zeitung*, 8. Februar 2020.
Mascolo, Georg und Ronen Steinke: »Selbstverteidigung. Die 51 Menschen in der Synagoge von Halle verdanken ihr Leben einem starken Stück Holz. Gekauft von einer Spende aus New York. 13 000 Euro. Die Geschichte einer Tür«, in: *Süddeutsche Zeitung*, 16. November 2019.
Primor, Avi: *»... mit Ausnahme Deutschlands«. Als Botschafter Israels in Bonn*, Berlin 1997.

Einzelfälle, überall Einzelfälle! Terror von rechts

Beschwerde des Polizeipräsidenten von Dortmund, Gregor Lange, gegen den Beschluss des Verwaltungsgerichts Gelsenkirchen vom 18. Oktober 2019 in dem Verwaltungsstreitverfahren Die Rechte Landesverband NRW ./. Land NRW 14 L 1578/19, Archiv des Autors.
Manifeste des Christchurch-Attentäters und des Halle-Attentäters, Archiv des Autors.
Schulungsmaterial der Identitären Sommerakademie unter dem Motto »Von Karl Martell bis Charles de Gaulle« (2015), Archiv des Autors.

Botsch, Gideon: *Die extreme Rechte in der Bundesrepublik Deutschland. 1949 bis heute*, Darmstadt 2012.

Ders.: »Die ›Juden in der AfD‹ und der Antisemitismus«, in: *Mitteilungen der Emil Julius Gumbel Forschungsstelle*, Potsdam, April 2020, Ausgabe 7.

Bruns, Julian/Kathrin Glösel/Natascha Strobl: *Die Identitären. Handbuch zur Jugendbewegung der Neuen Rechten in Europa*, 3., aktualisierte Auflage, Münster 2017.

Chaussy, Ulrich: *Oktoberfest. Das Attentat. Wie die Verdrängung des Rechtsterrors begann*, 2., aktualisierte und erweiterte Auflage, Berlin 2015.

Culina, Kevin/Jonas Fedders: *Im Feindbild vereint. Zur Relevanz des Antisemitismus in der Querfront-Zeitschrift Compact*, Münster 2016.

Elsässer, Jürgen: »Das Monster von Halle – Eine Analyse«, compact-online.de, 10. Oktober 2019.

Fuchs, Christian/Paul Middelhoff: *Das Netzwerk der neuen Rechten. Wer sie lenkt, wer sie finanziert und wie sie die Gesellschaft verändern*, Reinbek 2019

Ginsburg, Tobias: *Die Reise ins Reich. Unter Reichsbürgern*, Berlin 2018.

Rühle, Alex: »Sie sind wieder da. Aber eigentlich waren sie nie weg. Die Historikerin Barbara Manthe erforscht die Kontinuitäten rechtsextremer Gewalt«, in: *Süddeutsche Zeitung*, 28. Februar 2020.

Steinke, Ronen: »Hipster und Hetzer: Die neue Rechte«, Dossier in: *Süddeutsche Zeitung*, 25. März 2017.

Ders.: »Alibi-Juden in der AfD«, sueddeutsche.de, 7. Oktober 2018.

Sternsdorff, Hans-Wolfgang: »Chef, ich habe den Vorsitzenden erschossen«, in: *Der Spiegel* 47/1984.

Virchow, Fabian: »Zur Geschichte des Rechtsterrorismus in Deutschland«, in: *Aus Politik und Zeitgeschichte*, Dezember 2019, S. 15–19.

Voigts, Hanning: »Die deutsche Blindheit«, in: *Frankfurter Rundschau*, 11. Oktober 2019.

»Judenknacks«. Terror von links

Im Landesarchiv von Berlin sind die Originalermittlungsakten zum Anschlag am 9. November 1969 unter den Signaturen B Rep. 058–12429–12435 überliefert. Auch der V-Mann Peter Urbach taucht dort an vielen Stellen auf, unter B Rep. 058–8610–8613, 8621, 10996, 2036 und 13069, jedoch ist die entscheidende V-Mann-Akte des Landesamts für Verfassungsschutz, die einen Einblick in die steuernde Rolle des Geheimdiensts geben würde, so wie alle V-Mann-Akten nicht an das Landesarchiv gegangen. Noch bis 2011 dürfte der Kontakt bestanden haben, so lange lebte Urbach in den USA mit Wissen auch des Verfassungsschutzes. Der heutige Verfassungsschutzchef Michael Fischer sagte mir: »Nach meiner Kenntnis existiert die Akte bei uns nicht mehr.«

Baumann, Michael: *Wie alles anfing*, München 1975.

Brenner, Michael (Hrsg.): *Geschichte der Juden in Deutschland. Von 1945 bis zur Gegenwart*, München 2012.

Brumlik, Micha: *Kein Weg als Deutscher und Jude. Eine bundesrepublikanische Erfahrung*, München 2000.

Gast, Wolfgang/Stefan Reinecke: »Im Nachhinein ist jeder schlauer«, Bommi Baumann im Interview, in: *taz*, 13. Mai 2013.

»Gewiß, die Waffen waren da.« Interview mit dem Berliner Innensenator Neubauer über den Zeugenauftritt des V-Manns Urbach, in: *Der Spiegel* 24/1971.

Ginsburg, Hans-Jakob: »Heinz Galinski. Ohne Tadel in seinen Zeiten. Ein Repräsentant der Überlebenden«, in: *Die Zeit*, 1. Oktober 1982.

Käppner, Joachim: »Die Wölfe in uns. Begegnung mit zwei Zeitzeugen der Entebbe-Geiselbefreiung vor 40 Jahren«, in: *Süddeutsche Zeitung*, 2. Juli 2016.

Klein, Hans-Joachim, »›Da bin ich ausgeklinkt‹. Ex-Terrorist Hans-Joachim Klein über sein Leben im Untergrund«, in: *Der Spiegel* 51/1979.

Kraushaar, Wolfgang: *»Wann endlich beginnt bei Euch der Kampf gegen die heilige Kuh Israel?« München 1970: über die antisemitischen Wurzeln des deutschen Terrorismus*, Reinbek 2013.

Kraushaar, Wolfgang: *Die Bombe im Jüdischen Gemeindehaus*, Hamburg 2005.
Mathes, Werner/Jens Rötzsch: »›Hurra, ich lebe noch‹. Das Kunzelmann-Interview«, in: *Stern*, 19. Mai 1999.
Petit, Hans: »Urbi et orbi. Berlin hat endlich einen Störenfried wieder. Und der die Polizei am Hals«, Interview mit Dieter Kunzelmann, in: *Jungle World*, 9. Juni 1999.
Schoeps, Julius H.: *Begegnungen*, Frankfurt a. M. 2016. Kapitel über Heinz Galinski: S. 217–231.
Schütz, Klaus: *Heinz Galinski. Ein Berliner unter dem Davidsschild*, Teetz 2004.
Serke, Jürgen/Michael Seufert/Walter Unger: »Der Spitzel des Senators«, in: *Stern*, 6. Juni 1971.
Winkler, Willi: »Der Großkasperl. Eine wissenschaftliche Biographie versucht sich dem ewigen Bohemien Dieter Kunzelmann zu nähern«, in: *Süddeutsche Zeitung*, 2. Dezember 2009.

Kulturrabatt. Terror von muslimischen Antisemiten

Neben Gesprächen mit Staatsanwältinnen und Staatsanwälten, Richterinnen und Richtern, mit der Vorsitzenden der Israelitischen Kultusgemeinde Münchens Charlotte Knobloch und dem Präsidenten des Bundesamts für Verfassungsschutz Thomas Haldenwang analysiere ich in diesem Kapitel vor allem juristische Entscheidungen.

Zum Brandanschlag auf die Synagoge in Wuppertal:
Amtsgericht Wuppertal, 5. Februar 2015–84 Ls 50 Js 156/14–22/14.
Landgericht Wuppertal, 18. Januar 2016–23 Ns 26/15
Oberlandesgericht Düsseldorf, 9. November 2016 - III-3 RVs 95/16.

Zum Ausdruck »glühender Antisemit«:
Landgericht München I, 12. Oktober 2014, 25 O 14197/14.

Zur Parole »Jude, Jude, feiges Schwein, komm heraus und kämpf allein«:

Strafanzeige von Deirdre Berger, Direktorin des American Jewish Committee, 18. Juli 2014, Archiv des Autors.

Zur Neonazi-Parole »Nie, nie, nie wieder Israel«:
Beschwerde des Polizeipräsidenten von Dortmund, Gregor Lange, gegen den Beschluss des Verwaltungsgerichts Gelsenkirchen vom 18. Oktober 2019 in dem Verwaltungsstreitverfahren Die Rechte Landesverband NRW ./. Land NRW 14 L 1578/19, Archiv des Autors.
Oberverwaltungsgericht Münster, 21. Oktober 2019, 15 B 1406/19.

Zur Parole »Tod und Hass den Zionisten«:
Amtsgericht Essen, 30. Januar 2015, 57 Cs 631/14.
Landgericht Essen, 22. Mai 2015, 31 Ns 42/15.

Beck, Volker und Christoph Tometten: »›Glühende Antisemiten‹ und ›arabische Jugendliche‹. Zum unzureichenden Umgang des Rechts mit gruppenbezogener Menschenfeindlichkeit«, in: *Zeitschrift für Rechtspolitik* 50, 2017, S. 244–246.
Ranan, David: *Muslimischer Antisemitismus. Eine Gefahr für den gesellschaftlichen Frieden in Deutschland?*, Bonn 2018.
Werle, Thomas: »Der unsichere Generalbundesanwalt«, in: *Frankfurter Allgemeine Zeitung*, 17. Oktober 2001.

Eyes wide shut. Wie ein Dunkelfeld entsteht

Zu den fünf Interviews, die in diesem Kapitel im Vordergrund stehen – mit dem Restaurantbetreiber Uwe Dziuballa, der Journalistin Dinah Riese, dem Rechtsextremismusforscher Gideon Botsch, dem Polizisten Aaron B. und der Antisemitismusbeauftragten Claudia Vanoni –, kommt eine Reihe von weiteren hinzu. Dazu gehören Gespräche mit der Berliner Generalstaatsanwältin Margarete Koppers, der Frankfurter stellvertretenden Generalstaatsanwältin Christina Kreis, dem Antisemitismusbeauftragten der Münchener Generalstaatsanwaltschaft Andreas Franck, dem Dortmunder Polizeipräsident Gregor Lange, dem Antisemitismusbeauftragten der Berliner Polizei Wolfram Pemp, zwei Landeskriminalamt-Chefs, sechs Verfassungsschützern, der Antisemitismusbeauftragten des Landes Nordrhein-Westfalen Sabine Leutheusser-Schnarrenberger, dem Antisemitismusbeauftragten der Berliner jüdischen Gemeinde Sigmount Königsberg, den Mitarbeitern der Recherche- und Informationsstelle Antisemitismus Benjamin Steinitz und Alexander Rasumny, den Forschern Andreas Zick, Julia Bernstein, Samuel Salzborn, Fabian Virchow und Olaf Glöckner.

Zum Prozess gegen Michael Riese:

Ihle-Becker, Carla: »Freispruch für tiefe Empörung. Rechtsextremer scheitert mit Klage / Wegener zu Recht als Antisemiten bezeichnet«, in: *Frankfurter Rundschau*, 24. Juli 2000.

Zu den Schmähungen »Ich spuck dir in dein Zionsgesicht« und »Solche Personen haben mehr als Spucke im Gesicht verdient«:

Staatsanwaltschaft Berlin, Aktenzeichen 276 Js 1560/17

Brief von Norbert Wollheim an Staatsanwalt Vogel, 28. Dezember 1959, in: Staatsanwaltschaft am Landgericht Frankfurt/Main, 4 Ks 2/63, Handakten, Band I, Blatt 177–179, hier Blatt 177.

Bernstein, Julia: *»Mach mal keine Judenaktion.« Herausforderungen und Lösungsansätze in der professionellen Bildungs- und Sozialarbeit gegen Antisemitismus* (2018), https://frankfurt-university.de/antisemitismus-schule.

Buscher, Christel: »Abschied von den Opfern der Attentate, Trauerfeier im israelitischen Friedhof / Bundespräsident Heinemann an der Spitze der Trauergäste / Große Anteilnahme der Münchner«, in: *Süddeutsche Zeitung*, 19. Februar 1970.

EU Fundamental Rights Agency: *Erfahrungen der jüdischen Bevölkerung mit Diskriminierung und Hasskriminalität in den Mitgliedstaaten der Europäischen Union* (November 2013), https://fra.europa.eu/sites/default/files/fra-2013-factsheet-jewish-people-experiences-discrimination-and-hate-crime-eu_de.pdf.

Kapitelman, Dmitrij: »Wenn der Bundespräsident gerade nicht da ist«, *Spiegel.de*, 28. Januar 2020.

Lang, Kati: *Vorurteilskriminalität. Eine Untersuchung vorurteilsmotivierter Taten im Strafrecht und deren Verfolgung durch Polizei, Staatsanwaltschaft und Gerichte*, Baden-Baden 2015.

Meisner, Matthias/Heike Kleffer: *Extreme Sicherheit. Rechtsradikale in Polizei, Verfassungsschutz, Bundeswehr und Justiz*, Freiburg 2019.

Schmitz, Thorsten: »Meschugge. In Chemnitz gibt es ein gut gehendes jüdisches Restaurant. Nun aber schließt es sein Besitzer und baut es an einem sichereren Ort in der Stadt wieder auf. Warum? Zu viele Hakenkreuze, Drohbriefe und aufgestochene Reifen«, in: *Süddeutsche Zeitung*, 12. Juli 2012.

Steinke, Ronen: »Die Affäre Adolf Bleibtreu – Wie ein antisemitischer Leserbrief in der Süddeutschen Zeitung 1949 eine Straßenschlacht auslöste«, in: *Münchner Beiträge zur Jüdischen Geschichte und Kultur*, Heft 1/2018, S. 52–63.

Verein für Demokratische Kultur in Berlin (VDK) e. V. und Bundesverband der Recherche- und Informationsstellen Antisemitismus (Rias) e. V.: *Problembeschreibung: Antisemitismus in Brandenburg, Publikation*, 15. August 2019, report-antisemitism.de/publikationen.

Zick, Andreas/Andreas Hövermann/Silke Jensen/Julia Bernstein: *Jüdische Perspektiven auf Antisemitismus in Deutschland. Ein Studienbericht für den Expertenrat Antisemitismus* (April 2017), https://uni-bielefeld.de/ikg/daten/JuPe_Bericht_April2017.pdf.

Auswandern? Könnte euch so passen

Fünf Menschen, die ich zur Recherche für dieses Buch getroffen habe, beschreibe ich in diesem Kapitel aus den Begegnungen mit ihnen. Literaturempfehlungen, falls jemand möchte, hätten diese fünf aber auch anzubieten.

Annabelle G. liest *Die Kieferninseln* von Marion Poschmann, manchmal albern, manchmal derb, mit großer Leichtigkeit erzählt.

Micha Brumlik, der Nichtzionist, empfiehlt den geistigen Vater des Rechtszionismus, Wladimir Zeev Jabotinsky. Dessen Roman *Die Fünf* (1936) über den Niedergang der bürgerlich-jüdischen Welt in seiner Heimatstadt Odessa sei viel geistreicher und amüsanter als der utopische Roman *Altneuland* (1902) des linken Bildungsbürgers Theodor Herzl. Isaac Herzog in Jerusalem liest Gespräche des verstorbenen Rabbiners Abraham Joshua Heschel, die 2019 auf Hebräisch erschienen sind. Vieles davon, sagt Herzog, klinge wie eine direkte Diskussion heutiger gesellschaftlicher Fragen, von einem Intellektuellen mit einer tiefen ethischen Verankerung, wie sie im aktuellen politischen Diskurs so sehr fehle – dabei ist Heschel, der in Berlin studierte und 1965 an der Seite von Martin Luther King in der Stadt Selma marschierte, schon 1972 in New York verstorben. Stephan Kramer liest *Das Königreich der Angst* von Martha Nussbaum, ein Buch darüber, wie Angst unsere aktuellen politischen Entscheidungen beeinflusst und wie sie missbraucht wird für politische Entscheidungen. Dinah Riese mag Dmitrij Kapitelmans *Das Lächeln meines unsichtbaren Vaters*, das von jüdischer Identitätssuche im heutigen Deutschland erzählt. Im Kern gehe es darum, dass diese Suche und vielleicht auch das Sich-verloren-Fühlen nicht aufgelöst werde, indem man einfach nach Israel gehe. Sondern dass das Fragen seien, auf die manche hier in Deutschland ihre Antworten finden müssten.

Chronik antisemitischer Gewalttaten in Deutschland seit 1945

Die Redaktion von Hagalil.com veröffentlicht immer wieder Listen antisemitischer Vorfälle für einzelne Bundesländer seit den 1990er-Jahren, etwa unter http://www.hagalil.com/antisemitismus/chronologie/1990-1999/ oder http://www.hagalil.com/antisemitismus/deutschland/2000/antisemitismus-2000.htm.

Das Antifaschistische Pressearchiv und Bildungszentrum, Apabiz, veröffentlicht seit 2006 jährlich die »Berliner Zustände. Schattenbericht über Rechtsextremismus, Rassismus und Antisemitismus«, https://rechtsaussen.berlin/berliner-zustaende/.

Auf der Webseite www.report-antisemitism.de der Recherche- und Informationsstelle Antisemitismus (Rias) finden sich unter »Publikationen« seit 2015 Berichte über antisemitische Vorfälle in Berlin, Brandenburg und Bayern.

Speziell für Berlin dokumentiert die Opferberatungsstelle Reach Out seit 2005 rechte, unter anderem auch antisemitische Gewalttaten: https://www.reachoutberlin.de/de/chronik.

Seit 2002 zählt die Amadeu-Antonio-Stiftung antisemitische Vorfälle, bezieht die Daten dafür aber hauptsächlich von Rias: https://www.amadeu-antonio-stiftung.de/chronik/.

Antwort auf die Kleine Anfrage der Abgeordneten Kerstin Köditz, Sächsischer Landtag, Drucksache 6/5049.

Antwort auf die Kleine Anfrage der Abgeordneten Kerstin Köditz, Sächsischer Landtag, Drucksache 5/3816.

Antwort auf die Kleine Anfrage der Abgeordneten Kerstin Köditz, Sächsischer Landtag, Drucksache 4/8666.

Antwort auf Kleine Anfrage des Abgeordneten Friedel Grützmacher, Landtag Rheinland-Pfalz, Drucksache 14/4422.

Antwort auf Kleine Anfrage des Abgeordneten Friedel Grützmacher, Landtag Rheinland-Pfalz, Drucksache 14/3975.

Antwort auf Kleine Anfrage des Abgeordneten Michael Henke, 1994, Landtag Rheinland-Pfalz, Drucksache 12/5882.

Antwort auf Schriftliche Anfrage der Abgeordneten Clara Herrmann, Berliner Abgeordnetenhaus, Drucksache 17/17923.

Antwort auf Schriftliche Anfrage der Abgeordneten Clara Herrmann, Berliner Abgeordnetenhaus, Drucksache 17/495.

Antwort der Landesregierung auf die Kleine Anfrage 447 vom 18. Januar 2011 der Abgeordneten Anna Conrads, Landtag NRW, Drucksache 15/1330.

Antwort der Landesregierung auf die Kleine Anfrage 811 vom 7. Juni 2011 des Abgeordneten Olaf Lehne, Landtag NRW, Drucksache 15/2400.

Antwort der Landesregierung auf Kleine Anfrage der Abgeordneten Belit Onay u. a., Niedersächsischer Landtag, Drucksache 17/4022.

Antwort des Innenministeriums auf Kleine Anfrage der Abgeordneten Ilka Neuenhaus, Landtag von Baden-Württemberg, Drucksache 14/3434.

Antwort des Senats auf Schriftliche Kleine Anfrage des Abgeordneten Richard Seelmaecker, Bürgerschaft der Freien und Hansestadt Hamburg, Drucksache 21/17664.

Antwort des Staatsministeriums des Innern auf eine Frage der Abgeordneten Katharina Schulze, Bayerischer Landtag, Drucksache 17/15678.

Große Anfrage der Fraktion Die Linke, Bremische Bürgerschaft, Drucksache 19/1452.

Kleine Anfrage der Abgeordneten Jelpke und Gysi, Deutscher Bundestag, Drucksache 12/5599.

Unabhängiger Expertenkreis Antisemitismus des Deutschen Bundestages, *Antisemitismus in Deutschland – Erscheinungsformen, Bedingungen, Präventionsansätze.* Deutscher Bundestag, Drucksache 17/7700.

Bundesregierung (Hrsg.), *Weißbuch: Die antisemitischen und nazistischen Vorfälle*, Bonn 1960.

Diamant, Adolf: *Geschändete Jüdische Friedhöfe in Deutschland. 1945 bis 1999*, Potsdam 2000.

Erb, Rainer: »Antisemitische Straftäter der Jahre 1993 bis 1995«, in: *Jahrbuch für Antisemitismusforschung* 6, 1997, S. 160–180.

Neiss, Marion: »Friedhofsschändungen in Deutschland«, in: *Jahrbuch für Antisemitismusforschung* 10, 2001, S. 55–66.

Schmidt, Monika: *Übergriffe auf verwaiste jüdische Gräber. Friedhofsschändungen in der SBZ und der DDR*, Berlin 2016.

Wirsching, Andreas: »Jüdische Friedhöfe in Deutschland 1933–1957«, in: *Vierteljahrshefte für Zeitgeschichte* 50, 2002, S. 1–40.

Dank

Dieses Buch gäbe es nicht ohne Menschen, die viel erfahrener, kundiger und disziplinierter sind als ich und viel mehr aufs Spiel setzen. Ihnen allen danke ich sehr.

Über Sicherheitsprobleme spricht man nicht. Eine Reihe von Menschen haben mit mir nur unter der Bedingung gesprochen, dass sie anonym bleiben – in Behörden, bei Polizei, Verfassungsschutz und Justiz und in jüdischen Gemeinden. Manche haben mir Türen geöffnet, manche Aktenschränke oder Dateien.

Hartnäckig, hartnäckiger … Zu dem Doppelmord an Shlomo Lewin und Frida Poeschke im Jahr 1980 recherchiert seit vielen Jahren niemand so unnachgiebig wie der Journalist Ulrich Chaussy. Er, die Nürnberger Kuratorin Birgit Mair und die Mitglieder der Initiative Kritisches Gedenken (Universität Erlangen-Nürnberg) waren für mich kluge Ratgeber und inspirierende Gesprächspartner.

Von George Orwell stammt der Satz: Journalismus heißt, etwas zu drucken, von dem jemand will, dass es nicht gedruckt wird. Alles andere ist PR. Es ist eine Freude, bei der *Süddeutschen Zeitung* mit großartigen Kollegen wie besonders Georg Mascolo zusammenzuarbeiten, das Kapitel »Selbstverteidigung« beruht auf Recherchen, die wir gemeinsam bestritten haben.

Check, double check, recheck: Die Redakteurinnen und Redakteure des Textarchivs der *Süddeutschen Zeitung*, Cornelius Esau, Viola Faulhaber, Florian Haller, Andreas Holderried, Tanja Koch, Michael Langgärtner, Jens Potschka, Benjamin Regler, Andreas Vogt und Ernestine Weiß sind in Akribie und Findigkeit kaum zu übertreffen.

Überblick ist alles. Felix Rauls (Ruhr-Universität Bochum) hat mit mir all das Material für die Chronik antisemitischer Gewalttaten zusammengetragen, nach dem Vieraugenprinzip Quellen geprüft und immer wieder abgeglichen, ohne je den Blick für das große Ganze zu verlieren.

Wertvolle Anregungen kamen von Christoph Safferling (Universität Erlangen-Nürnberg), Katharina Stengel (Fritz-Bauer-Institut, Frankfurt am Main), Gideon Botsch (Moses Mendelssohn Zentrum, Potsdam) und Stefanie Schüler-Springorum (Zentrum für Antisemitismusforschung, TU Berlin).

Kathrin Liedtke und Martin Zwilling beim Berlin Verlag haben von der ersten Minute an dieses Buch geglaubt und bis zur letzten daran gearbeitet, Barbara Wenner hat uns mit ihrem klugen Rat begleitet.

Und Ulrike. Kaum ein Gedanke in diesem Buch, der nicht durch die Diskussion mit ihr geschärft worden wäre. Kaum ein Tag, an dem meine Bewunderung nicht noch ein bisschen wächst.